Corsica
Journal étrange V

PERSPECTIVES CRITIQUES

Collection dirigée par Roland Jaccard

Marcel Conche

CORSICA
JOURNAL ÉTRANGE V

Presses Universitaires de France

ISBN 978-2-13-057890-1

Dépôt légal – 1re édition : 2010, mai

6, avenue Reille, 75014 Paris

A Natale Luciani
In ricordu di stonde passate in Corsica
In segnu d'amicizia schjetta
et en hommage
au peuple corse

Avertissement

Juillet 2008 – mars 2009. Les pages qui suivent disent les errances de mon âme, et comment elle s'est modifiée jusqu'au point où elle s'est trouvée enfin à l'unisson de l'âme d'Émilienne, et le bonheur qui en est résulté. On verra aussi quelles réflexions me venaient incidemment à l'esprit sur des sujets variés.

1er avril 2009

I

11 juillet

Hier soir, Émilienne et moi avons, comme la veille, dîné ensemble au restaurant. Mais alors que, la veille, elle ferraillait comme une fleurettiste, tirant parti de quelque contradiction qu'elle avait vue, ou cru voir, dans mes propos sur l'affection, que je disais différente et inégale, selon qu'elle nous vient des proches ou des amis, en tirant parti, dis-je, pour, après m'avoir cerné comme un sanglier, m'acculer à l'aveu de défaite, hier soir, au contraire, elle était écoutante, attentive, intéressée, me faisant penser à l'extraordinaire étudiante, et disciple peut-être, qu'elle aurait été, au temps où j'enseignais avec bonheur et passion. Je suis jaloux de Noël, lui disais-je, mais il y a deux sortes de jalousie, la bonne et la mauvaise. Mauvaise serait la jalousie inspirée par la pensée que tu aurais avec lui des relations d'amour, étant du reste – supposons-le – amoureuse de lui. Mais il ne s'agit pas de cela. Ce que j'envie, c'est la chance qu'il a eue, et qu'il a, de travailler avec toi à la même œuvre. C'est là, pour moi, le rêve absolu. Ensemble, vous avez déboisé le terrain, l'avez dessouché, labouré, hersé, avez mis les oliviers en terre, les avez irrigués, surveillés, soignés. Tu me dis que vous étiez loin d'être toujours ensemble, toi ayant le matin ton travail à l'hôtel, et que toi ayant besoin de lui, il ne venait pas nécessairement tout de suite, ou ne venait pas du tout, ayant à faire, lui aussi. Néanmoins, j'envie qu'il puisse t'aider, être avec toi dans ta tâche la plus tienne, et être ainsi au plus près de toi. Jalousie noble, comme celle d'Archiloque pour Homère : ah ! s'il eût pu faire aussi bien ! Je crains que Noël ne te considère un peu trop comme une humaine ordinaire, alors que le choix que j'ai fait de toi est fondé sur la vue de ta dissemblance avec toutes les natures féminines que j'ai rencontrées jusqu'ici, et qui, dès que j'ai eu la révélation de toi, à quelques exceptions près, m'ont semblé communes.

II

12 juillet

Je songe à ce que j'ai écrit aujourd'hui à Herman Bonne (je le remerciais des fleurs que Monica, la fleuriste de Cateraggio, m'a portées de sa part – et de la part de sa femme et de ses filles –, avec un message chaleureux), que le coup de foudre spirituel existe : quel autre mot, en effet, conviendrait à l'ébranlement de ma vie qui a résulté de ma rencontre avec Émilienne en 2001 ? Non seulement je ne fus pas amoureux au sens ordinaire, où l'amour ne va pas sans le désir, mais je le fus en un sens contraire, car n'allant pas de moi vers l'objet mais venant de l'objet à moi. Je veux dire que voyant ce que je voyais en Émilienne, je ne pouvais pas ne pas l'aimer. Si maintenant j'ai vu en Émilienne ce qui me faisait fatalement l'aimer, c'est que ma nature de philosophe me disposait à cette vision. Il fallait peut-être un philosophe comme moi pour être subjugué par des propos, chez une jeune femme, dignes de Socrate. Or, que signifient les sept ans de résistance qui ont suivi le coup de foudre de 2001 ?

À qui ai-je résisté sinon à mon génie, à mon *daimôn* ? En effet, mon génie tutélaire, plus intérieur à moi que moi-même, sous la garde de qui je suis pour éviter tout écart, mon génie, dis-je, me laisse, depuis que je suis en terre émilienne, dans une paix profonde, alors que, durant les sept années où ma relation avec Émilienne restait irrésolue, il me harcelait de la pensée d'Émilienne, moi repoussant cette pensée, non sans avouer par là même quelque chose comme une faute. Généralement, mon génie me dissuade, me retient, plus qu'il ne m'encourage. Automne avait fini par obtenir de moi que je passe la voir dans son appartement de la rue Soufflot. J'y allai malgré l'intime reproche que m'adressait mon génie. Or, lorsque j'arrivai chez elle, un jeune homme – son frère ? – s'apprêtait à partir. Je fis mine de craindre de déranger et je quittai les lieux presque précipitamment : victoire de mon génie qui veille à ce que je sois toujours le plus possible moi-même et, à tous les moments de ma vie, me suggère mainte dérobade, maint refus.

Cependant, ce ne fut pas un refus mais plutôt le contraire que mon génie me suggéra lorsque, me trouvant dans le métro un jour de juin 1946, et ayant laissé en suspens ma décision de demander à Marie-Thérèse de l'épouser, selon que je descendrais à la station « Nation », et, en ce cas, irais rue des Boulets chez mon oncle, ou, sans descendre, continuerais jusqu'à la station « Saint-Mandé », et, en ce cas, irais chez Marie-Thérèse, mon génie me retint, certes, de descendre à la station « Nation », mais cela signifiait qu'il me donnait le feu vert pour un choix et une entreprise qui allaient décider de ma vie, du moins dans son côté social. Émilienne admet aussi cette notion d'un génie dont la voix discrète, faible quoique nette, nous retient, nous suggère, nous guide, soit dans nos actions, soit dans nos pensées et l'expression que nous leur donnons. Notre personnalité est à plusieurs niveaux : il y a un côté sous-jacent, toujours présent mais en retrait.

III

13 juillet

Selon les Pythagoriciens, chacun a son génie – son « démon » (*daimôn*) – personnel (οἰκεῖος δαίμων), qui, cependant, est différent de la personne, car, lorsque celle-ci, à la mort, passe d'une vie à une autre, elle est unie par le sort à un autre *daimôn*. À mes yeux, le génie n'est pas autre que la personne : il est ce qui, à l'intérieur même de la personne, la rappelle sans cesse à elle-même.

La description que donne Socrate de son génie correspond à ce que j'entends par là, si ce n'est qu'il parle de son δαίμων comme de « quelque chose de divin » (Θεῖόν τι), ce qui n'est qu'interprétation. Si l'on s'en tient à l'expérience de son « signe démonique », que nous dit-il ? « C'est quelque chose qui a commencé dès mon enfance, une certaine voix (φωνή τις) qui, lorsqu'elle se fait entendre, me détourne toujours de ce que j'allais faire, sans jamais me pousser à agir. C'est là ce qui s'oppose à ce que je me mêle de politique » (*Apologie de Socrate*, 31 d).

Alors que, jusque-là, je n'avais pas parlé de rejoindre mes amis résistants dans le maquis, un beau jour de 1943 ou 44 – je ne sais plus –, je dis à ma tante (la femme de mon père) : je vais au maquis, et je montai dans ma chambre me préparer. Or, alors que j'étais prêt, je me dis, ou une voix qui était la mienne me dit : « Ne fais pas cela », et je défis mes bagages. Sur ces entrefaites, mon père survint ; il me parla, crut m'avoir dissuadé d'aller au maquis. Quelque temps plus tard, je me figurai que mon devoir était d'entrer dans la politique. Je pris une carte du parti communiste. Mais je sentis bien vite que ce n'était pas ma voie, et je ne renouvelai pas mon adhésion. Où est la différence avec Socrate ? Il n'y en a pas – du moins si on laisse de côté les interprétations d'origine pythagoricienne qui font du génie intérieur une substance ou un être. Platon fait parler ainsi Socrate de son signe démonique : « à peine en trouverait-on un autre exemple dans le passé » (*République*, VI, 496 c). Il veut que Socrate ait regardé son signe démonique comme une révélation spéciale de la divinité l'avertissant de ce qu'il devait ne pas faire. Mais c'est là le Socrate de Platon – Platon, le Pythagoricien.

IV

14 juillet

Le 1er mai, j'allai de Treffort à Saint-Étienne-du-Bois, distant de six kilomètres, simplement pour quérir des brins de muguet. Chantal, que je rencontrai à mon retour, fut fort étonnée lorsque je lui dis que je n'avais pas eu d'autre raison d'aller à Saint-Étienne-du-Bois que de vouloir marquer le jour du 1er mai par une visite à Madame B., avec du muguet porte-bonheur à lui offrir. Cette dame qui, du reste, est morte il y a quelques jours, qui était alors en fauteuil roulant et quasi muette, ne remerciant que des yeux, était simplement pour moi un être humain. Je ne lui étais pas particulièrement attaché, mais je savais que dans une rue proche de la rue du Carrouge, elle vivait – mais de quelle sorte de vie ? Je ne l'aimais pas vraiment, mais je voulais qu'elle ait, fût-ce pour un moment, quelque chose qui ressemblât à une ombre de bonheur. J'ai agi par bonté, comme il m'arrive souvent à l'égard de gens pour lesquels, cependant, je n'ai pas, à proprement parler, d'amour. Émilienne m'est semblable. De sa bonté, je sais des exemples, dont l'un, qui consista à venir en aide à un artiste en détresse (c'est une longue histoire, dont je ne saurais conter les détails), est assez extraordinaire. Alors, j'ai un doute : ce qu'Émilienne a fait pour moi, ne l'a-t-elle fait que par bonté ? Mais dès que cette question me vient à l'esprit, je vois bien que je ne fais que jouer à me faire peur. Émilienne n'agit pas par pure bonté. Il faut autre chose. L'artiste était peintre et sculpteur et ses œuvres étaient belles. Dans mon cas, s'il n'y avait pas d'amour pour la vieille dame, il y avait sympathie – et il y avait aussi mon amitié pour son mari.

V

15 juillet

Émilienne serait-elle pyrrhonienne ? Selon Pyrrhon, « rien n'est pas pas plus (οὐ μᾶλλον) ainsi qu'ainsi ou que ni l'un ni l'autre » (d'après Aulu-Gelle, *Nuits attiques*, XI, 5, 4). Plus précisément, d'après lui, il faut dire « de chaque chose qu'elle n'est pas plus qu'elle n'est pas, ou qu'elle est et n'est pas, ou qu'elle n'est ni n'est pas » (cela au témoignage de Timon, rapporté par Aristoclès).

Or, alors que, dans ma naïveté – si justement soulignée par Julie (cf. *Diversités. Journal étrange IV*, chap. LVI) –, je me figurais que mon souhait de venir en Corse était partagé par Émilienne, elle me dit qu'elle ne souhaitait « pas plus » (*ou mallon*) que j'y vienne, qu'elle ne souhaitait que je n'y vienne pas. On dira qu'en dépit de cette indifférence affichée, Émilienne peut avoir en elle-même un souhait.

Mais je la crois, eu égard à ma venue en Corse, véritablement pyrrhonienne, et, en ce cas, il n'y a pas, derrière l'apparence, les propos manifestes, une réalité autre. Le miel, selon Pyrrhon, n'« est » pas plus doux qu'amer ou qu'aucun des deux : cela ne signifie pas que nous ne saisirions de lui que la façon dont il nous affecte, et qu'il y aurait un être vrai du miel, au sujet duquel il faudrait « suspendre son jugement » (ἐπέχειν), comme l'admettent les sceptiques non pyrrhoniens. Le *ou mallon*, « pas plus », abolit la scission de la réalité en deux côtés : celui de l'apparence et celui de l'être derrière l'apparence. L'apparence est le tout.

Or, je ne crois pas non plus qu'Émilienne soit double, et qu'il y ait, d'une part, son indifférence à ma venue ou ma non-venue en Corse, et, d'autre part, son véritable souhait, qui serait que je vienne et qu'elle ne dirait pas. En effet, cela n'irait pas sans quelque fausseté de sa part, défaut que je puis supposer chez beaucoup de gens, mais qui n'est pas compatible avec l'idée que je me fais d'elle.

VI

16 juillet

Hier soir, discutant avec Vân et Émilienne, j'objectais à la musique qu'elle peut plaire aux méchants. En cela, semble-t-il, je me séparais des Grecs. Car si, explique Pindare (*1re Pythique*), les vibrations de la lyre d'or, « apanage commun d'Apollon et des Muses », éteignent le feu de la foudre de Zeus, endorment l'aigle, symbole de la force du dieu, charment même le cœur du violent Arès, Typhon le destructeur, au contraire, celui qu'écrase l'Etna, déteste les mélodies, dont il ne peut supporter le charme. Or, les nazis, destructeurs de sinistre mémoire, étaient, pour beaucoup, grands amateurs de musique – et c'était le cas de Hitler. Ainsi la musique, disais-je, peut plaire aux méchants comme aux bons, alors que les méchants n'ont pas accès à la haute philosophie. Hitler a feuilleté Schopenhauer, Nietzsche, mais on ne l'imagine pas méditant Platon ou Spinoza. – Mais qu'il en soit ainsi, on n'en peut faire grief à la musique, observe Émilienne, pas plus qu'on ne peut faire grief à une belle jeune femme de plaire aux méchants comme aux bons. – Oui, mais si l'on considère de cette jeune femme non la beauté visible, mais celle du dedans, invisible aux yeux du corps, ce n'est pas une nature vulgaire ou méchante qui pourra l'apercevoir. Si la beauté de la musique est comparable à la beauté corporelle, elle est d'un ordre inférieur à la beauté morale ou intellectuelle, celle d'un acte de pur amour ou d'un dialogue de Platon.

VII

17 juillet

Aujourd'hui, Émilienne est lasse et souffrante. Je ne puis aller la voir. « On s'appellera demain. » Mais des milliers de secondes me séparent de demain. La vie s'étiole en moi. Je ne trouve rien qui éveille, dans ma volonté éteinte, la tentation d'un effort. Lire ? J'ai sur ma table l'étude de Marcel Detienne sur « Le Vieux de la Mer » : elle est d'une érudition effrayante, de cette érudition qui étouffe la vérité. « Sincère », « franc », « loyal » (ἀψευδής, ἀληθής, νημερτής), ces trois épithètes de Nérée, le « Vieux » (Hésiode, *Théogonie*, 233-234), signifient un personnage véridique, et, de plus, bon (car νημερτής est associé à ἤπιος, « bienveillant », 235). Or, si je veux songer à une personne qui incarne ces qualités, qu'ai-je besoin de recourir à Hésiode ? Il me suffit de songer à Émilienne, car un être plus incapable de mentir ou de tricher avec la vérité, d'une plus entière franchise et plus porté, par sa noble nature, à vouloir le bien d'autrui, je ne puis même pas l'imaginer. Dans le roman *Tessa* de Margaret Kennedy, Lewis parle de la petite Tessa comme « proche de la perfection ». Je crois que la même chose peut être dite d'Émilienne. Certains diront peut-être que je m'illusionne. Mais ont-ils rencontré Émilienne ? Ont-ils été foudroyés d'amour pour elle ? Non ? Dès lors, comment pourraient-ils la comprendre ? Car on comprend Émilienne non avec l'intelligence seulement, mais avec le cœur. Bien sûr, je parle ici de l'amour qui est facteur de connaissance, et n'a rien à voir avec cette brève folie qu'est la passion amoureuse.

Tout en écrivant ceci, je songe à Émilienne qui souffre, pire : qui est lasse. Comment l'aider ? Ma présence en Corse, à cinq minutes de chez elle, est-elle pour elle un bien ? Suis-je pour elle un principe de force ?

VIII

18 juillet

« Nous naissons, écrit l'auteur du *Discours sur les passions de l'amour*, que l'on n'attribue plus aujourd'hui à Pascal, avec un caractère d'amour dans nos cœurs, qui nous porte à aimer ce qui nous paraît beau sans que l'on nous ait jamais dit ce que c'est. Qui doute après cela si nous sommes au monde pour autre chose que pour aimer ? En effet, l'on a beau se cacher à soi-même, l'on aime toujours. Et il n'est pas possible que l'homme puisse vivre un moment sans cela. » Je n'ai pas besoin de demander à Émilienne si elle adhère à cette pensée, et elle n'a pas besoin de me le demander à moi, tant nous sommes persuadés, elle et moi, que l'amour est l'α et l'ω de toute vie.

J'ai abandonné les quatre cinquièmes des livres que j'avais à Treffort, quitté une grande et belle maison, un verger avec des arbres que j'avais plantés et dont je connaissais chacun d'eux comme une personne (disant cela, je les vois comme lorsque j'y étais et une nostalgie m'étreint), tout cela par amour. Amour d'Émilienne, oui, de la beauté qui est en Émilienne. Rien à voir avec le délire passionnel qui fut le mien jadis pour une jeune fille, et dont j'ai assez parlé. Il faut plutôt songer à l'amour d'Alcibiade pour Socrate. Car Émilienne m'a fasciné par les mêmes moyens que Socrate, Alcibiade. Il en est de Socrate, dit Platon, comme du satyre Marsyas (l'inventeur de la flûte à deux tuyaux, ou qui l'avait ramassée, Athéna, qui l'avait inventée, l'ayant jetée, parce que ses joues étaient déformées lorsqu'elle en jouait), dont les mélodies, exécutées sur la flûte, charment les hommes, les mettent en état de possession (*Banquet*, 215 c), si ce n'est que Socrate produit le même effet sans instrument, par des « discours sans accompagnement » (ψιλοῖς λόγοις). Or, c'est, pareillement, avant tout par des paroles qu'Émilienne m'a charmé, même si son charme physique ne pouvait évidemment être sans effet – et c'est là, il est vrai, une différence avec Socrate, dont la laideur, qui rappelle celle de Silène, ne saurait charmer. Le charme féminin a un effet de douceur qui dispose à l'écoute. Parménide choisit des guides féminins. Ce sont des jeunes filles (κοῦραι) qui guident vers la lumière le char et les cavales (*Poème*, 1, 21). C'est une déesse, θεά, qui accueille le poète et lui enseigne la Vérité de l'Être.

Socrate : quand j'entends les discours de cet homme, dit Alcibiade, « le cœur me bat bien plus qu'aux corybantes dans leurs transports ; ses paroles font couler mes larmes, et je vois une foule d'autres gens éprouver les mêmes émotions » (215 e). Les propos d'Émilienne ont sur moi un effet profond, mais non aussi violent. Il faut tenir compte de la vive sensibilité des Grecs, peuple capable de la plus haute intellectualité et qui, pourtant, vibre intensément. Homère : « Lorsque je récite quelque passage touchant, dit un rhapsode, dans l'*Ion* de Platon, mes yeux s'emplissent de larmes ; lorsque c'est quelque chose d'effrayant ou de terrible, mes cheveux se hérissent d'effroi et mon cœur se met à battre. De plus, je vois, du haut de mon estrade, les gens qui pleurent, jettent des regards menaçants et restent saisis à mes paroles » (535 c-e). Même si parfois je sens venir des larmes, mes émotions, à l'écoute d'Émilienne, ne s'expriment guère par un trouble visible : je suis sérieux, attentif à saisir et à retenir les pensées.

Alcibiade dit combien Socrate est *atopos* (221 d) – déroutant, inclassable, tant il est hors des catégories communes. Qu'Émilienne soit différente, et même tout autre que n'importe quelle nature féminine jusque-là rencontrée, de sorte qu'au premier abord je n'ai pas su la situer, définir sa place (*topos*) dans la société et parmi les humains tant elle est hors de toute condition, cela je l'ai éprouvé dès notre première rencontre, et je n'ai cessé depuis de la voir comme ne pouvant être comparée qu'à elle seule. Et je ressens devant elle une sorte de timidité. Alcibiade parle d'une sorte de « honte » devant Socrate – et devant le seul Socrate : « Ce n'est qu'en face de lui, dit-il, que j'ai honte de moi ! » (216 b). Je n'ai pas honte de moi devant Émilienne. Il s'agit d'une retenue, voire d'une inhibition et d'un doute, qui m'empêchent de me mettre en avant. J'incline à l'effacement et au non-être, comme si les propos d'Émilienne privaient les miens de réalité. Car elle exprime une expérience qu'elle a vécue de tout son être, alors que, quelle que soit ma force originale de pensée, j'ai peut-être été trop formé par les livres.

IX

19 juillet

J'écrivais, il y a quelques jours, que j'étais jaloux de Noël, parce qu'il a la chance d'être en communion avec toi, travaillant ensemble à la même œuvre. Or, étant venu me voir hier soir, il m'a porté aide par une idée qui m'a mis du baume au cœur : « Tu n'es pas simplement spectateur, m'a-t-il dit, du terrain, des oliviers, de notre travail, car tu en parles en philosophe, tu dis ce qu'il signifie, tu le transmutes en une œuvre philosophique et poétique. Est-ce un hasard si quelqu'un ayant demandé à Émilienne pourquoi elle plantait des oliviers, elle a répondu : "par philosophie" ? Ce terrain, dis-tu, n'a rien à envier aux poèmes d'Emily Brontë : c'est un poème fait de terre et d'eau, d'arbres nombreux récemment plantés et affirmant la vie, de soleil et d'espoir, et surtout de beaucoup d'amour, d'une immense quantité d'amour. » Merci, Noël (Natale, puisque tu préfères ton prénom corse), de ne pas me laisser à l'écart, de me mettre en communauté et communion avec vous, comme non simple spectateur, mais acteur.

X

21 juillet

Un jour sans avoir vu Émilienne, ou sans une parole d'elle, est un jour qu'il eût mieux valu ne pas vivre. Hier eût pu être un tel jour. Mais elle m'a appelé très tard, alors qu'elle avait eu, depuis l'aurore, tant à faire, courant de l'hôtel, où Chantal (non celle de Treffort !) était en congé, aux oliviers à arroser, aux chevaux à nourrir et soigner, puis devant retourner au terrain, etc. Alors qu'il était 22 h 15, voire un peu plus tard, elle n'a pas voulu que j'entame, l'âme triste, la nuit détestée.

À dire vrai, la tristesse ne quitte guère mon âme. Émilienne s'en plaint. « Mais tu ne peux m'en faire reproche, lui ai-je dit hier, car dans le livre que Noël m'a prêté[1], Napoléon parle de la "tristesse habituelle des Corses". Ainsi, par ma tristesse, je suis corse. » Elle a ri.

1. *Œuvres littéraires et politiques de Napoléon*, 1840. L'on y trouve un « Précis de l'histoire de la Corse », rédigé par Bonaparte vers 1790.

Sur ce sujet, j'ai questionné Noël : l'observation de Napoléon est-elle juste ? Le Corse n'est pas triste en tant que Corse, m'a-t-il dit. Il est content, et même heureux, d'être corse. Il en tire aussi une certaine fierté : il est de ce peuple que de grandes individualités ont illustré au cours de l'histoire, et qui aussi a sacrifié nombre de ses enfants pour la liberté, en dernier lieu durant la Seconde Guerre mondiale contre le nazisme.

Cependant, Napoléon n'a pas tort. À son époque surtout, il n'avait pas tort, alors que les conditions de vie étaient très dures, comme elles le sont restées jusqu'à une époque récente. Noël reconnaît, chez le Corse, toujours une certaine gravité et souvent une sorte de tristesse liée à l'accablement de la vie. C'est la même tristesse que j'ai connue chez mon père et qui était due à ce qu'était, dans les années trente, la condition paysanne (tristesse de condition s'ajoutant à sa profonde tristesse personnelle). Tout le jour peiner aux champs, arriver le soir à la maison rompu de fatigue, pour recommencer le lendemain, et avoir en fin de compte tout juste de quoi ne pas mourir de faim : c'est là ce qu'ont connu les Corses dont me parle Noël, et c'est ce que les gens de chez moi ont connu aussi, même si notre famille, si pauvre soit-elle, ne fut jamais aussi près de la misère que d'autres. Les noix, le vin nous sauvaient.

XI

22 juillet

C'était il y a juste dix ans : le 22 juillet 1998, Catherine, ma « fille d'alliance » (j'ai repris l'expression dont Montaigne use pour Marie le Jars de Gournay), débarquait à Ottawa, où elle allait avoir une brillante carrière à l'université. Jusque-là, Catherine, que je connais depuis vingt et un ans, tenait une grande place dans ma vie, et sa venue à Treffort comme de la voir à Paris, cela signifiait beaucoup de joie. Depuis Ottawa, notre amitié est demeurée, mais nos retrouvailles ont été rares. Je n'ai pas vu Catherine depuis de nombreux mois. Dans mon agenda, d'autres noms ont remplacé le sien : Émilienne, Élodie, Zahra…, sans oublier Marilyne et ses amies. J'apprends que, ces jours-ci, elle est à Sourcieux, près de Lyon, chez son père. Elle serait venue me voir à Treffort – n'était que je suis en Corse. Or, alors que, il y a dix ou quinze ans, j'eusse été désespéré de ne pas la voir, et eusse retardé mon départ pour la Corse, je ne suis, cette fois, guère ému. Et pourtant, la reverrai-je jamais ?

Les heures enjouées que j'ai eues avec elle se sont inscrites dans ma mémoire, et je puis les revivre à volonté. Je nous revois à Paris, dans les Cévennes, dans le Mâconnais, en Corrèze, mais surtout dans le Revermont, autour de Treffort. Lorsque j'écrivis, dans *De l'amour*, la pensée 115, je songeais à une promenade avec Catherine sur la butte Montmartre et à un geste d'elle. Très vivantes sont les images de notre visite à son amie Lola, qui gardait ses chèvres et vivait de leur fromage à la Grand'Borie, près du col du Mercou et de Saint-Jean-du-Gard. Lola avait quitté la Roumanie comme Cioran, qu'elle n'aimait pas. Elle parlait de Platon et de la beauté. Te souviens-tu, Catherine, que le lendemain nous allâmes, par le train à vapeur des Cévennes (TVC), déjeuner à Anduze, où – c'était jour de marché – tu fus charmante à choisir une coloquinte. Tu étais gaie, et tu ne t'alarmas pas lorsque, étant allés au mas Soubeyran voir le musée du Désert, nous perdîmes Éric, ton frère, en route. Or, de ces journées qui vivent dans ma mémoire, aucune émotion ou détail n'est perdu. L'année des Cévennes était celle où, le 26 mai, au Centre Malher, tu avais soutenu ta thèse sur Parménide. La lumière du pays cévenol convenait à notre joie. Notre voyage en Limousin, quatre ans plus tard, était moins gai. J'avais eu une alerte cardiaque en juillet 96. Je n'étais pas très rassuré. Lorsque nous visitâmes la grotte de Lascaux, j'avais de l'angoisse ; et je ne te suivis pas tout le long de la visite du château de Castelnau. Avec ma famille – ma sœur, mon frère et leurs époux –, tu fus parfaite, discutant avec Jean, mon beau-frère, qui, chrétien, t'étonnait par son matérialisme. Ma préoccupation ne tenait pas seulement à ma santé, mais aussi et surtout à celle de ma femme. Lorsque j'allai te voir chez toi, à Verdelot, en octobre, tu voulus que j'emporte pour elle (dans ma voiture, qui n'était pas ma Clio !) l'énorme et confortable fauteuil de ta grand-mère, que ta mère et toi descendirent du grenier à grand'peine, dans un escalier fort raide. Marie-Thérèse aimait ce fauteuil, s'y asseoir et s'y laisser glisser vers un léger sommeil (cf. *Avec des « si »*, XXIII). J'y tiens moi-même beaucoup. Il a été des quelques meubles que j'ai emmenés de Treffort. Tandis que, de mon bureau où j'écris, je donne parfois un regard au vieil Aleria sur sa colline, je sens, près de moi, le « fauteuil de Catherine », sur ma droite, juste après la bibliothèque tournante. Tu eus beaucoup d'attentions pour moi. Tu m'as souvent aidé, soit à faucher l'herbe du clos, soit à la faner ou la brûler. Tu savais manier tant la faucheuse, jadis, que la débroussayeuse, plus récemment. Et te souviens-tu de l'invasion de guêpes que j'avais dans ma cuisine, dont tu me débarrassas, ayant repéré dans un placard le trou d'où elles venaient, s'étant fait un passage de l'extérieur à travers le mur ? Te souviens-tu aussi de cette averse de grêle d'un jour de septembre ? Tu épongeais l'eau dans l'escalier du grenier. Ton ami de cœur était alors Pascal, montagnard, amateur comme toi de randonnées alpestres, et que tu retrouvais à Grenoble. Parmi les attentions que tu eus, je n'ai garde d'oublier qu'étant allée à Naples, tu m'envoyas des vues du site et des ruines de *Velia*, nom romain d'Élée, la patrie de Parménide (Ἐλέα chez Platon, Ὑέλη chez Hérodote), et me rapportas une branche d'olivier cueillie sur le site. En fait, les images de ces années, où tu fus si présente, se disputent mon esprit. Et tantôt, étant allés à Montmirail, de Verdelot, nous évoquons, sur le lieu même de la bataille, nos souvenirs d'une leçon d'histoire sur la campagne de France en 1814, tantôt, explorant le Mâconnais, nous marchons sur les traces de Mitterrand, en faisant l'ascension de la roche de Solutré – après quoi, c'est Cluny, et je songe à Pierre Boudot, à son âme généreuse et tourmentée, à sa mort violente. Mais s'agissant de toi, ce qui m'émeut surtout, c'est qu'à la mort de Marie-Thérèse, en décembre 1997, tu vins de Paris pour m'accompagner en Corrèze, où la photo te montre avec ma famille au cimetière d'Altillac, puis ensuite me raccompagner à Treffort avec le convoi mortuaire. Et dans les semaines qui suivirent, tu vins me voir plusieurs fois. Comment n'éprouverais-je pas de la gratitude ?

Et aujourd'hui, j'aime toujours Catherine ; mais il me semble que je l'aime dans le passé. J'ai peine à mettre mon affection en accord avec le présent. Mon âme, pleine d'Émilienne, ne laisse pas à d'autres sentiments leur juste place. Mais il ne faut pas croire que je n'aie pas le contrôle de mon âme. Elle est « pleine d'Émilienne », oui : c'est ce que je veux et permets *maintenant*. Car, quoique triste, j'aime à être heureux, et c'est là la façon dont je le puis être. Catherine, la plupart du temps, est bien loin… Il faut être près de ce que l'on aime, ou aimer ce dont on est près.

Catherine et moi sommes loin l'un de l'autre. Elle vit, elle a ses amis. Je vis, j'ai mes amis. Notre amitié, par la force des choses, est en sommeil.

XII

24 juillet

« Le caractère de l'homme est son démon » (ἦθος ἀνθρώπου δαίμων), dit Héraclite (fr. 119 DK). Entendons : il n'y a pas, contrairement à la croyance populaire, un démon qui se tient auprès de chacun de nous et l'accompagne ; il n'y a, pour chaque homme, pas d'autre « démon » que son caractère même, son ἦθος, c'est-à-dire sa propre manière d'être (τρόπος qu'Épicharme substitue à ἦθος) en ce qu'elle a d'habituel, sa propre disposition constante dans des situations variables.

Héraclite écarte avec raison la conception religieuse d'après laquelle il y aurait, pour chacun, un dieu, une divinité personnelle qui le guiderait dans la vie. Mais cela ne signifie pas qu'il faille identifier le caractère d'un homme, son *habitus*, avec son « démon », si l'on entend par là le génie de chacun – génie qui n'est pas une entité religieuse et, en ce cas, une sorte d'intrus dans la personnalité, mais qui n'est autre que la personnalité même pour autant qu'elle est absolument fidèle à elle-même, à son dynamisme et à son élan.

Que le caractère et le génie soient totalement distincts, il est aisé de le montrer. Le 25 mai 2008, j'ai pris une décision, celle de quitter Treffort et d'aller vivre en Corse, que rien, quelques jours plus tôt, ne laissait prévoir, puisque j'avais invité des amis corses à venir me voir au mois d'août. Comment expliquer cette inflexion (« flexion de manière à former un coude », Littré) de la volonté ? Cela ne se peut par le « caractère », puisqu'il n'a pas changé, ou guère, entre le 10 et le 25 mai. Du caractère dépend la réaction à ce qui arrive. L'infirmière est en retard : l'un s'irrite, l'autre se fâche, un autre montre son flegme, un autre « prend patience », etc. C'est là « question de caractère ». Selon que l'on a « bon » ou « mauvais » caractère, les choses prennent une tournure différente, nous laissent sereins ou nous blessent et nous font mal. Mais le caractère ne *guide* pas.

C'est mon génie, c'est-à-dire non un autre que moi, mais moi dans ma plus profonde fidélité à moi-même, qui a ourdi ma décision d'aller vivre auprès d'Émilienne. Le choix qu'implique cette décision était celui qu'en fonction du tout de ma vie, qu'il s'agisse de mon avenir ou de mon passé, il fallait prendre. Le génie peut diriger, guider, parce qu'il est la mémoire de soi-même ; sans cesse, il me fait répondre à la question : « Au total, que suis-je ? et à quoi suis-je arrivé ? » Il est le principe totalisateur qui permet de « faire le point ». D'aller en Corse auprès d'Émilienne impliquait rupture avec mes hésitations de sept années, mais était dans la continuité de tout ce que j'avais vécu jusque-là. Le génie comporte le jugement sur soi et sur la situation en fonction de soi.

XIII

25 juillet

Je ne serais pas étonné qu'Émilienne ait été tentée de médire de sa beauté, alors que, lors de ses missions en Afrique ou en Asie pour la cause humanitaire, elle était harcelée par des hommes plus ou moins insistants ou pressants, mais sans principes ni délicatesse, et incapables de ne voir en elle que ce qu'elle voulait être : une simple collègue de travail. Dans le roman de Xénophon d'Éphèse, *Les Éphésiaques*, Habrocomès est d'une beauté si parfaite qu'on lui marque les mêmes respects qu'à un dieu et qu'Érôs lui-même en est jaloux. Le couple qu'il forme avec Anthia aura affaire à la vengeance divine. De là d'étonnantes péripéties où l'un et l'autre sont aux prises avec les désirs furieux que suscite leur beauté, que ce soit chez des Barbares ou des Grecs, des humains libres ou des esclaves, des princes ou des chefs de bande. Séparés, pleins d'angoisse, ne sachant pas s'ils se reverront, ils s'entêtent dans leur fidélité et résistent quasi héroïquement aux avances et aux tentatives des fous d'amour, soit en acceptant la souffrance, voire le supplice, soit par ruse. Le brigand Corymbos est-il épris d'Habrocomès et son compère Euxinos d'Anthia : « Ô beauté funeste à tous deux ! », s'écrient les amants (II, 1, 3). Anthia est-elle entraînée dans la forêt pour, sur l'ordre d'une rivale, y être tuée (elle ne le sera pas) : « Ah ! pernicieuse beauté, s'écrie-t-elle, partout tu as fait notre malheur à tous deux ! » (II, 11, 4). Un esclave emmène-t-il Anthia pour être vendue à un trafiquant de filles (cela ne se fera pas) : « Beauté perfide, s'exclame-t-elle, charmes qui ne me causez que malheur, pourquoi vous attacher à moi pour mon tourment ? » (V, 5, 5).

Montaigne nous conte l'histoire de Spurina : « Spurina, jeune homme de la Toscane, estant doué d'une singuliere beauté, et si excessive que les yeux des dames les plus continentes ne pouvaient en souffrir l'esclat sans alarme, ne se contenta point de laisser sans secours tant de fièvre et de feu qu'il allait attisant partout, mais encore il entra en furieux despit contre soy-mesmes et contre ces riches presens que nature luy avait faits, comme si on se devait prendre à eux de la faute d'autruy. Et détailla [déchiqueta] et troubla, à force de playes qu'il se fit à escient [exprès] et de cicatrices, la parfaicte proportion et ordonnance que nature avait si curieusement [avec tant de soin] observée en son visage » (*Essais*, II, XXXIII, p. 734 PUF). C'est là le texte de 1580. Se relisant, Montaigne remplace « les yeux des dames les plus continentes » par « les yeux les plus continents ». Qui est épris d'amour pour un beau jeune homme ? Montaigne songe d'abord à une dame ; après réflexion, il songe que ce peut être aussi le cas d'un homme.

Or, quelle beauté peut être « funeste », « pernicieuse », etc. ? Ce n'est pas n'importe laquelle. Pascal parle de « beauté poétique », de « beauté géométrique », de « beauté médicinale ». Ce n'est aucune d'elles, mais seulement la beauté sensible, plus précisément (car la beauté de la nature est « sensible ») corporelle, charnelle, bref la beauté sexuée. « On sait mieux en quoi consiste l'agrément d'une femme, dit Pascal, que l'agrément des vers » (*Pensées*, fr. 53 Br.). Le corps jeune, bien fait, charmant, où la féminité s'expose, contient des suggestions de plaisirs amoureux, et provoque chez l'homme quelconque, qu'il soit savant ou ignorant, noble ou vulgaire, des rêveries d'amour. Du moins, c'est ce qu'il me semble et que j'observe, étant moi-même peu sensible aux attraits féminins, à moins que je ne sois amoureux.

XIV

26 juillet

J'ai téléphoné, hier, à Catherine. Elle était à Sourcieux, d'où elle avait compté venir me voir à Treffort, avant d'apprendre que je n'y étais plus. Elle venait de Crète, où elle avait participé à un colloque sur quelque thème concernant la pensée grecque, et fait l'ascension du mont Ida, où une tradition situe le lieu de naissance de Zeus. Elle va bientôt aller au Brésil, invitée à un colloque sur les émotions en Grèce ancienne. Elle mettra, cette année, la dernière main à son livre sur Homère. Elle me dit combien, à l'université d'Ottawa, elle se trouve heureuse, s'étonne presque de la chance qu'elle a eue. Elle parle des « Français » comme si elle-même n'était plus que canadienne. Je la vois immergée dans le système universitaire, avec ses formes, sa respectabilité, ses conventions et ses usages. Elle m'a interrogé sur ma « solitude » en Corse – pour savoir où en étaient mes rapports avec Émilienne –, mais non sur mes projets, mes livres à paraître.

Je suis heureux de la réussite de Catherine. Je lui souhaite tout le bien et le bonheur possibles sur sa planète peuplée surtout d'universitaires rencontrant d'autres universitaires, les uns et les autres se plaignant de la cherté croissante des billets d'avion. Qu'ai-je à faire avec ce monde-là ? Je suis sur une autre planète, celle où se trouve Émilienne. Elle aussi a été une pièce dans un système – celui que constituent les organisations humanitaires. Et puis, elle s'en est arrachée, choisissant l'indigence, le manque, la vie à l'état brut, l'avenir à inventer. Cette invention du futur est sa tâche aujourd'hui. Au sein du maquis corse, elle a cerné ce qui serait son terrain et le lieu de naissance de la nouvelle Émilienne. On est en dehors de tout contexte socialement définissable. On demande à Émilienne : « Pourquoi plantez-vous des oliviers ? » C'est comme si l'on demandait à Rimbaud : « Pourquoi faites-vous des vers ? », ou : « Pourquoi écrivez-vous vos "illuminations" ? » Émilienne s'exprime par une œuvre qui est de la même nature qu'un temple. Certains oliviers, plantés seulement en mai, ont déjà des olives. Je les ai vues, non sans émotion, tant j'étais frappé par la façon dont s'affirmait là, dans ces humbles fruits, la vie universelle et éternelle. Je suis à côté d'Émilienne, dans sa vie pleine de précarité et de risque, mais de confiance et de courage.

Catherine a une situation. Elle est professeur d'université, est estimée, voire admirée, a de l'argent, voyage, a une maison. Émilienne n'a pas de situation, elle est incomprise quoique estimée, voire admirée, elle n'a pas d'argent, ne voyage pas, n'a pas de maison. Elle a peine à dire ce qu'elle est, car elle n'est qu'elle-même.

*

* *

Émilienne étant venue dîner chez moi, je lui ai lu ce que j'avais écrit ce matin. Je ne veux pas insister sur le fait qu'elle a pleuré, que j'ai pleuré, que nous avons pleuré ensemble, et c'était merveilleux.

Mais il y a une chose que je lui ai dite, que je veux retenir. « Tu m'as demandé, ai-je dit, après que nous soyons restés un jour et demi sans nous voir, comment s'était passée ma solitude. Peut-être y avait-il un peu d'humour dans ta question. Quoi qu'il en soit, voici ce qu'il en est. J'ai pu me sentir très seul à Treffort, car nul ne pouvait comprendre celui que j'étais, que je suis : l'amant inconditionnel de la vérité. Or, ici, je suis près de toi, et tu es, toi aussi, l'amante inconditionnelle de la vérité. Ainsi, nous sommes deux à vivre dans le détachement à l'égard de tout ce à quoi nous devons plus ou moins participer (toi plus, moi moins) pour ne pas sembler des sauvages : le monde des autres, tout en vivant, dans notre essence même, et quoique par des voies différentes, une même foi et un même amour de ce que tu appelles ton dieu, que j'appelle la vérité, pour choisir un mot qui nous convienne à tous deux. Et comme nous sommes deux à ne pas vivre seulement dans le semblant, mais dans le réel, deux à être réels, je ne me sens pas seul : même lorsque je ne te vois pas de tout le jour, je sais que tu es là, non loin, active et en même temps toujours méditative au fond de toi. »

XV

27 juillet

Après avoir rappelé la distinction du savant hollandais Tiele entre les religions *théocratiques*, d'après lesquelles le divin est séparé de l'humain par un abîme infranchissable – ainsi dans le judaïsme –, et les religions *théanthropiques*, qui admettent un trait d'union entre les deux natures, sous forme d'un dieu-homme ou d'un homme-dieu, Th. Zielinski, dans *La Sibylle*, « trois essais sur la religion antique et le christianisme » (Paris, Rieder, 1924), situe ces diverses religions du même côté et montre – veut montrer – dans la religion antique une préparation au christianisme. Par exemple, l'on y trouve le dogme de l'homme-dieu, « c'est-à-dire de l'homme, fils de dieu, qui, étant né d'une mère mortelle dans des conditions purement humaines, par ses exploits surhumains a mérité l'ascension au ciel et l'apothéose ; c'est le cas d'Héraclès » (p. 21).

Or, ce qui m'intéresse ici est, pour l'heure, seulement ceci : l'idée de péché originel se serait présentée dans le monde antique, et si l'on voulait en tracer l'évolution, « on devrait remonter à Anaximandre » (p. 122), bien qu'il s'agisse, chez lui, d'un péché non pas historique mais « métaphysique ».

De quel « péché » s'agit-il ? Zielinski songe à ce que l'on nomme « la Parole d'Anaximandre », et qui est tout ce qui nous reste de lui.

Voici cette Parole, telle qu'on la trouve dans Simplicius (cf. mon *Anaximandre*, p. 157, PUF) : « Ce d'où il y a, pour les êtres, génération, c'est en cela aussi qu'a lieu la destruction, selon ce qui doit être (κατὰ τὸ χρεών) ; car ils se rendent justice et réparation, les uns aux autres, de leur mutuelle injustice (δίκην καὶ τίσιν ἀλλήλοις τῆς ἀδικίας), selon l'assignation du Temps (κατὰ τὴν τοῦ χρόνου τάξιν). »

Que la mort, pour les êtres finis que nous sommes, soit certaine, cela est connu de tous. Mais l'on se révolte souvent contre la mort. Un ami de jeunesse, René Schérer, y voyait le « mal absolu ». Or, Anaximandre veut nous la faire comprendre, et par suite accepter. Il est juste qu'il y ait la mort : elle est une τίσις, un paiement, pour le privilège que nous avons eu d'être là, dans le présent vivant.

Car cet avantage n'allait pas sans injustice, ἀδικία. En effet, la plate-forme de l'être présent est exiguë. Elle ne peut accueillir tous les êtres, car tous les êtres ne peuvent *être* en même temps. On n'*est* qu'au présent. Ainsi les êtres ne peuvent être = être au présent, qu'autant que d'autres êtres sont rejetés dans le non-être. « La naissance des enfants est la mort des parents », dit Hegel. Par la mort, les êtres sc rendent justice, δίκη, et réparation, τίσις, pour avoir été injustes les uns à l'égard des autres (ἀλλήλοις), et cela dans un temps fixé, car être c'est durer, mais on n'*est* que pour un temps – un laps de temps. Les générations se succèdent, chacune vit de l'effacement de l'autre. De là une injustice qu'une justice immanente, ontologique, corrige avec la mort. « Péché originel » ? Les êtres n'ont commis aucune faute, mais ils *sont* et *vivent*, ayant été en somme triés pour être là, ce qui signifie privilège et exclusion. Injustice et justice sont dans l'ordre des choses, selon la scansion du Temps. Tout se passe comme si les êtres portaient le poids d'un « péché » qu'ils n'ont pas commis, ni ne pouvaient commettre.

XVI

28 juillet

Après avoir lu *La Voie certaine vers « Dieu »* (« Les Cahiers de l'Égaré », Le Revest, 2008), où j'écrivais : « Dans la religion de l'amour, la prière ne subsiste que comme action de grâces » (p. 42), mon ami l'abbé Marcel Belay, tout en reconnaissant que la prière « est essentiellement action de grâces », ajoutait : « Mais elle est aussi *supplication*. Prier, c'est parler à Dieu. Mais il ne répond pas. D'où, chez le priant, la crainte qu'il ne se parle qu'à lui-même. Et le voici affronté au *doute*. Un combat s'engage. Kierkegaard a raison, je le crois, d'assurer : "Celui qui prie vraiment est en lutte dans la prière…" La dureté de ce combat intérieur et secret conduit, ou peut conduire, à un appel au secours, à une imploration, à une supplication – toujours aiguillonnée par l'interrogation, aiguillonnée ou nourrie par l'interrogation. »

L'abbé me propose ensuite la lecture d'un passage de saint Augustin : « Et maintenant, toi Seigneur mon Dieu, enseigne à mon cœur où et comment te chercher, où et comment te trouver. Seigneur, si tu n'es pas ici, où te chercherai-je en ton absence ? Et si tu es partout, pourquoi ta présence est-elle invisible ? Certes, tu habites "une lumière inaccessible". Mais où est cette lumière inaccessible ? Comment accéder à une lumière inaccessible ? Qui donc m'y conduira et m'y introduira pour que je t'y voie ? Et puis quels indices pour te chercher ? Je ne t'ai jamais vu, Seigneur, mon Dieu, je ne connais pas ton visage. Que peut faire, très haut Seigneur, ton lointain exilé ? »

Mais combat intérieur, interrogations infinies, implorations ou supplications ne peuvent, évidemment, mener à rien. Cela montre qu'il ne faut pas se soucier directement de Dieu, mais qu'il faut s'en tenir à la *voie* qui mène à « Lui », laquelle est certaine, comme je l'ai expliqué.

Émilienne s'étonne des propos de l'abbé et du saint. Ce n'est pas elle qui se plaindrait du silence de Dieu. Car Dieu – son dieu – lui parle, comme il parle à chacun. La faute à qui si on ne sait pas l'écouter ? Il est partout. La faute à qui si on ne sait pas le voir ?

Le chrétien est dans le siècle. Il a un rapport intermittent avec le divin. Au contraire, toute la journée la vie du Grec était immergée dans le divin. Il en va de même pour Émilienne : elle vit tout le jour dans le divin. Mais sa religion n'en est pas moins extrêmement différente de celle du Grec. Ce n'est pas une religion nationale ou civique, ni la religion d'une communauté. C'est une religion personnelle et vécue dans la solitude. Et le service divin, chez Émilienne, ne suppose ni lieux ni objets réservés au culte, ni prêtres, ni exégètes, ni oracles, ni rites particuliers. Surtout, il n'y a pas de jours de fête, alors que, dans certaines cités grecques, il pouvait y avoir autant de jours fériés que de jours ouvrables. Pour Émilienne, il n'y a que des jours ouvrables, qui sont aussi, il est vrai, des jours de fête. Car, travailler à soigner les oliviers, dans ce temple qu'est l'*élaiôn*, c'est, par le travail même, son soin, son sérieux, sa solennité – et dans un silence qui m'a frappé lorsque j'ai vu Vân et Émilienne travailler et qui m'a rappelé le silence d'une église –, c'est, dis-je, par le travail même assurer le service divin, car il ne s'agit pas d'un travail productif comme on l'entend d'ordinaire, mais d'une sorte de prière où, à la souffrance et à la fatigue du corps, se mêle, pour ce dieu dont la bonté affleure partout dans le réel, un profond sentiment de gratitude, avec des larmes de joie.

XVII

29 juillet

À l'époque de *Humain, trop humain*, Nietzsche écrit ceci : « L'inactivité des "actifs"… Ils perdent leur vie absurdement : il leur manque l'activité supérieure, *l'individuelle*, ils pensent en fonctionnaires, commerçants, mais sont inactifs en tant qu'individus uniques » (*Fragments posthumes*, éd. Gallimard, III, vol. 1, p. 318).

Sont inactifs, malgré la monotonie et la pénibilité de leur travail, outre les fonctionnaires et les commerçants, la masse des travailleurs manuels et intellectuels, tels, à titre d'exemples, que les terrassiers, les grutiers, les conducteurs d'engin, les maçons, les mineurs, les mariniers, les garagistes, les restaurateurs, les garçons de café, les éleveurs de volaille, les stewards, les pilotes de ligne, les érudits, les auteurs de nomenclatures ou d'index, les professeurs qui s'ennuient, les politiciens, car ils ne sont pas eux-mêmes dans ce qu'ils font. Sont actifs, au contraire, les romanciers, sculpteurs, poètes, peintres, musiciens originaux, les auteurs de lettres personnelles, les professeurs heureux, les hommes d'État.

Émilienne est inactive lorsque, à l'hôtel « L'Atrachjata », elle s'active toute la matinée avec l'ordinateur, le personnel, les clients. Elle est active lorsque, l'après-midi, elle est aux petits soins d'amante pour ses oliviers sacrés et ses chevaux. Alors, elle est avec elle-même, et aussi véritablement avec elle-même qu'elle est véritablement avec son dieu. Quant à moi, je ne me considère pas comme actif lorsque je conduis ma Clio, règle des questions administratives, lis *Corse-Matin* ou me promène à la campagne. Je suis actif lorsque j'écris certaines lettres personnelles, ou mon journal, mais je le suis surtout dans mes conversations avec Émilienne. C'est dans nos meilleures conversations, où nous allons parfois jusqu'aux larmes, qu'Émilienne et moi sommes les plus personnels et les plus actifs. Nous nous libérons alors de tous les mensonges et les semblants qui font ordinairement la loi ; nous écoutant, nous comprenant, nous brisons nos solitudes, nous approchons de notre plus profonde vérité. C'est au moment où chacun rencontre l'autre dans son extrême fragilité, où il n'y a plus de masque, que cette vérité est atteinte.

XVIII

30 juillet

Toujours à l'époque de *Humain, trop humain*, on lit dans les *Fragments posthumes* (III, vol. 1, p. 441) : « Schopenhauer a tort lorsqu'il dit : Tout le monde est capable de raisonner, fort peu de gens de juger. » Je doute que Nietzsche fasse preuve, ici, d'un bon jugement.

Il est vrai que tout le monde est capable d'un raisonnement simple : si tous les hommes sont mortels, Socrate l'est aussi (syllogisme) ; si un tout a des parties, il est plus grand que la partie ; si a = b et si b = c, alors a = c ; si je doute et si l'on ne peut douter sans penser, je ne puis douter de penser : *cogito* (raisonnement dont use Descartes), etc. Mais tout le monde n'est pas capable d'entendre le raisonnement par contraposition (où, pour démontrer que p implique q, on démontre que non-q implique non-p), le raisonnement par dualité (où chaque notion est remplacée par sa notion duale : par exemple, par permutation de l'intersection et de la réunion dans l'énoncé d'un théorème, on peut obtenir un nouveau théorème), ou le raisonnement par récurrence (si un théorème est vrai pour n = 1, et si, étant vrai de n – 1, il est vrai de n, alors il est vrai pour tous les nombres entiers). Quant au raisonnement par exhaustion, décrit par Euclide, il est vrai que si on le nommait « par épuisement » – puisqu'il consiste à épuiser tous les cas possibles dans une question (alors que le mot « exhaustion » n'est que copié du latin) –, beaucoup de raisonneurs s'apercevraient alors qu'il leur est familier.

S'agit-il maintenant de juger, « tout le monde » en est-il capable ou « fort peu de gens » ? Parler « à tort et à travers », avec prévention et précipitation, et dire n'importe quoi, tout le monde en est certainement capable (entendant par « tout le monde » les gens dans leur généralité – mais le général n'est pas l'universel). Mais ce n'est pas là juger. Les gens peuvent émettre des opinions. Mais celui qui opine n'a pas, la plupart du temps, jugé par lui-même. *Qui* parle ? le lecteur de son quotidien habituel ou de son magazine préféré, ou l'auditeur de telle ou telle radio, ou le téléspectateur, ou le croyant, ou le membre d'un parti politique, ou celui qui rapporte un « on-dit », etc. : on n'entend pas un jugement personnel. Aussi écoute-t-on à peine ; on attend que le flux des paroles se tarisse de lui-même. Il est très difficile, encore aujourd'hui, de rencontrer quelqu'un capable de porter un jugement sain, libre, objectif, sur ce qu'a été l'URSS. Ce ne sont qu'idées figées, vérités toutes faites, relents d'ouvrages tendancieux. Juger implique laisser de côté toute idée préconçue, s'en tenir strictement à l'objet dont on juge, ou plutôt à ce que l'on en *sait*. Le résultat, dès lors, est souvent celui-ci : il faut « suspendre son jugement » (ἐπέχειν). S'il s'agit maintenant de juger un humain en situation, qui, peut-être, sollicite un conseil, par exemple une femme qui attend un enfant et est tentée par l'idée d'avorter, ou un homme qui veut « en finir » et ne voit pas pourquoi ramer encore contre la tristesse de vivre lorsqu'on n'est pas aimé, il faut laisser de côté les règles et les principes, les leçons de morale et les catéchismes, mais tâcher d'inventer une solution qui vaudra pour ce cas seulement. Les paroles sont une aide puissante si elles sont inspirées par la profonde compréhension que peut donner l'amour.

Bien juger est l'acte qui distingue les sages. Des philosophes ne font pas forcément preuve de beaucoup de jugement, par exemple Descartes lorsque, à partir de la seconde partie des *Principes de la philosophie*, il s'engage dans une physique d'imagination, Spinoza lorsqu'il admet un parallélisme, c'est-à-dire une correspondance entre ce qui a lieu dans le corps et ce qui a lieu dans l'âme, Fichte lorsqu'il s'escrime avec le « Moi » et le « Non-Moi », purs fantômes, Nietzsche et son art de pousser les idées ingénieuses, pénétrantes et justes, jusqu'à la limite où elles se changent en idées délirantes susceptibles d'un mauvais usage, Sartre, lorsqu'il estime que Flaubert mérite qu'il lui consacre de nombreuses journées de sa courte vie. Montaigne est le seul philosophe dont le jugement soit toujours parfaitement bon. C'est pourquoi Montaigne ne vieillit pas.

XIX

31 juillet

Alors qu'ensemble, ce soir, nous vivions, elle et moi, un moment merveilleux, tant était fort notre amour spirituel et notre entente profonde, j'ai dit à Émilienne : ce moment que nous vivons, dans des millions d'années et même éternellement, il sera vrai que nous l'avons vécu. Il est au pays de la vérité, et un dieu qui saurait le tout de la vérité saurait que nous l'avons vécu. Ainsi ce moment, qui est le nôtre maintenant, se trouve transmuté en éternité. Ton dieu signifie, je crois, qu'il faudrait vivre chaque moment non pas comme ce qui ne fait que passer et est sans importance, mais comme l'instant d'une vie merveilleuse où il est possible de transmuter le temps en éternité. Ce dieu, qui reste anonyme comme la déesse de Parménide, ou comme lorsque Homère parle du dieu de façon indéterminée (cf. σὺν θεῷ, *Il.*, IX, 49, avec dieu ; ὑπὲρ θεόν, *Il.*, XVII, 327, contre dieu), est l'esprit qui t'engage sur la voie droite, du reste unique, et t'y guide, et auquel tu ne peux résister. Car, de même que le jeune homme de Parménide est enlevé sur un char par des cavales, tu es enlevée par la joie que te donne le dieu. La joie bondit dans ton cœur. Alors tu t'arraches aux demeures de la nuit, tu entres dans la lumière et tu pénètres avec le dieu au pays de la vérité. Le voyage du κοῦρος parménidien est unique. Il y a eu pour toi un voyage initial, où tu as découvert, une fois pour toutes, le pays de la vérité. Mais alors que le dieu est toujours dans ce pays et en est la splendeur permanente, tu retombes, toi, dans le quotidien. Aussi as-tu fait et dois-tu faire de nombreux voyages, qui pourtant ne font pas que se répéter, car, de l'un à l'autre, ta familiarité avec le dieu se confirme, ta compréhension grandit. Tu sens de mieux en mieux la présence de l'éternité, et cela signifie la présence du dieu en toutes choses, de l'éternel dans le fugitif, de l'infini et de l'immense dans le fini. Tu n'es pas seule : tu sais, même si tu es dans un moment de peine, que le dieu est toujours là avec toi – ce dieu qui d'ailleurs ne t'est pas personnel, qui est celui en qui chacun peut trouver un guide pour quitter l'une ou l'autre des innombrables voies tordues qui nous égarent dans les méandres de ce monde, et suivre la voie droite. Je suis en profonde sympathie avec toi : je crois, je sais qu'il faut faire en sorte que chaque instant de vie soit l'instant de la meilleure vie possible, et je ne souhaite rien tant que vivre avec toi en éternité.

XX

1er août

«Dépouillement» est un «terme de dévotion», selon Littré. Jésus-Christ est «venu dans le dépouillement», dit Massillon. Ainsi était Émilienne lorsque, quelque temps après avoir démissionné de la belle situation qu'elle avait, ayant atterri en Corse, elle se présenta à la porte d'un couvent, où on l'accueillit sans lui poser de questions et où on la laissa faire une cure de silence en la compagnie des bonnes sœurs qui ne disaient mot. Le dépouillement est toujours un trait de sa personnalité, mais il s'agit d'un dépouillement de certaines choses, qui est le corrélat d'une concentration de l'activité sur d'autres choses. Émilienne n'a pas de temps pour ce qui n'est pas essentiel, étant très occupée tout le long du jour, soit à l'hôtel à diriger et fixer les tâches de chacun, soit sur son terrain à œuvrer dans le cadre de son sacerdoce, soit enfin avec ses chevaux. Sa sœur, Sophie, que j'ai rencontrée et admirée, lui dit : «Tu devrais venir passer quinze jours avec moi, à

Beyrouth ; tu devrais te distraire, sortir, voir des gens. Pourquoi ne voyages-tu pas ? il y a tant de belles choses à voir partout. Songe, par exemple, à un voyage au Japon : tu découvrirais un monde différent... », etc. Je comprends Émilienne. Je sympathise parfaitement avec elle, car je lui suis semblable. Une personne, qui avait entendu parler de mon intérêt pour la Grèce, m'a invité à venir la voir chez elle, où elle a quantité de souvenirs de ses nombreux voyages en Grèce et dans les îles. J'ai décliné l'invitation, car j'imaginais le rôle d'admirateur que j'aurais à jouer, je mesurais l'ennui et la perte de temps. Émilienne ne sera jamais une touriste, ni moi. Voir de nouveaux paysages, de belles choses, parler avec d'autres gens, ne nous intéresse pas. Émilienne a son dieu, sa vie intérieure, son chemin à suivre, possédée par l'amour, dans et vers la beauté. Je lui ai offert un beau vase grec. Elle a vu qu'il était beau, l'a posé sur la table et aussitôt oublié. Je l'ai bien reconnue là. Qu'importe une beauté qui n'a rien de plus pour elle que d'être belle, qui vous arrive du dehors, qui n'est pas née de vous par une nécessité intérieure, et où la vraie signification qu'elle doit avoir comme révélation du divin n'apparaît pas. Qu'importe la beauté qui n'est qu'objet de curiosité et de spectacle, qui ne vous fait pas faire un pas dans la Voie. La beauté des oliviers est autre : elle est monstration d'une plénitude de vie et de présence du divin. Avec ses oliviers, Émilienne n'*agit* pas seulement, comme lorsqu'on fait quelque chose en vue d'un but, elle *œuvre*, comme font le poète, le sculpteur. Chaque moment a son sens par lui-même, pas simplement en fonction d'un résultat. Alors, quand on est plongé dans l'actualisation de quelque chose de beau et de grand, s'égarer dans la dispersion de l'esprit à des choses qui se présentent sans raison, comme un film, un voyage, une exposition, serait trahir sa propre destinée et la signification même que l'on a sur cette terre.

XXI

2 août

Émilienne n'aime pas recevoir des cadeaux. Moi non plus. Il lui semble qu'ils inscrivent l'amitié sous le régime de l'échange : on reçoit, il faut donner. Je ressens la même chose. Pourtant, je prends volontiers le risque de contrarier mon amie. Car il me semble que je ne suis pas forcément en contradiction avec elle, telle qu'elle s'exprime dans une lettre qu'elle m'adressa en août 2001, et que, sept ans après, je relis. Voici cette lettre :

Cher Marcel,

Je t'envoie, comme promis, une carte de la Corse et trois chèvres capricieuses.

Ne cherche pas à comprendre Émilienne avec ton esprit et tes connaissances. Tu peux deviner certaines choses de cette manière, mais jamais tu n'atteindras l'essentiel. Car la seule manière de m'approcher est de lâcher prise à tout ce à quoi on peut se tenir ; pareil à un naufragé en mer qui se laisse aller, il faudra se laisser emporter par la mer, sans peur et sans colère, sans désespoir ni déception. Car Émilienne est naufragée depuis longtemps, perdue dans un océan immense, mais elle sait que sa perte, son naufrage, est le seul et unique chemin vers cette lumière, qui, comme une île, au lointain, brille plus belle qu'une étoile au milieu de la nuit... et sans la nuit noire, comment apercevoir l'étoile ?

Si tu veux mon amitié, celle qui est vraie, alors cesse de te comporter comme un marchand dans une foire. Les gens pensent que l'amitié est une sorte d'échange, et quand bien même cet échange ne soit que d'esprit et de cœur, reste que c'est une relation d'échange : je te donne parce que je t'estime et tu me donnes parce que tu m'estimes – voilà le commerce d'amitié. Cela n'est pas de mon ressort.

Ce que je donne, je le donne parce que faire autrement m'est impossible. Ainsi, lorsque je donne, ce n'est pas par rapport à celui ou celle à qui je donne, mais par rapport à ce que mon cœur et mon esprit me dictent. De plus, donner et ce que je donne, cela n'enlève ni ne retire rien de ce qui est « à moi ». Je ne me sens pas plus pauvre d'avoir donné, même si c'est à un filou, un menteur ou un voyou. Car si je donne, il y a dans ce que je donne ce que je sais être infini et immense. Et de le « donner » à qui que ce soit ne peut en rien m'appauvrir ou me nuire. Ainsi, être juste même envers les injustes, aimer même ceux qui ne sont pas aimables, être beau même parmi le laid, cela n'est pas retirer quoi que ce soit à ce qui est juste, beau et aimable, ou lui nuire. Au contraire, cela prouve d'autant plus la surabondance de l'infini, l'immensité de son extension.

Alors, qu'importe si tu n'arrives pas à comprendre ce que je pourrais avoir comme satisfaction dans l'amitié avec toi.

Dieu seul sait le pourquoi de notre rencontre. Remercions-le pour cela, et cela suffit. – Ce qui est de notre ressort, c'est de faire en sorte que cette amitié soit toujours lien d'honneur, de confiance et de courage, pour s'épauler dans nos quêtes vers la vérité, le beau et le juste. Soyons des chevaliers qui côte à côte voyageons vers cette infinie et merveilleuse lumière. Vouons-nous à la loyauté, pour que notre chemin soit béni du ciel par l'amitié qui nous a été donnée.

Ne m'insulte pas en me remerciant, ou en t'excusant d'une chose ou d'une autre. Ne crois pas que tu puisses m'offrir les choses de la terre [qui sont du fini] en retour de mon amitié [qui est infinie]. Les choses de la terre, je les demande à la terre, lorsque j'en ai besoin. Et s'il m'arrive d'avoir un grand besoin, je te demanderai aide le moment venu. Mais jamais ne me tends une main en retour de mon amitié. Car ainsi, jamais je ne la prendrai. Ne cherche donc pas à prouver que tu es mon ami. Sois-le, tout juste. Chevauchons vers la lumière. Estimons-nous, simplement parce que Dieu nous a bénis d'amitié. Partageons un morceau de pain lorsque nous avons faim. Illuminons notre esprit par des paroles pleines de lumière et de poudre d'étoile, même si ce ne sont que des paroles.

Et aimons la vie, quelle qu'elle soit, même laide, car nous sommes riches de sa beauté. Découvrons tous les sentiers qui mènent à la vérité, car n'y a-t-il pas un moment merveilleux chaque fois que l'on rencontre un nouveau chemin, caché auparavant, mais qui, lui aussi, mène à la vérité. Soyons donc émerveillés et toujours innocents devant cette infinie lumière [de la vérité]. Car devant elle, nos troubles se calment, nos souffrances fondent et nos cœurs s'épanouissent en un champ immense de coquelicots qui dansent dans le vent pour un instant très court, mais merveilleux !

Sois brave, Marcel ! Aimer, c'est découvrir les mille et un aspects de l'infini dans la nature et dans les âmes ; c'est donc être amoureux de l'infini. Cela fait peur, mais le vrai ne peut être autre.

Émilienne

(Excuse mon écriture : je n'arrive pas à écrire aussi vite que mon cœur s'exprime, lorsqu'il se sent envahi par l'infinie beauté de la vie…)

P.S. Tu dis préférer mes paroles à celles de Rûmi ou Attar. Pourtant, ce sont eux, et d'autres, qui ont fait fleurir ces paroles que je prononce. Et la source de mes paroles, de mon peu de paroles, est la même que celle des mille paroles de chacun d'eux. Cette source coule infinie, et écouter leurs paroles, c'est écouter les miennes, et les miennes les leurs, et celles encore non prononcées comme les miennes…

La seule différence entre leurs paroles, si belles, et la mienne, c'est que la mienne est vivante. Elle témoigne par la vie de la vie, qui est infinie. Rappelle-toi. Lorsque Ulysse descend chez Hadès et parle avec Achille, Achille lui dit que non, il n'est pas préférable d'être héros et mort, hôte de Hadès, mais il vaut mieux être vivant et glorifier Zeus, maître du ciel infini. La vie est toujours supérieure à la mort. Toute vie est préférable, car là où il y a vie, quelle qu'elle soit, Zeus est glorifié : la vie est là pour témoigner de l'infini, la mort ne le peut – sauf par la mémoire. Achille sait, maintenant qu'il est chez Hadès, que la vie est toujours supérieure à la mort, car dans la vie il y a toute la gloire de Zeus, et c'est à l'homme d'en témoigner jusqu'à sa mort. Il fut un héros grâce à et pour la gloire de Zeus et des dieux immortels. Mort, il est mémoire pour les hommes à venir.

Seulement en vivant pouvons-nous aimer à l'infini. La mort ne peut, ne fait rien. Alors, n'attendons pas, ne soyons pas lâches, n'ayons aucune crainte, ne perdons pas de temps en regrets, en déception, en désespoir, ou à plaire à certains, non à d'autres. Avançons dans la gloire des dieux immortels. Offrons-leur notre tout, combien petit nous pensons qu'il soit. Car la vie n'est jamais plus, et dans la vie se trouve le tout.

L'olivier est l'arbre de lumière ; ses feuilles, ses fruits et sa vie en témoignent. C'est donc auprès de lui que je veux me reposer, lorsque, au soleil couchant, je m'assiérai pour contempler les mille et une merveilles de ce monde et d'autres innombrables, de la vie en toute sa gloire, du ciel étoilé et des dieux immortels.

Depuis 2001, la conception qu'Émilienne se fait de l'amitié n'a pas changé. Elle correspond à l'amitié qui est la nôtre. Dans l'amitié, selon elle, il n'y a pas échange comme s'il n'y avait que toi et moi et que l'on passe son temps à donner et à recevoir. On est ensemble, chacun avec l'autre et à côté, regardant dans la même direction, vers une même vérité, et mus par la même illumination. Car la vraie amitié ne peut se fonder sur quelque préférence limitée à la psychologie de chacun. Elle ne peut se fonder que sur une communion dans une même foi à une même vérité, c'est-à-dire sur un rapport qui transcende les individus finis et mortels, les vouant à l'infini et à l'éternel. Cette infinité est toute présente à tout moment de la vie, et il ne faut s'arrêter à rien de ce qui la restreint par suite des intérêts de chacun, mais au contraire se laisser porter, investir par elle, et la vivre, à travers les préoccupations bornées et relatives, comme ce qui est absolu et précieux. Dans le Jardin d'Épicure, les amis avaient part à une unique et même Vérité. Il doit en être ainsi pour les amis, selon Émilienne. Ceux qui regardent vers le laid, le mal, le faux, le violent et l'injuste, ne peuvent être amis avec les amis du vrai, du beau et du juste.

XXII

3 août

J'ai lu hier soir, à Émilienne, sa lettre d'août 2001, dont je venais de prendre copie, en adoucissant parfois la syntaxe, et que l'on vient de lire. Elle a ri aux éclats à deux passages : « cesse de te comporter comme un marchand dans une foire » et : « Ne m'insulte pas en me remerciant… », s'admirant de son audace de traiter ainsi le grand Professeur – ou prétendu « grand Professeur » –, qu'elle était venue trouver pleine de respect et d'humilité. En deux ou trois semaines (elle était arrivée à Treffort le 6 août), elle avait pris le dessus ; elle affirmait son autorité, donnait sa leçon. Les rôles étaient renversés. Et pourquoi pas ? Je consentis à apprendre d'elle. Émilienne se reconnaît dans sa lettre d'il y a sept ans. Elle a évolué, dit-elle, mais n'a pas changé. De mon côté, je reconnais qu'il y a quelque chose de valable encore aujourd'hui dans ce que j'écrivais le 20 juillet 2003, décrivant mon état d'âme, ma *Stimmung* d'alors : « Je sais bien, disais-je à Émilienne, que tu es un être humain, non divin ; pourtant, je te “divinise” un peu dans la façon dont je te ressens –, ce qui n’est pas du tout le cas lorsque, par exemple, je songe à Catherine. Il s’agit de ma manière de *vivre* mon rapport avec toi : je ne me sens pas au même niveau. Quelque chose subsiste toujours de ce “ravissement” dont j’ai parlé dans ma *Confession*. Parviendrai-je à plus de naturel, de simplicité ? Ce qui ressemble à de la timidité n’est pas de bon aloi. » « Timidité » : le terme n’est guère juste pour exprimer une sorte de propension à la dépréciation de soi-même.

XXIII

4 août

Mon amour pour Émilienne, qui est en moi comme une tempête qui balaie les intérêts ordinaires comme des fétus, qui me dépouille des sentiments tièdes et convenus et m'en libère, qui me fait accomplir tous mes devoirs comme distraitement l'esprit ailleurs, cet amour ne fait pas de moi un amoureux classique, car ce n'est pas seulement, ni même avant tout, de la femme que je suis aimant, mais de celle qui a vu quelque chose que j'ai peine à voir, et qui a un rapport à la Vérité qui intrigue le philosophe. Émilienne m'apporte de la joie à la voir si belle. Elle me trouble par son art féminin de séduire, bien qu'elle en use discrètement et comme pour moi seul. Mais ce sont surtout ses paroles qui, laissant là le corps, provoquent l'élan de mon âme, la font comme captive, espérant l'inespérable, anxieuse de savoir. Car mon démon personnel, qui veille à ce que je ne m'écarte pas de la voie droite – celle de la philosophie –, m'avertit, me retient lorsqu'il me voit troublé, et m'ordonne de tordre le coup à toute tentation, ce que je fais surtout parce qu'il n'y a pas d'autre solution, l'encouragement d'Émilienne à pécher avec elle faisant défaut. Qu'arriverait-il cependant si Émilienne, prenant exemple sur telle ou telle déesse grecque, voulait jouer un peu avec un pauvre humain ? Aucune nature féminine ne parvint jamais à me détourner, ne fût-ce qu'un moment, de mon intérêt majeur pour la philosophie. Elle seule le pourrait. Mais c'est que toute expérience avec elle, de quelque ordre qu'elle soit, tenterait le philosophe. Elle contribuerait, pense-t-il, à la révélation vers laquelle il court.

XXIV

5 août

J'ai lu, hier, à Émilienne, le poème de Baudelaire qui ouvre *Les Fleurs du mal*, « Au lecteur », dont voici le début :

> *La sottise, l'erreur, le péché, la lésine,*
> *Occupent nos esprits et travaillent nos corps,*
> *Et nous alimentons nos aimables remords*
> *Comme les mendiants nourrissent leur vermine.*
> [...]

Émilienne, qui n'a pas notre culture classique – mais une autre qui la vaut bien –, ne connaissait pas ce poème. Elle le juge « horrible », très laid et très faux. Elle y trouve un effet de l'idée judéo-chrétienne de l'homme, et de la noirceur que le judéo-christianisme croit discerner dans le cœur de l'homme, mais dont par l'éducation il finit par l'infester. De plus, l'auteur lui semble un psychopathe. Elle n'aurait pas aimé le rencontrer. Il lui aurait fait peur. Je crois, comme Émilienne, que ce poème, si talentueux soit-il, est nul et faux quant à exprimer la vérité de l'homme. L'on y trouve l'homme des prêtres et du catéchisme, non l'homme observé.

Émilienne m'en a dit un peu plus sur le couvent catholique où elle fut accueillie après sa venue en Corse. En fait, la supérieure lui prit ses livres – parmi lesquels un recueil des plus beaux chants inspirés par le soufisme –, lui donnant en échange la Bible. C'était une cassette : un savant homme contait l'histoire d'Israël, la venue de Jésus. La religieuse lui demanda ce qu'elle avait retiré de cette audition. Émilienne n'avait pas fait un pas vers le judéo-christianisme, au contraire. Elle s'en sentait très éloignée. Seule, la personne de Jésus l'avait émue et conquise. Au reste, elle suivait les offices, mais les chants religieux qu'elle entendait lui faisaient regretter la beauté de ceux qu'elle avait entendus à Istanbul, qui, dès la première heure du jour, annonçaient le lever du soleil. Elle quitta le couvent sans que la religieuse lui ait rendu ses livres. Elle m'a proposé que nous allions ensemble voir ce couvent, un jour prochain. Il se trouve non loin de Solenzara, mais dans la montagne. Ce sera une joie pour moi.

Après « Au lecteur », je lus à Émilienne « Lesbos », l'une des « pièces condamnées » qui furent retirées des *Fleurs du mal* :

Mère des jeux latins et des voluptés grecques,
Lesbos, où les baisers, languissants ou joyeux,
Chauds comme les soleils, frais comme les pastèques,
Font l'ornement des nuits et des jours glorieux ;
Mère des jeux latins et des voluptés grecques,
Lesbos, où les baisers sont comme des cascades
[…]

Ce poème semble à Émilienne aussi beau que l'autre est horrible. Elle ne comprend pas qu'il ait été condamné. Que « les Phrynés l'une l'autre s'attirent » ne la choque nullement – moi non plus. L'amour est toujours beau.

XXV

6 août

La notion d'« homme parfait » n'a rien qui doive surprendre. Adam, lorsqu'il sortit des mains de son Créateur, ne pouvait être que parfait. Avec le péché, les choses changent. Mais Jésus, étant sans péché, est parfait en tant qu'homme. La notion d'« homme parfait » est importante dans la pensée islamique. C'est l'homme en qui Dieu a son reflet. À celui qui appartient au courant chiite, on attribue l'impeccabilité. Pour Rûmi, son maître Shams représentait la perfection, c'est-à-dire le plus haut degré de la dignité spirituelle. Pour les Épicuriens, Épicure était le modèle incontestable dont il fallait toujours avoir l'image dans l'esprit, comme étant notre guide assuré.

Or, je n'ai songé à rien de tout cela lorsque j'ai dit à Philippe que sa fille Émilienne me semblait proche de la perfection. Je n'ai pas dit qu'elle *était* parfaite, d'abord parce que je ne voulais pas entendre son père

– sait-on jamais ? – exprimer quelque doute, ensuite parce que je ne puis juger d'elle sous tous rapports, n'ayant du reste pas voix au chapitre quant à ses rapports avec Noël, Marie-Line, Claudine, Chantal, etc. J'ai dit « proche de la perfection ». Pourquoi ai-je atténué ma pensée ? Émilienne me semble tout simplement parfaite.

Quant à ce que j'entends par là, je vais l'expliquer. Lorsque, dans mes jeunes années, j'étais instituteur – c'était en Corrèze –, il m'arrivait, lors de la correction des devoirs, devant un devoir de calcul, une dictée sans fautes, une rédaction, de dire : il n'y a rien à corriger. De même, devant toutes les façons dont Émilienne se manifeste à moi, que nous soyons seuls ou en présence et en la compagnie d'autrui, et que ce soit par les actes ou par les gestes, par les questions ou par les reparties, par les rires ou par les silences, je ne vois rien à reprendre à ce qu'elle dit ou fait, car elle ne s'écarte jamais d'une entière fidélité à elle-même, et je la reconnais dans tous ses propos et ses actes. Je ne juge pas Émilienne à partir de principes, de normes ou de règles – éthiques, morales, esthétiques, de bienséance, etc., mais seulement en référence à elle-même, ce qui revient à dire que je ne la juge pas : je la contemple, je l'aime.

Simonide d'Amorgos, après avoir passé en revue les diverses variétés de femmes, les comparant aux animaux – la femme renarde, la femme chatte, etc. –, écrit, parlant de la femme qu'il compare à l'abeille :

Elle est la seule que le blâme (μῶμος) *ne puisse atteindre*
Une grâce divine (θείη χάρις) *flotte à l'entour d'elle.*

Émilienne, un poète iambique grec, né dans l'une des Sporades quatre siècles après la guerre de Troie, t'aurait comparée à une abeille. Comme ç'eût été dans une bonne intention, nous lui pardonnons, sachant pourtant que tu es in-comparable.

XXVI

7 août

Mireille m'a envoyé le texte d'une prière dite en l'église de Treffort, et qui me semble fort peu chrétienne. Voici ce texte :

> « Quatre bougies brûlaient lentement. Le silence était tel qu'on entendait leur conversation. La première dit : "Je suis la paix. Les hommes n'arrivent pas à me maintenir. Je crois que je vais m'éteindre." En diminuant son éclat, rapidement elle s'éteignit. La seconde dit : "Je suis la foi. Je suis superflue. Les hommes ne veulent rien savoir de moi. Cela n'a pas de sens que je reste allumée." Quand elle acheva de parler, une brise souffla sur elle et l'éteignit. Triste, la troisième dit : "Je suis l'amour. Je n'ai pas la force de continuer. Les humains me laissent de côté. Ils oublient même ceux qui sont proches et qui les aiment." Et sans plus attendre, elle s'éteignit. – Soudain un enfant entra et vit les trois bougies éteintes. "Mais c'est quoi ça ? Vous devez rester allumées jusqu'à la fin !" Disant cela, il

commença à pleurer. Alors, la quatrième bougie parla : “Moi, je suis l’espoir.” Avec des yeux brillants, l’enfant prit la bougie de l’espoir et ralluma les autres. Que l’espoir ne s’éteigne jamais à l’intérieur de nous. Et que chacun de nous sache être l’enfant qui, avec l’espoir, rallume la paix, la foi et l’amour. »

« J’ai pris les mortels en pitié, dit le Prométhée d’Eschyle : j’ai installé en eux les aveugles espoirs » (*Prométhée enchaîné*, 250). Si la foi est éteinte, comment l’espoir ne serait-il pas aveugle ? Car, pour les chrétiens, c’est la foi qui est « la garantie des biens que l’on espère » (Épître aux Hébreux, 11, 1). La « prière des quatre bougies » marque un retour au paganisme. (Accessoirement : il est faux de dire qu’il n’y a pas d’amour chez les humains – la prière, sans être gênée par la contradiction, ne reconnaît-elle pas elle-même que nos proches « nous aiment » ?)

« Espoir, confort des malheureux », dit Charles d’Orléans. Comme je ne suis pas malheureux, je n’espère pas : j’agis.

*

* *

En même temps que la prière païenne, se voulant chrétienne, j’ai reçu une lettre de Gilbert Kirscher, dont je note ici un passage – je dirai ensuite pourquoi.

Voici ce passage :

« Ainsi donc ta vie a pris un nouveau tournant et te voilà en Corse [...] Je suis allé relire les pages concernant la rencontre d'Émilienne, dans la *Confession d'un philosophe*, et j'ai songé aussitôt que ton voyage représentait – au-delà du chemin (et à l'inverse de ce chemin) qui te conduit à laisser derrière toi les catégories de *Dieu*, de la *condition*, de la *conscience*, pour aboutir au *fini* et à sa *sagesse* – le retour au pôle opposé (*vérité*, *vrai et faux*). Les deux chemins vont ensemble : en s'éloignant l'un de l'autre, ils reviennent se rejoindre, se joindre, pour se dissocier encore (sinon tu n'écrirais, tu ne discuterais, tu n'analyserais plus...) et se joindre à nouveau. »

À l'université de Lille, où Éric Weil fut professeur (de 1956 à 1968), existe un Centre Éric Weil, dont l'une des vocations est l'étude de la philosophie de Weil. Gilbert Kirscher analyse mon parcours en fonction des catégories philosophiques dont Weil, dans la *Logique de la philosophie*, a exposé l'ensemble de façon ordonnée et complète. Ce qu'il écrit peut intéresser un étudiant-chercheur qui, à l'occasion d'une philosophie et d'un parcours philosophique particuliers, entend se perfectionner dans la compréhension et le maniement des catégories weiliennes.

Voici une phrase de la même lettre, que je voulais ne pas citer parce qu'elle est élogieuse. Je la cite pourtant, car j'ai réfléchi que mes amis – qui me connaissent – comprendraient que, si je la cite, ce n'est pas parce qu'elle est élogieuse, mais pour montrer la générosité de Gilbert

Kirscher – et pour cette seule raison, je *dois* même la citer : « Quelle vitalité en toi, quelle capacité de renouvellement, tout en restant, quoi que tu fasses, toi-même, et en le redevenant ! »

XXVII

8 août

J'ai eu envie de parler d'Émilienne à Élodie. Sur une carte postale, j'ai écrit ceci :

> Chère Élodie, je pense souvent à toi. Si tu veux me comprendre – et mes problèmes –, lis, de Leili Anvar, *Rûmi*. Émilienne, auprès de qui je suis venu vivre, est disciple de Rûmi (sans être musulmane : elle ne croit pas à Allah, etc.). Elle a une vie intérieure si forte qu'elle est comme derrière un rempart. On a l'impression qu'elle aime plus ses oliviers et ses chevaux – et la nature – que les humains. Elle vient souvent dîner chez moi. Je la contemple, je l'écoute, mais je n'ai pas vraiment accès à elle. Au sommet de sa colline plantée d'oliviers, elle se fait bâtir une maison de bois, où elle sera seule, en extase devant ses oliviers et la beauté du monde. Je pense que le terme de « mystique » lui convient. Mon rationalisme est désarmé [...]

Comme il m'importe de vivre dans la vérité-transparence, « au grand jour », comme le voulait Auguste Comte, j'ai lu cette missive à Émilienne. « La façon dont tu me vois me semble juste. » « Es-tu triste ? », a-t-elle ajouté. Elle est celle qui lit le mieux en moi, devinant ma tristesse, et, parfois, la tentation de mourir (malgré les protestations de ma conscience). Je puis être triste pour deux raisons : d'abord, Émilienne vit dans une sorte de retrait, d'exil intérieur par rapport au monde des humains, qui, par là même, se trouvent, d'une certaine façon, privés d'elle ; ensuite, si je suis amoureux d'elle (mais le suis-je ?), je n'ai rien à espérer, pas même le fameux baiser, si symbolique. Mais cette tristesse est compensée par la joie de voir Émilienne, de la suivre en imagination dans son activité de chaque jour, et aussi par le contentement de penser qu'elle a, dans le rapport vivant qui la lie à son dieu, trouvé son bonheur.

XXVIII

9 août

Je lis, dans *Les Cahiers rationalistes* (juillet-août 2008, p. 50) : « L'athéisme est presque toujours la marque d'une saine indépendance d'esprit et, à vrai dire, d'un esprit sain. » Mais Pascal a dit : « Athéisme, marque de force d'esprit, mais jusqu'à un certain degré seulement » (*Pensées*, fr. 225 Br.). Chacun de ces jugements a sa vérité, le premier si l'on songe à l'athéisme tel que le définit Littré : est athée, « celui qui ne croit point que Dieu existe » – c'est l'athéisme sceptique – ; le second si l'on songe à la définition du *Petit Larousse* : est athée, « celui qui affirme : Dieu n'existe pas » – c'est l'athéisme dogmatique.

Si, avec le *Vocabulaire de la philosophie* de Lalande, on retient cette dernière définition, on dira que l'athée « sceptique » ne mérite pas le nom d'athée : c'est simplement un « incroyant ». Il ne voit aucune raison suffisante d'affirmer soit que Dieu existe, soit qu'il n'existe pas.

Sans idée préconçue, il suspend son jugement. C'est bien la marque d'un esprit sain.

Ceux qui nient l'existence de Dieu sont les « esprits forts ». Ils ne se rencontrent pas en général dans le peuple, parmi les gens peu cultivés. On n'en trouve aucun parmi les Barbares – Indiens, Celtes, Égyptiens –, note Élien : « Aucun d'entre eux n'est tombé dans l'athéisme, et ils ne discutent pas au sujet des dieux pour savoir s'ils existent ou s'ils n'existent pas » (*Histoire variée*, 2.31). Il leur oppose les Évhémère de Messène, les Diogène de Phrygie, les Hippon, les Diagoras de Mélos, les Théodore l'Athée – esprits courageux (Diagoras fut condamné à mort), mais négateurs et souvent railleurs. Or, montrent-ils beaucoup de réflexion dans leur négation ? Ils usent de la notion de « Dieu ». Et si cette notion était contradictoire – comme celle du plus grand de tous les cercles, du plus grand de tous les nombres – ? Et se sont-ils demandé s'il est seulement possible de démontrer que quelque chose « n'existe pas » ? Esprits forts « jusqu'à un certain degré… ».

Il est clair qu'aucun raisonnement n'aboutira jamais à trancher la question de Dieu – de son existence ou non-existence. Reste l'expérience. Mais comment savoir si l'expérience de Dieu – qu'ont les mystiques – est authentique ? La réponse que fait Goethe à cette question est aussi la mienne, et c'est elle qui me fait croire à l'authenticité de l'expérience mystique d'Émilienne. « Qu'est-ce qui est authentique, dit Goethe, sinon ce qui est excellent, ce qui est en harmonie avec le plus pur de la nature et de la raison, qui aujourd'hui encore contribue à notre plus haut développement ! Et qu'est-ce qui n'est pas authentique, sinon l'absurde, le vide et le stupide, ce qui ne porte pas de fruits ou du moins pas de bons fruits ! Si l'authenticité d'un texte biblique devait être résolue par cette question : nous a-t-il été transmis ou non dans toute sa vérité ? on pourrait sur certains points douter de l'authenticité des Évangiles. Pourtant je considère les quatre Évangiles comme parfaitement authentiques, puisque l'on y perçoit le reflet d'une élévation qui émanait de la personne du Christ, divine comme jamais rien de plus divin n'est apparu sur terre. Et si l'on me demande s'il est dans ma nature de lui présenter un hommage d'adoration, je répondrai : Parfaitement ! – Je m'incline devant lui comme devant la révélation divine du plus haut principe de la morale. Et si l'on me demande s'il est dans ma nature de vénérer le soleil, je répondrai encore : Oui ! car il est également une révélation du Très-Haut, et même la plus puissante qu'il nous ait jamais été donné, à nous, enfants de la terre, de percevoir. J'adore dans le soleil la lumière, et la force procréatrice de Dieu, grâce à laquelle seulement nous vivons, nous nous mouvons et existons, et, avec nous, tous les animaux et les plantes » (*Conversations avec Eckermann*, trad. Chuzeville, Gallimard, 1949, p. 538-539).

Or, l'expérience qu'Émilienne a de son dieu l'élève et l'ennoblit. Elle vise à toujours atteindre le meilleur d'elle-même, et dès lors elle porte en elle un trésor de joie qui rayonne. Il ne s'agit pas de dire que son dieu existe en dehors d'elle – question sans intérêt –, mais de son effet sur elle : extraordinaire effet d'exhaussement et de libération (à l'égard de toutes les fausses valeurs qui font mouvoir les humains). Devant Émilienne, je ne me sens pas un esprit fort (bien qu'au bon sens du terme, je le sois peut-être) : je ressens une profonde humilité.

XXIX

10 août

Les vingt-neuvièmes jeux Olympiques d'été ont lieu, ces jours-ci, en Chine. Ni Émilienne ni moi n'en suivons le déroulement, faute d'avoir la télévision, faute aussi de curiosité pour les performances des athlètes. Émilienne a montré ses qualités athlétiques dans diverses disciplines, a eu différents prix, mais : « C'est du passé, dit-elle, ce ne sont que souvenirs de jeunesse. »

Nous nous remémorons ce que signifiaient les jeux Olympiques pour les Grecs, quelle fête religieuse c'était. La victoire était un don des dieux. Le sixième jour des Jeux, qui était le dernier, les vainqueurs, avec la couronne de feuillage d'olivier orné de bandelettes qu'ils venaient de recevoir, allaient en procession, accompagnés des prêtres, devant les autels – au temple de Zeus et à l'*Héraion*, temple d'Héra –, puis se rendaient au prytanée (hôtel de ville), où un repas leur était offert aux frais de l'État.

Les dieux ne vivaient pas dans un autre monde que les hommes. Il n'y avait qu'un monde, qui était leur habitat commun. Le monde a toujours été, il est et sera toujours (cf. Héraclite, fr. 30 DK) : mais Zeus, le plus puissant des dieux, leur père et celui des hommes, est né de Cronos et de Rhéa. Les dieux sont nés. Zeus, dieu du ciel, rassemble les nuages, donne la pluie et le soleil, excite les orages ; le tonnerre et la foudre sont les signes de sa colère. Mais il ne peut rien contre l'ordre même du monde, contre les lois de la nature et contre la mort. La mort, pour les humains, est inéluctable par l'effet du destin (*Moira*). Toutefois, il n'y a pas de fatalisme. Zeus, ou d'autres dieux, peuvent décider, pour un mortel, du *moment* de sa mort. Sarpédon est en danger de mort. Mais « Zeus écarte de son fils les déesses du trépas » (*Il.*, XII, 402). Le jour fatal d'Achille est proche. Qui en est cause ? θεός τε μέγας καὶ μοῖρα, « le dieu terrible [Apollon] et le destin » (XIX, 410). Reste que la mort est le lot fatal des humains : « La mort est notre lot commun et même les dieux ne peuvent l'écarter de l'homme qu'ils chérissent » (*Od.*, III, 236-238).

Les dieux ont plus de force et de beauté que les humains, mais ils leur ressemblent : ils ont les mêmes qualités ou défauts (ils volent, commettent l'adultère, mentent, se dupent les uns les autres), et ils ont la forme humaine. Mais ils sont immortels. Les humains n'ont qu'un succédané de l'immortalité, qui est la gloire. Aussi appartient-il à ceux qui veulent échapper à l'oubli de tout sacrifier pour la gloire, *kléos* : « Ils prennent une chose en échange de toutes, les meilleurs (*aristoi*) – la gloire impérissable en échange des choses mortelles» (Héraclite, fr. 30 de mon édition).

Mais la gloire est accordée par les dieux. Il faut la mériter. Elle se mérite par l'exploit. Achille se montre le plus vaillant des héros grecs qui se rendirent au siège de Troie, et il accomplit l'exploit de tuer Hector. Mais la guerre ne convient pas entre Grecs. C'est alors une autre forme d'*agôn*, d'endroit où l'on s'affronte. Les Jeux sont des fêtes panhelléniques où rivalisent les cités, représentées par leurs champions, qui, vainqueurs, auront la gloire.

Mais quelles qualités sont appréciées par les dieux, en particulier par Zeus à Olympie, où les Jeux sont donnés en son honneur ? Celles par lesquelles les hommes leur ressemblent : la force et la beauté qui s'attachent à la forme que dieux et hommes ont en commun : la forme humaine.

Les épreuves choisies pour remplir les six jours que durent les Jeux sont celles qui permettent de mettre le mieux en valeur la force et la beauté du corps de l'homme, et qui, par là même, valent comme hommages aux dieux.

La liste des épreuves a varié. Ce furent d'abord le saut (*alma*), la course, le lancer du disque, le pugilat, la lutte. On sautait en hauteur, en longueur ou en profondeur, en s'aidant des haltères et aussi du tremplin. La course (*dromos*) était simple si l'on franchissait la longueur du stade sans revenir sur ses pas, ou double. Le disque, qui devait être lancé aussi loin que possible, était une rondelle de fer ou de bronze. Chez Homère, le *discos* est un palet de pierre, rond et plat, avec un trou et une courroie au milieu pour le lancer, tandis que le *solos* est une masse de fer en forme de boule. La lutte (*palè*) consistait à saisir son adversaire par les mains, par les bras, par les jambes ou à bras-le-corps, et à le renverser par trois fois sur le sol. Le pugilat (*pugmè*) était une forme de lutte fort dangereuse, qui entraînait blessures et déformations du nez et des oreilles, surtout si les combattants enveloppaient leurs poings dans des lanières de cuir, les cestes. Les cinq épreuves que je viens d'énumérer étaient considérées comme mettant en relief, ensemble, toutes les qualités d'un athlète. Elles constituaient le *pentathlon*. Toutefois, comme le pugilat abîmait la figure humaine, ce qui nuisait à sa beauté et pouvait déplaire aux dieux, il fut remplacé par le javelot (*akontion*), lance de petites dimensions qu'on jetait avec la main.

Avec le temps, d'autres épreuves s'ajoutèrent : course en armes, pancrace (qui combinait la lutte et le pugilat sans gantelets), course de chevaux montés, course de quadriges. Que l'on regarde le *Discobole* de Myron (vers 450 av. J.-C.) et l'on comprend quelle impression de beauté et de force intelligemment maîtrisée pouvaient donner les athlètes. On a dit que la sculpture grecque était née dans le stade. Il faut ajouter : sous l'influence pythagoricienne. Polyclète a consacré son principal effort à un modèle unique : le nu viril. Les têtes tendent vers la forme de la sphère, les dieux ayant voulu, selon les Pythagoriciens, que l'homme ait une tête « imitant la forme du monde ». Comme les nombres, selon Pythagore, sont la clef de toutes choses, Polyclète définit par des nombres un *canon* ou règle à appliquer dans ses œuvres. Dans le *Doriphore* – le porteur de lance –, la hauteur de la tête est comprise sept fois dans la hauteur totale du corps, deux fois dans la hauteur du torse et dans la largeur des épaules.

Les athlètes ont inspiré aussi les poètes. Bacchylide célèbre Automédès de Phlionte :

> « Au pentathlon, il a brillé comme la belle lumière de la lune éclipse la clarté des astres pendant la nuit du milieu du mois. Dans le cercle innombrable des Grecs, il montrait son corps admirable quand il lançait le disque rond. Et quand il mit un terme aux éclats de la lutte, quelle ne fut pas sa force débordante lorsqu'il plaqua au sol des corps aux membres robustes !… » (*Épinicie*, IX, 2).

On le voit : force et beauté – d'où la jubilation des dieux.

Naturellement, lançant le disque ou le javelot, courant, sautant, luttant, Automédès est nu. Aux Jeux, les athlètes étaient nus pour apparaître aux dieux tels que les dieux les avaient faits. Les Grecs ne pensaient pas que l'on pût honorer les dieux en cachant, comme par honte, le corps qu'on leur devait.

XXX

11 août

Comme le devoir est un devoir en-situation (ainsi que je l'ai rappelé, contre Kant) et la liberté une liberté en-situation (ainsi que Sartre l'a montré), de même le bonheur ne peut être qu'un bonheur en-situation.

Jean Veillerot, qui est le plus ancien de mes amis (lorsque j'ai rencontré Pierre Roubinet, en 1940, je connaissais Jean depuis déjà huit ou dix ans), et sa femme Michelle m'ont longuement téléphoné hier pour me féliciter de ma décision d'aller vivre en Corse, et me dire qu'ils étaient heureux du bonheur que j'allais trouver auprès d'Émilienne (c'est là, du reste, ce que m'ont dit tous mes meilleurs amis).

Or, j'admets que je suis aussi heureux qu'il est possible de l'être pour un homme de mon âge et pour l'homme que je suis (toujours hanté par des pensées universelles, et incapable de borner son intérêt à lui-même, oubliant les autres). Cependant, ce bonheur, je l'éprouve moins dans ma vie immédiate que je ne m'en persuade par réflexion : «J'ai voulu vivre auprès d'Émilienne, je suis venu en Corse pour cela ; je la vois souvent, elle vient dîner ce soir : je vis auprès d'Émilienne, je suis donc heureux. »

Mon bonheur est un bonheur par persuasion, et cela parce qu'il est un bonheur en-situation et dans une certaine situation – situation dont les éléments ne dépendent pas de ma volonté. Ces éléments sont les suivants : mon âge, ai-je dit, la jeunesse d'Émilienne, le fait que je sois un tantinet amoureux d'elle (ce qui n'était pas le cas en 2001, n'était pas prévu – et ne sera d'ailleurs que passager), le fait qu'elle soit un tantinet amoureuse mais non de moi, le fait que mon profond amour spirituel pour elle, bien qu'il ne soit pas sans réponse, n'obtienne pas une réponse proportionnée, car l'amour absolu qu'Émilienne a pour son dieu relativise tout autre amour – spirituel, amical ou amoureux.

Or, si la réflexion m'amène à me dire heureux et m'en persuade, ce que je ressens, lorsque je suis avec Émilienne, et si « auprès d'elle » que je sois, c'est la souffrance d'être séparé d'elle en son foyer intérieur où elle est seule avec son dieu, et l'incapacité de l'y rejoindre. Ainsi Émilienne m'échappe. Je suis heureux, il faut l'admettre, mais je manque d'Émilienne. Ce n'est pas qu'elle fasse mystère de ce qui lui arrive ou de ce qui lui est arrivé ; mais en dépit de tout ce qu'elle offre, elle ne se livre pas.

Regret de ma part ? Nullement. Je ne puis souhaiter qu'Émilienne soit autre. Ce ne serait plus Émilienne. La situation a donc quelque chose de fatal.

C'est sur Émilienne que le dieu a dardé l'un de ses rayons :

« *Êtres éphémères !* dit Pindare. *Chacun de nous est-il ? ou n'est-il pas ? L'homme est le rêve d'une ombre. Mais quand un rayon venu du dieu l'atteint, un éclat brillant l'environne, et sa vie est comme du miel* » (VIIIe Pythique, 95 s.).

Émilienne, outre ton charme auquel chacun est sensible, une sorte d'aura spirituelle t'environne qui, à moi, m'apparaît. Et je devine ton bonheur, dont mon pauvre bonheur humain, rigoureusement conclu cependant, souffre de manquer.

XXXI

12 août

Ne t'en déplaise, Émilienne, disais-je hier soir à l'amie que j'admire constamment et adore par intermittence, celui que tu invoques souvent comme le sage par excellence, Socrate, n'est pas pour moi un modèle. Car je n'ai pas de modèle. Je n'écoute que moi – mais il y a deux « moi », le second n'obéissant pas toujours au premier, et ma tâche étant de me laisser guider par le meilleur des deux.

Comment pourrais-je prendre Socrate pour modèle ? Je suis un solitaire, et Socrate est tout le contraire d'un solitaire. Philosopher, pour lui, c'est aller vers les autres. Et pourquoi ? Parce qu'il les aime – *philô*, dit-il –, et veut les rendre meilleurs. Sa méthode est de les amener à s'examiner et à se connaître eux-mêmes afin de s'améliorer. C'est un philosophe militant. Pythagore aussi avait pour but l'amélioration des hommes. Il préconisait l'examen de conscience. C'est à cet examen que Socrate voulait amener les citoyens d'Athènes par sa méthode – « les citoyens d'Athènes », car si Socrate aimait les hommes, ce n'était pas les hommes en général, mais ceux qu'il rencontrait, pouvait questionner. Son but était du reste, par l'amélioration de chacun des Athéniens, de parvenir au bonheur d'Athènes. La méthode du dialogue ne pouvait être un moyen de connaissance : ce n'est pas par un échange de mots que l'on peut parvenir à une connaissance des *choses*. Il ne s'agit que de réaliser l'accord des esprits. « Faisons en sorte, dit Socrate à Nicias, que tu n'aies pas sur le courage une opinion et nous une autre » (*Lachès*, 198 b). Il s'agit de remédier au désordre des jugements et de réaliser, entre les citoyens d'une même cité – en l'occurrence, Athènes –, un accord sur les valeurs et les principes moraux. Ainsi, prenant le mal à la racine, on pourra remédier au conflit des factions, rétablir et fonder la paix civile. Socrate n'écrit pas. Le livre, qui est figé, ne peut dire des choses différentes à des lecteurs différents, alors que la parole s'adapte à l'interlocuteur ; de plus, le livre, en l'absence de son auteur, ne peut répondre aux questionneurs ou objecteurs.

Au philosophe de l'homme social, Socrate, qui vit en symbiose avec ses contemporains et avec l'Athènes d'une époque historique, Platon oppose Thalès observant les astres, et qui « ne sait plus quelle route mène à la place publique » (*Théétète*, 173 c). Je me reconnais parent de ces philosophes d'avant Socrate, qui, comme Thalès, ont spéculé sur la Nature, se plongeant dans l'infinité de l'espace et du temps. Ce n'est pas que certains n'aient pas eu une activité pratique au service de leur cité. Anaximandre prit le commandement de la colonie qui se rendit de Milet à Apollonie (Élien, 3.17). Mélissos, à la tête de la flotte de Samos, livra une bataille navale contre les Athéniens. Mais les philosophes antésocratiques sont plutôt solitaires, se sentant à part de la foule des « nombreux ». Héraclite est ainsi un spectateur critique du gouvernement populaire que les Éphésiens se sont donné : « Il serait à propos, pour les Éphésiens adultes, de se pendre tous et de laisser la cité aux enfants, eux qui ont banni Hermodore [...] » (fr. 37 de mon édition = 121 DK). Mon souci premier, en tant que philosophe, a été la spéculation métaphysique (sur le Tout de la réalité) et la réflexion morale. Ce n'a pas été le bien de l'État. Au reste, pas plus que Montaigne, je ne puis approuver l'obéissance inconditionnelle à la légalité et aux institutions qui est celle de Socrate. Il tient son poste au combat de Potidée, ville qui s'était révoltée contre Athènes : était-il bien nécessaire qu'il soutînt l'impérialisme athénien ? Condamné à mort, emprisonné, il refuse l'évasion que Criton lui propose : décision admirable, que Montaigne n'eût pas imitée, ni moi.

XXXII

13 août

Si l'on veut être libre pour une vie spirituelle qui, chaque jour, marque une avancée, un progrès, il convient de s'assurer une vie naturelle répétitive. Tel est le cas dans les couvents ; tel était le cas pour Kant, dont on sait combien la vie était chroniquement réglée, tel est en général le cas pour les philosophes : aussi voyagent-ils peu ou pas du tout. Il convient, pour les natures qui se sentent appelées à suivre un chemin non commun – ainsi en est-il pour Émilienne et pour moi –, de savoir mener une vie qui s'écoule sans à-coups, sans hauts et bas excessifs, mais suivant un rythme régulier.

On lit dans Archiloque : « Vainqueur, n'exulte pas ouvertement ; vaincu, ne gémis pas prostré dans ta maison. Sois joyeux de tes sujets de joie, attriste-toi de tes sujets de tristesse, mais sans excès (μὴ λίην). Connais le rythme (ῥυσμός) qui règle la vie des humains » (fr. 118 Lasserre ; ῥυσμός est la forme ionienne pour ῥυθμός). Le

« cœur » invoqué par Archiloque (θυμέ) est d'abord l'organe vital de ce nom : le rythme cardiaque, qui doit n'être ni trop fort ni trop faible, ni trop lent ni trop rapide et rester régulier, ce rythme « règle la vie des humains ». Mais le cœur, notamment chez Homère, est aussi le siège des sentiments et des passions violentes : courage, ardeur, colère, indignation, pitié, voire méchanceté (*Od.*, IV, 694), mais aussi amour : « Je t'ai fait ce que tu es, dit Phénix à Achille, en t'aimant de tout mon cœur (ἐκ θυμοῦ φιλέων) » (*Il.*, IX, 486). Or, de même qu'il convient de ménager l'organe thoracique en évitant le trop d'efforts, de travail, de secousses émotionnelles, de stress, il convient, sur le plan de la vie affective, de ne pas trop s'investir dans ce qui peut compromettre le train régulier de la vie, en modifier le rythme, car l'engagement dans et pour la vie spirituelle en vue de la vérité n'est guère compatible avec les engagements humains ordinaires, comme de donner trop ou de se donner tout entier à une passion, quelle qu'elle soit – amoureuse, sportive, militaire, politique –, ou simplement de laisser trop de son énergie dans le métier que l'on fait par nécessité.

Il faut prendre exemple sur la nature et l'ordre du monde. Si le monde, dit Héraclite, est un « feu toujours vivant » – une énergie toujours et indéfiniment active –, c'est qu'il est « s'allumant en mesure et s'éteignant en mesure (μέτρα) » (fr. 80 C = 30 DK). Le feu s'éteint en mer puis en terre, laquelle se dissout en mer, qui redevient feu. Il n'y a pas de transformation qui, allant dans un seul sens, entraînerait une sorte d'épuisement de la vitalité du monde. Une transformation est compensée par la transformation inverse. Les Stoïciens, au contraire, admettaient que le feu finissait par prendre l'avantage, d'où résultait une conflagration, ἐκπύρωσις, où le monde était brûlé de fond en comble. Pour Héraclite, il n'y a pas d'incendie mondial. Car il n'y a pas de démesure, d'ὕβρις, dans la nature. C'est pourquoi, dit Héraclite, « il faut éteindre la démesure plus encore que l'incendie » (fr. 48 C = 43 DK). La démesure est chose humaine, et c'est à l'homme de l'« éteindre » ; quant à éteindre l'incendie, la nature s'en chargera. Ce qui « règle la vie des humains » : le rythme, la mesure ; ce qu'il faut éviter : l'excès.

Émilienne et moi vivons une vie naturelle, marquée par le retour régulier des mêmes occupations – Émilienne ayant un métier qu'elle fait par nécessité, et moi vivant des journées d'homme tranquille. C'est le côté de notre être dispersé, qui se répand pour les autres (on me voit passer dans la rue avec mon ombrelle – car le soleil est vif –, etc.). Or, ce côté de la vie répétitive n'est pas notre côté essentiel. Si l'on regarde maintenant notre chemin de vie, ni il ne se répète, ni il ne reste au même niveau. Émilienne est plus certaine, me semble-t-il, qu'elle ne l'a jamais été de ce qu'est sa voie, et elle est toujours plus comblée par la joie qui est la sienne, de vivre auprès du dieu, ou plutôt en dieu. De mon côté, je ressens l'inflexion de ma vie intellectuelle et spirituelle due à ma rencontre d'Émilienne, et le « grand dérangement », comme disent les Acadiens, qu'a été ma venue en Corse, auprès d'elle : deux choses qui sont enrichissement ou source d'enrichissement – tout le contraire d'un surplace.

XXXIII

14 août

Émilienne a parlé de mon « orgueil ». Je crains qu'elle n'use pas toujours à bon escient des mots de notre langue. N'a-t-elle pas confondu l'orgueil et la fierté ? Être orgueilleux, c'est « avoir une opinion trop avantageuse de soi », dit Littré. Et Pascal : « L'orgueil persuade la présomption. » Or, je n'ai jamais présumé de mes capacités. Tout ce dont je me suis senti capable – apprendre tardivement les langues anciennes, éditer et commenter des textes grecs, renouveler l'étude de certains auteurs et de certains problèmes, exposer ma manière de concevoir la métaphysique et la morale, etc., secondairement, devenir professeur à la Sorbonne, membre de l'Académie d'Athènes, etc. –, je l'ai réalisé. Quant à ce dont je ne me sentais pas capable, j'en ai fait mon deuil. Je n'ai jamais tenté de devenir romancier, ou peintre, ou sculpteur, ou musicien, ou danseur, ou cinéaste, ou navigateur, ou explorateur, ou alpiniste, ou brasseur d'affaires, etc. ; je n'ai même jamais tenté sérieusement d'apprendre à nager, tant je me suis senti – j'avais, il est vrai, près de quarante ans – lourd, gauche, maladroit. Mon élément a été la philosophie ; je n'ai jamais été que philosophe, et n'ai jamais rêvé d'être autre chose. J'ai eu, dès mon jeune âge, la juste idée de mes capacités et je n'ai pas présumé de mes forces. Certains s'engagent dans telle ou telle voie où il est requis d'avoir du talent, et découvrent, trop tard, que ce talent, ils ne l'ont pas. Voilà exactement ce qui ne pouvait m'arriver.

L'orgueil est relatif à ce dont on se croit capable. La fierté est relative à ce dont on s'est montré capable. L'un regarde vers l'avenir, l'autre vers le passé. Je songe rarement à mon œuvre, car je préfère me tourner vers ce que j'ai à faire que vers ce que j'ai fait, mais si j'y songe, j'éprouve une fierté qui ne me semble pas illégitime.

XXXIV

15 août

Le jour de l'Assomption, l'on célébrait la fête de ma grand-mère maternelle, Marie. C'est la personne qui, après ma mère (qui, lorsqu'elle m'avait en elle, m'aimait d'un immense amour), m'a le plus aimé, et c'est celle aussi pour qui j'ai eu le plus d'amour.

Je me propose de passer le principal de la journée avec Aristote. Hermias était un esclave du tyran de Mysie, Euboulos, que son maître avait affranchi et autorisé à aller étudier à Athènes. Il fut l'élève d'Aristote, puis, à la mort d'Euboulos, devint à son tour tyran d'Atarnée, Assos et autres villes de Mysie. Il ne manqua pas d'inviter Aristote à venir le rejoindre, ce que le philosophe fit après la mort de Platon, en 347. Mais quelques années plus tard, Hermias mourut, victime du roi de Perse Artaxerxès Ier (465-424), qui le fit empoisonner. Aristote, se sentant menacé, gagna Mytilène, dans l'île de Lesbos. Revenu en Grèce, il consacra à Hermias une statue à Delphes, avec une inscription accusatrice pour le roi des Perses, puis, un peu plus tard, composa en l'honneur de son élève, hôte et ami, un hymne destiné à être chanté dans l'un de ces repas où les convives, tour à tour, recevaient la parole.

C'est un hymne à l'*aretè*, c'est-à-dire à l'excellence.

Hymne à l'Excellence

Ô Excellence, source de tant de peines pour la race
[mortelle,
le plus noble but pour une vie,
c'est, ô Vierge, dans l'Hellade,
un sort enviable que de mourir pour ta beauté,
et de supporter pour toi, sans répit, de terribles peines :
tel est le fruit que tu fais germer dans le cœur,
fruit digne d'immortalité, plus précieux que l'or,
les parents et le sommeil qui repose les yeux.
Pour toi, le fils de Zeus, Héraclès[1]*, et les fils de Léda*[2]
endurèrent nombre d'épreuves dans leurs travaux,
proclamant ta puissance.

1. Héraclès accomplit douze exploits sur l'ordre de son cousin Eurysthée. Il était écrit que celui des deux princes qui naîtrait le dernier obéirait à l'autre. Héra, sœur et femme de Zeus, jalouse d'Alcmène, mère d'Héraclès, avança de deux mois la naissance d'Eurysthée (elle était la déesse des enfantements).

2. Les Dioscures, Castor et Pollux, sont les fils de Zeus et de Léda (et les frères d'Hélène). Castor fut tué dans une embuscade, tandis que Pollux, blessé, était enlevé par Zeus au ciel. Mais Pollux refusa l'immortalité si Castor restait aux Enfers. Zeus leur permit de demeurer un jour sur deux parmi les dieux.

Par amour pour toi, Achille[1] *et Ajax*[2]
allèrent dans les demeures d'Hadès.
Et pour toi, chère beauté,
un enfant d'Atarnée a été privé de la lumière du soleil.
Aussi, digne par ses œuvres d'être chanté,
les Muses, filles de Mémoire, le feront immortel,
exaltant la majesté de Zeus protecteur des hôtes,
et la grâce d'une solide amitié.

(*in* Diogène Laërce, V, 7-8)

Périphète de Mycènes est un guerrier achéen qui sera tué par Hector. Il est « supérieur en toutes les bonnes qualités (ἀρετάς), soit à courir, soit à combattre » (*Il.*, XV, 641-642). On le voit : *aretè* désigne n'importe quelle sorte d'excellence : ce peut être la « vertu » du coureur comme du combattant, ou toute autre.

Le Grec vise l'excellence en tout ce qu'il fait. L'Excellence est une « Vierge », car lorsqu'on est le meilleur, on est seul, comme l'alpiniste atteignant un site inviolé. On réalise la beauté, car belle est la victoire. On mérite alors d'être chanté par le poète, et les Muses donnent l'immortalité. Ainsi en est-il pour Héraclès et les Dioscures, dont

1. Achille, ayant tué Hector pour venger le trépas de son ami Patrocle, méritait de mourir à son tour et fut tué par Pâris – la flèche, guidée par Apollon, ayant pu atteindre Achille au talon, seul endroit vulnérable de sa personne.

2. Ajax se tua pour n'avoir pu obtenir les armes d'Achille – qui allèrent à Ulysse. On voit que le suicide n'est nullement incompatible avec l'*aretè* – qui ne saurait donc être confondue avec la vertu morale.

le présent hymne, précisément, rappelle la mémoire. Il ne faut pas craindre la mort, si c'est au prix de la vie qu'on réalisera l'exploit qui nous vaudra la gloire et de rester dans la mémoire des hommes. Ainsi pour Achille et Ajax.

Hermias, tyran, fut aussi un héros que le roi des Perses « ne put vaincre ouvertement par la lance en des combats meurtriers » – comme dit l'inscription qu'Aristote plaça sur sa statue à Delphes –, mais qui fut atteint et tué par traîtrise. Les œuvres qu'il a accomplies de son vivant le font digne du chant du poète. Ce poète n'est autre, ici, que son ami, qui fut aussi son hôte. Et Aristote, chantant Hermias et son amitié, l'associe au Zeus *xénios*, qui le protégea lorsqu'il était à Atarnée. Si Hermias n'avait pas été un homme valeureux, s'il avait été docile et soumis, Artaxerxès l'eût laissé en vie. Mais il a eu la mort, signe de son excellence.

XXXV

17 août

J'essaie de déterminer, par élimination des faux dieux, ce que peut bien être le dieu d'Émilienne. Faux Dieu que celui de Descartes. Que nous dit, en effet, l'auteur des *Méditations métaphysiques* ? « Lorsque je fais réflexion sur moi, non seulement je connais que je suis une chose imparfaite, incomplète, et dépendante d'autrui, qui tend et aspire sans cesse à quelque chose de meilleur et de plus grand que je ne suis, mais je connais aussi, en même temps, que celui duquel je dépends, possède en soi toutes ces grandes choses dont je trouve en moi les idées, non pas indéfiniment et seulement en puissance, mais qu'il en jouit en effet, actuellement et infiniment, et ainsi qu'il est Dieu » (*Méditation troisième*). Le philosophe détermine Dieu à partir de lui-même, comme l'être qui possède en acte ce qu'il n'a, lui, qu'en espérance et aspiration. Mais quoi ? la puissance, la bonté, la connaissance, etc. : notions humaines ! Descartes eût dû mieux lire Montaigne : « Nous avons vie, raison et liberté, estimons la bonté, la charité et la justice : ces qualitez sont donc en luy. Somme le bastiment et le desbastiment, les conditions de la divinité se forgent par l'homme, selon la relation à soy. Quel patron et quel modele ! » (*Essais*, II, XII, p. 531 PUF). Selon Émilienne, il ne convient pas d'abord de poser le moi. Au contraire, on ne peut aller à Dieu, ou plutôt en lui, que par la négation, l'oubli de soi.

L'abbé Marcel Belay reconnaît son Dieu dans celui de Proclus :

Ô toi qui es au-delà de tout, car est-il permis
de te chanter en te désignant autrement ?
Comment te célébrer, ô toi qui as transcendance sur tout ?
Sous quel vocable t'adresser des louanges ? Par aucun mot,
en effet, tu ne saurais être nommé, étant seul innommable.

(*Hymne à Dieu*, trad. Mario Meunier)

Le dieu d'Émilienne n'est pas au-delà de tout, mais *en* tout. Il est immanent à tout, non transcendant. Il est vrai qu'il n'est pas nommable comme on nomme un être déterminé, ni connaissable par l'intelligence conceptuelle. Il est sensible au cœur et se donne à un cœur ouvert.

On peut l'approcher par l'intelligence spéculative, et

c'est ce qu'a fait Héraclite. J'ai lu à Émilienne le fragment 109 de mon édition (67 DK) – elle le connaissait, du reste – :

« Dieu est jour nuit, hiver été, guerre paix, satiété faim ; il se différencie comme le feu, quand il est mêlé d'aromates, est nommé suivant le parfum de chacun d'eux. »

Le jour et la nuit, l'hiver et l'été, la guerre et la paix, la satiété et la faim sont des contraires que les humains affectent de valeurs exclusives : le positif exclut le négatif, de sorte que ce qui est souhaitable est d'avoir l'un sans l'autre – la paix sans la guerre, etc. La valorisation humaine déréalise le réel, substitue au réel l'irréel : car, qu'il y ait le jour sans la nuit, etc., cela est impossible. L'unité des contraires est la texture même du réel, et Dieu et le réel sont la même chose. Et il faut voir Dieu aussi bien dans la guerre que dans la paix, la faim que la satiété, etc. Cette façon de voir, qui est celle d'Héraclite, est aussi celle d'Émilienne, et il faut, selon elle, se sentir près de Dieu aussi bien dans la guerre que dans la paix, le négatif que le positif, car Dieu, omniprésent, présent à l'infini dans tous les êtres finis, est toujours la Bienveillance universelle, en laquelle on peut, dans n'importe quelle situation, à n'importe quel moment, se fondre par l'amour, oubliant le moi intéressé qui met des signes – plus ou moins – sur les aspects de Dieu. Cela ne signifie pas qu'il ne faut pas à la guerre préférer la paix, mais que pour accéder à la vie divine, trouver le bonheur que donne la force omniprésente et omnibienfaisante de Dieu, la paix ne fournit pas une condition plus favorable que la guerre, la satiété que la faim, etc.

Le fragment 111 (= 102 DK) le précise : Dieu – le réel, la Vie universelle – n'est que beauté, bonté, justice, desquelles tous les êtres finis participent :

« Pour Dieu, toutes choses sont belles, et bonnes et justes ; mais les hommes tiennent certaines pour injustes, d'autres pour justes. »

Dès lors que ce qui est injuste a lieu aussi bien que ce qui est juste, l'un n'est pas moins réel que l'autre, et Dieu n'est pas moins présent ici que là. Pour entrer dans ce champ de bienfaisance qu'est Dieu, il suffit d'être capable de contemplation, mettant entre parenthèses l'action. Il en est alors comme de la lune, dont la vue a un effet bienfaisant parce qu'elle est « objet de contemplation, jamais de vouloir », dit Schopenhauer. Émilienne se dit parfois disciple de Rûmi autant que d'Héraclite. Le penseur et le mystique peuvent parler l'un et l'autre de la force de vie (du « feu toujours vivant ») qui fait naître et soutient à l'être toutes choses par une création continuée, et donc de l'omniprésence du divin, mais quant à l'idée d'un exil de l'âme dans le séjour de ce monde, d'une nostalgie du paradis perdu et de la promesse d'un retour à l'origine, elle ne peut qu'être rejetée par ceux qui suivent Héraclite, dont, je crois, Émilienne. Il faut écarter tout ce qui entache la réflexion et la vision de quelque dépendance à une religion constituée, telle que l'islam ; il faut en rester aux évidences premières, avant les interprétations qu'apportent les différentes cultures. Mais pour en rester à ces évidences – à l'évidence de la Vie –, il faut y être revenu, après s'être purifié de tout ce qui est science, théologie, catéchisme, leçons et tradition, et qui forme voile devant la Lumière, laquelle est là, sous nos yeux, donnée immédiatement.

J'avais lu à Émilienne le fragment 67 d'Héraclite, je l'avais expliqué. Elle me lut alors le fragment 8 de Parménide. À l'entendre lu par elle, avec le ton qu'il fallait, je le trouvai tellement beau, tellement sublime, que j'en eus des larmes de joie. Or, elle me dit que les mots dont use Parménide pour parler de l'« être » sont exactement ceux qui conviennent pour son dieu. Et, de plus, ceci : qu'il n'y a aucune contradiction entre Parménide et Héraclite, le dieu du fragment 8 de l'Éléate étant aussi le dieu du fragment 67 de l'Éphésien. Comment comprendre cela ? Tout change, passant d'un contraire à l'autre. Mais il n'est pas possible qu'il n'y ait que du mouvement. L'absolu mouvement ne va pas sans l'absolue stabilité. Le Feu, « en changeant, reste en repos », dit Héraclite (fr. 84 C). Le temps qui coule d'heure en heure, de minute en minute, ne va pas sans l'éternité. Dieu est l'éternel, mais par le fait de rendre possible le mouvement, il se reflète en toutes choses. – Ma réflexion reste abstraite. Émilienne sent cela. Elle vit en dieu et, dans le temps, elle vit en éternité. Et si l'enthousiasme de Rûmi la persuade, c'est à la pensée claire des Grecs qu'elle doit la joie de son intelligence.

XXXVI

18 août

Les Ossètes, descendants des « Alains », sont un peuple de Russie. Ils parlent l'ossète, de la famille iranienne. L'Ossétie du Nord est une république de Russie, l'Ossétie du Sud est une province du nord de la Géorgie. Les Ossètes du Sud, qui constituent les deux tiers de la population de la province, aspirent à leur réunification avec les Ossètes du Nord. L'armée géorgienne ayant « envahi » – si l'on peut dire – l'Ossétie du Sud, l'armée russe est intervenue en Géorgie – intervention condamnée par les Occidentaux. Je suis du côté de la Russie et souhaite l'unité politique du peuple ossète. Émilienne est également prorusse, tout comme Noël. Cela m'aurait fait de la peine qu'il en fût autrement. Nous nous indignons que les Occidentaux – du moins les Américains et les Polonais – parlent d'« impérialisme russe », alors que, par l'entrée de l'Ukraine et de la Géorgie dans l'OTAN, l'installation de missiles anti-missiles en Pologne, ils travaillent à l'encerclement de la Russie : leur haine du pays qui, avec Lénine, a osé contester le joug du Capital, cette haine perdure après le démantèlement de l'URSS.

Dans des situations où l'on a, d'un côté les Occidentaux et leur américanisme, de l'autre la Russie, si certains de mes amis font le mauvais choix (surtout parce qu'ils ne savent pas ce que je sais), je leur garde mon amitié, mais surtout par fidélité au passé : amitié quelque peu boiteuse et contrainte.

XXXVII

20 août

Je suis allé hier sur le terrain d'Émilienne. Elle sulfatait ses oliviers, car une chenille gourmande s'attaquait aux jeunes pousses. Avec sa combinaison de protection, son masque, ses grosses lunettes, elle semblait une astronaute. Tout en admirant son charme d'extraterrestre, je pris photo sur photo à l'intention de ses parents. Noël était là. Mais elle n'avait pas voulu qu'il l'aidât. Il me parla de l'Ossétie du Sud, bon exemple à suivre par la Corse. Il réfutait les propos de Condoleezza Rice et de Kouchner. « Il ne faut jamais s'occuper de ce que disent ces gens-là, lui dis-je. Car tu te placeras au point de vue de la vérité, mais eux se demandent seulement ce qu'ils *doivent* dire dans une situation donnée. Tu as vu que dix soldats français ont été tués, hier, en Afghanistan. Entends les propos des hommes politiques : ils ont tous un caractère d'automaticité. » Je me disais : il ne faut pas s'écarter de la vérité, et la vérité, c'est la Nature toute présente, le soleil ami, le vent sur la colline, les sublimes montagnes qui dessinent leur profil sur le ciel bleu, et le bleu de la mer au loin, et c'est cet homme vrai devant moi et cette femme vraie, ah ! combien belle !

Émilienne est possédée par l'amour – l'amour de la Vie et de tout : de là sa force qui lui permet de régir toutes choses à l'hôtel, de traiter ses oliviers, de nourrir et soigner ses chevaux – non sans monter Frappeur de temps en temps –, et, le soir, de lire Parménide ou de venir cheminer avec moi de conserve vers la vérité.

« Nous sommes et nous ne sommes pas », dit Héraclite. Dans son travail à l'hôtel, Émilienne n'est pas ; dans son service divin auprès des oliviers, elle est. Cependant, même lorsqu'elle n'est pas, comme lorsqu'elle travaille par nécessité, ou lorsqu'elle tient son rôle dans une conversation banale, au fond d'elle-même elle est : son dieu, en effet, lui est présent en ce sens que sa force, elle ne se la donne pas à elle-même, mais plutôt la reçoit comme un don. Le 8 août, j'écrivais à Élodie, parlant d'Émilienne : « Je n'ai pas vraiment accès à elle. » Les choses changent. Il me semble que je suis près d'avoir accès à Émilienne – en ce cas, le seul au monde à la comprendre.

XXXVIII

21 août

« Émilienne se dit parfois disciple de Rûmi », ai-je écrit. Plus précisément : à mes amis, qui me demandent : « Mais enfin, qui est Émilienne ? », elle me permet de répondre – « pour simplifier » – qu'elle est disciple de Rûmi. Ce n'est pas totalement faux : elle s'est formée, pour une part, à la rencontre de Rûmi, et il est certain qu'elle est bien plus disciple de Rûmi que, par exemple, de saint Thomas. Mais à la vérité, elle n'est disciple de personne. Elle m'a dit que, si elle avait vécu au temps de Rûmi (1207-1273), elle ne serait pas entrée dans la confrérie soufie qu'il avait fondée, dite Mawlawiya ou Mevlevis ou confrérie des « derviches tourneurs ». On ne l'imagine pas en derviche – bien qu'elle ait de la sympathie pour les pauvres, et que le mot « derviche » signifie « pauvre » en persan (*darwich*). Elle est trop grecque pour cela. Émilienne n'a pas de système. Elle a des certitudes, mais qui ne peuvent prendre la forme de lois ou de règles universelles. Ce sont des certitudes *en situation*. Croyant des situations semblables, on s'attend qu'Émilienne réagisse de la même façon ; mais les situations sont différentes, et Émilienne réagit d'une façon à laquelle on ne s'attendait pas et qui surprend. Or, pour Émilienne, ici disciple d'Héraclite, mais aussi de Leibniz ou autre, il n'y a pas deux situations en tous points semblables. Et il se trouve qu'elle est extrêmement sensible aux subtiles différences, aux nuances, aux impondérables. Aussi vivre auprès d'elle n'est pas chose de tout repos. On ne peut se laisser aller, compter sur des habitudes ou des automatismes. Il faut être attentif à trouver la solution du moment. Le *kairos* est, pour les Grecs, le moment convenable ou opportun. Pour Émilienne, il n'y a que des *kairoi* : le temps se résout ou consiste en moments, et l'on ne peut conclure d'un moment à un autre. Il faut être toujours sur la brèche. C'est pourquoi la vie avec Émilienne est toujours intense. La vie ne se répète pas. Elle est perpétuelle nouveauté. Avec Émilienne, on ne peut se permettre de vivre comme des gens qui dorment. Alors, elle nous rappellerait le fragment d'Héraclite : « Il ne faut pas agir et parler comme en dormant » (11 C = 73 DK). Celui qui est vraiment éveillé ne s'éveille pas le matin une fois pour toute la journée, il est sans cesse en éveil, car les choses et le monde sont toujours en train de commencer. Et Émilienne n'est pas l'Émilienne de la veille qui continue, c'est une nouvelle Émilienne – toujours la même et toujours autre. Nul ne peut savoir à l'avance ce que sera l'Émilienne de ce soir. Charmante, oui, mais quel sera son charme de ce soir ?

XXXIX

22 août

En 1947, la revue *Critique* demanda à l'historien de la philosophie antique Léon Robin (1866-1947) une définition de l'« homme grec ». À sa mort, on trouva sur son bureau un essai inachevé. Il s'était demandé d'abord quel était le caractère spécifique de l'homme français contemporain sans parvenir à un résultat, et il semble bien que, pour l'homme grec, il en ait été de même. Cet historien de Platon n'aurait-il pas dû songer à la réponse que donne l'auteur du *Banquet* en 208 c-e ?

Le 15 août, j'ai traduit l'« Hymne à l'Excellence » d'Aristote et indiqué que le Grec vise à l'excellence dans tout ce qu'il fait. Or, s'il en est ainsi, c'est d'abord pour la joie qu'il a, que l'on a, à exceller. Mais c'est aussi pour ce que l'excellence apporte avec elle : « L'excellence apporte une gloire qui jamais ne périt » (Théognis, v. 867). L'homme grec est l'homme de la gloire.

Cela ne signifie pas que tous les Grecs songent à la gloire, mais seulement les « bons », *agathoi* (cf. Héraclite, fr. 30 C = 29 DK), qu'il ne faut pas confondre avec les riches, car ils peuvent être pauvres, comme les « mauvais » (*kakoi*) peuvent être riches, dit Théognis (v. 315).

Le mendiant ne songe qu'à se nourrir :

J'arrive, j'arrive tous les ans,
ainsi que l'hirondelle,
qui sur le seuil arrête sa course, toute dénue.
Allons, allons, apportez vite
à la besace mendiante les dons brillants d'Apollon !
Si l'on nous donne… ! mais sinon,
nous ne moisirons pas ici.
Ce n'est point pour nous mettre en ménage
que nous sommes venus chez vous ![1]

La femme adultère songe à n'être pas surprise :

Oh ! que fais-tu donc ? ne nous trahis pas, je t'en prie :
Avant que cet homme n'arrive, lève-toi !
Qu'il ne te fasse rien, ni à moi, la malheureuse !
Voici, voici le jour. Ne vois-tu pas
sa lumière par la fenêtre ?[2]

1. Chanson populaire, *in* André Thérive, *Anthologie non classique des anciens poètes grecs*, éd. Corréa, 1934, p. 23.
2. Chanson anonyme, *in* André Thérive, p. 25.

La passionnée veut ne faire qu'un avec son amant :

Il te faut boire avec moi, avec moi faire la fête,
Aimer avec moi, porter couronnes avec moi,
Avec moi si je délire, délirer,
et quand je suis de bon sens,
être de bon sens avec moi[1].

Laissons de côté les mendiants, les femmes, et tous ceux qui, si grecs qu'ils soient, sont tels qu'on en trouve ailleurs, n'ont pas le trait proprement grec, qui est d'aspirer à se distinguer par quelque excellence – que ce soit à la guerre, aux Jeux, à l'assemblée du peuple, etc. –, et par là à mériter de rester dans la mémoire collective.

L'homme grec s'est nourri d'Homère et Achille est son héros. Or, quel a été le choix d'Achille ? Il eût pu rester chez lui, dans son royaume, auprès de son vieux père, à connaître un bonheur tranquille. Mais au bonheur il a préféré la gloire, et, après la mort de Patrocle, il affronte Hector pour « conquérir une noble gloire » (*Il.*, XVIII, 121). Une « noble gloire » (κλέος ἐσθλόν), c'est à cela aussi qu'aspirent Diomède (V, 3) et les autres héros. Et leur gloire « monte jusqu'aux cieux » (*Od.*, VIII, 74 ; IX, 20), c'est-à-dire les rend immortels : « Grande est éternellement la gloire » (μέγα κλέος αἰεί), dit Pindare (VIIIe *Olympique*, 14).

1. Praxilla, poétesse de Sicyone (Ve siècle av. J.-C.), *ibid.*, p. 27.

Hector est troyen. Cependant, s'il combat, c'est, tout comme un guerrier grec, pour « gagner une immense gloire » (*Il.*, VI, 446). Un moment viendra où « prenant à part le genre Hellène comme une unité distincte de tout le reste, on mettra en face en bloc toutes les autres races, les qualifiant du nom unique de Barbares » (Platon, *Politique*, 262 d). Mais chez Homère, l'opposition des Grecs et des Barbares n'existe pas encore. Hector serait digne d'être grec.

Citons maintenant le passage du *Banquet* où Platon dévoile le caractère fondamental de l'homme grec. Diotime parle, s'adressant à Socrate : « Pour les hommes, si tu veux bien jeter un coup d'œil sur leur ambition (φιλοτιμία), elle te paraîtra prodigieusement déraisonnable, à moins de bien réfléchir à l'étrange état où les met l'amoureux désir de se faire un nom et de s'assurer pour l'éternité des temps une gloire impérissable (κλέος ἐς τὸν ἀεὶ χρόνον ἀθάνατον) : pour cette fin-là ils sont prêts à courir tous les périls, plus encore que pour leurs enfants ; prêts aussi à dépenser leur fortune, à s'imposer n'importe quels travaux, à sacrifier enfin leur vie. Car te figures-tu qu'Alceste serait morte pour Admète, qu'Achille aurait voulu suivre Patrocle dans la mort, qu'au-devant de la mort serait allé Codrus pour donner la royauté à ses enfants, s'ils n'avaient pensé s'assurer ainsi à eux-mêmes, pour l'avenir, l'impérissable mémoire qui s'attache au mérite ? Tant s'en faut ! C'est pour avoir l'immortalité du mérite, une renommée glorieuse, que les hommes font tout ce qui se peut, et d'autant plus que meilleurs ils sont. C'est qu'ils sont amoureux de l'immortalité » (208 c-d).

Toutefois, comme ne pas mourir est le privilège des dieux, les mortels ne peuvent réaliser l'exploit qui leur vaudra la gloire, succédané de l'immortalité, qu'avec le consentement ou l'aide des dieux.

XL

23 août

Je songe à un propos de Léon Brunschvicg sur l'amour, qu'Émilienne pourrait reprendre. Ce n'était pas le sujet de prédilection de ce philosophe, quelque peu oublié aujourd'hui, qui, comme président du jury de l'agrégation de philosophie, fit la pluie et le beau temps dans l'Université entre les deux guerres. Négateur de la métaphysique, qu'il ne comprenait pas – il se figurait que Kant avait réglé son sort ! –, c'était, avant tout, un philosophe des sciences pensées dans leur histoire. Or, il reprochait à l'amour d'exiger la réciprocité et voulait que l'on s'élevât à cet amour dont Spinoza dit : qui aime Dieu parfaitement ne doit pas demander que Dieu l'aime en retour. Cette façon de voir est tout à fait celle d'Émilienne : elle aime son dieu sans se penser elle-même comme un objet d'amour pour lui, car elle s'oublie dans cet amour. D'autre part, elle me reproche, l'aimant, d'exiger, ou du moins d'attendre, ou du moins d'espérer la réciprocité. Elle m'aime et je l'aime du même amour ; mais je l'aime aussi d'un autre amour, celui qui va à la femme comme telle, auquel, de son côté, il n'est pas répondu, mon âge faisant obstacle. Or, je comprends cela. Je m'efforce de transmuter mon amour amoureux en un amour purement oblatif, où le moi s'est oublié, et de l'aimer comme Spinoza aime Dieu ou elle-même aime son dieu. C'est alors un amour sans désir, de pure contemplation, qui donne beaucoup de joie – une joie sans avenir. Un tel amour éthéré présente-t-il, pour Émilienne, quelque avantage ? Je n'en vois pas d'autre que celui d'avoir toujours affaire à celui qu'elle souhaite que je sois.

XLI

24 août

Après la mort d'Alexandre, les Athéniens subirent de si grandes avanies de la part de tels ou tels de ses successeurs, qu'ils en vinrent à concevoir de sérieux doutes quant à la protection qu'ils pouvaient attendre des dieux classiques. À l'instigation de Démosthène, ils s'étaient soulevés contre le Macédonien Antipatros ; ils avaient été vaincus et Démosthène avait dû s'empoisonner. Le fils d'Antipatros, Cassandre, les avait opprimés à son tour ; puis Démétrios de Phalère avait gouverné Athènes en son nom. Alors survint Démétrios Poliorcète, le fils de l'un des meilleurs parmi les compagnons d'Alexandre, Antigone. Démétrios délivra les Athéniens du Macédonien et assura leur défense contre les Étoliens, bandes de brigands qui descendaient de leurs montagnes pour piller les villes grecques.

Cela étant, voici l'hymne à Démétrios que l'on chantait au moment où l'on célébrait, à Éleusis, les mystères liés au culte de Déméter :

Oui, ce sont les plus grands des dieux et les plus
bienveillants qui protègent notre ville[1] *:*
Car voici que l'Occasion (ὁ Καιρός) *nous y amène en*
même temps Déméter et Démétrios[2] *;*
celle-là vient pour célébrer les mystères
vénérables de Coré[3]*,*
et celui-ci, joyeux et beau, comme il sied à un dieu,
arrive en souriant.
Sa majesté éclate dans tout le cercle de ses amis,
car il est parmi eux
comme le soleil au milieu des astres[4].

1. Il n'y a pas de raison de dire que Déméter et Démétrios sont « les plus grands des dieux et les plus bienveillants ». Mais il s'agit de flatter Démétrios – et de l'encourager à se montrer « bienveillant ».

2. Démétrios a demandé à être initié aux mystères d'Éleusis, au même titre que tout bon Athénien. Après les « petits » mystères suivaient, six mois plus tard, les « grands », et, un an après les grands, les mystères de l'*epopteia* – de la contemplation. Au terme des cérémonies, l'âme de l'initié était assurée du « bonheur » (ὀλβία) dans l'au-delà.

3. De Coré/Perséphone, fille de Déméter, que Hadès avait enlevée pour en faire sa femme aux Enfers et qu'ensuite Déméter avait cherchée partout – jusqu'au moment où Zeus avait décidé qu'elle partagerait son temps entre le monde souterrain et le monde d'en haut.

4. Démétrios était un bel homme, de beaucoup plus grand que la moyenne, à l'allure guerrière, et qui exerçait une séduction extraordinaire bien au-delà du cercle de ses amis. On l'a comparé, à cet égard, à Alcibiade.

Salut à toi, fils du grand Poséidon
et d'Aphrodite ![1]
Car les autres dieux sont bien loin,
ou bien d'oreilles ils n'ont point,
ou bien ils n'existent pas, ou bien ils
ne se soucient pas de nous[2],
tandis que toi, nous te voyons,
tu n'es pas en bois ou en pierre, mais réel[3]
et nous t'offrons notre adoration.
Avant tout, instaure la paix, dieu très cher,
car tu en as la puissance !
Châtie le sphinx qui conquiert souverain
non pas Thèbes[4], *mais toute la Grèce,*
monstre venu de la montagne

1. Pour flatter Démétrios, on lui prête une ascendance divine. On choisit Poséidon, dieu de la mer, car Démétrios était marin ; il construisait d'étonnants bateaux et avait remporté, en 306, une grande bataille maritime contre Ptolémée.

2. Les Épicuriens disent que les dieux sont loin – dans les intermondes – et ne se soucient pas de nous ; d'autres, tel Diagoras, disent qu'ils n'existent pas.

3. En Grèce ancienne, écrit Fernand Robert, « les personnes divines sont essentiellement des idoles ; la statue de culte n'est pas une représentation du dieu, elle est le dieu lui-même » (*La Religion grecque*, PUF, p. 11). Encore fallait-il ne pas vouloir voir que les statues n'étaient que du bois ou de la pierre.

4. Héra avait envoyé le sphinx, monstre féminin, contre Thèbes, pour punir la cité du crime de son roi, Laïos, qui avait aimé le fils de Pélops d'un amour coupable. Le « sphinx » étolien ne s'attaque pas seulement à Thèbes.

comme il en fut du sphinx ancien[1].
Il nous ravit et nous enlève à tous la vie,
mais le combattre, nous ne pouvons.
C'est bien étolien de voler le bien des gens
– qu'ils soient voisins ou lointains.
Eh bien ! viens en personne le châtier, ou sinon,
trouve-nous un Œdipe
qui puisse précipiter ce sphinx dans l'abîme[2]*,*
ou le changer en rocher.

(*in* Bergk, *Poetae lyrici graeci*, t. III)

1. Le sphinx de la légende s'était établi dans une montagne à l'ouest de Thèbes, d'où il ravageait le pays, proposant des énigmes aux passants – sur quoi, ne pouvant les résoudre, ils étaient dévorés.
2. Œdipe ayant résolu l'énigme, le monstre, humilié, se jeta du haut d'un rocher et se tua.

XLII

25 août

[« Vous, Muses, déesses partout présentes, vous savez tout ;] nous n'entendons qu'un bruit, nous, et ne savons rien. » De ce beau vers d'Homère (*Il.*, II, 486), Émilienne et moi faisons une application particulière. Nous sommes comme au sommet d'une montagne et, de ce qui se passe et se dit dans la vallée, nous n'entendons qu'un bruit. Des gens décident, d'autres obéissent, d'autres réclament, ou protestent, ou menacent, ou se rassemblent, ou défilent ; il en est qui promettent, ou qui convoquent, ou qui déclarent. Certains accordent des entretiens, font des émissions, écrivent des articles, adressent des mises au point aux journaux ; on les voit à la télévision, on les entend sur les ondes. Mais de tout l'ensemble des médias, il n'y a qui nous parvienne sur la montagne que *Corse-Matin*. Un porteur le dépose chaque jour devant ma porte ou à l'hôtel ; nous y jetons un coup d'œil. Les J.O. : notre équipe de handball a vaincu l'équipe de Croatie. J'en suis heureux pour elle, mais malheureux pour la Croatie, petit pays qui manque de sujets de fierté.

« Nous ne savons rien », dit Homère. Émilienne et moi disons plutôt : « Nous ne voulons pas savoir. » Nous nous protégeons ainsi du dégoût, de la tristesse, de l'amertume, de la détestation, de l'indignation, du désespoir. Car l'élément naturel des médias est le Faux. Sans doute y trouve-t-on bien des choses exactes, mais la vérité n'est vérité, comme l'a dit Hegel, que par *toute* la vérité. Même si l'on ne trouvait, dans les médias, que des choses exactes, ce qui y régnerait serait quand même la Fausseté. Et dès lors que les médias sont sous influence et non libres, il ne peut en être autrement. Et libres, ils ne peuvent l'être, car une stratégie politique générale soumet toutes les vérités à un regard critique, autorisant, censurant, opérant un tri. Se gendarmer contre cela ne servirait à rien. On ne peut rien contre un monde. Il faut s'en abstraire, se gardant même d'en avoir une connaissance qui nous affligerait, ou, si elle nous parvient comme un bruit, nous bouchant les oreilles.

Cette abstraction qu'Émilienne pratique en commun avec moi ne doit pas être confondue avec une autre abstraction qui lui est propre. En faisant le vide dans son esprit, le libérant de toute aliénation aux occupations habituelles, aux relations humaines obligées, aux problèmes du jour, elle ménage une sphère de contemplation et de pure réceptivité à la présence du dieu. Certes, le dieu lui est toujours présent, lui assurant une joie permanente au fond d'elle-même, mais au moment du vide intérieur et de la méditation, elle peut s'adonner pleinement à cette présence, et connaître une joie qui n'est plus encombrée par l'affairement de la vie. Émilienne et moi sommes dans une forêt. Mais elle a découvert une clairière, que je n'ai pas encore aperçue.

XLIII

27 août

Nul ne doute de l'utilité des boulangers, ou des cheminots, des médecins, voire des gendarmes ou des juges. Mais « pourquoi des philosophes ? » : tel était le titre d'un livre paru au temps de ma jeunesse, où l'auteur se demandait à quoi des philosophes pouvaient bien servir. Or, Pythagore a depuis longtemps répondu à cette question. Car je crois qu'il a été parfaitement conscient de ce qu'impliquait la réponse qu'il fit à Léon, tyran de Phlionte, qui lui demandait ce qu'il était. « Un philosophe », répondit-il. Et il s'expliqua ainsi : « La vie ressemble à une panégyrie [πανήγυρις, assemblée de tout un peuple, comme aux jeux Olympiques] : de même que certains s'y rendent pour concourir, d'autres pour faire du commerce, alors que les meilleurs sont ceux qui viennent en spectateurs, de même dans la vie, les uns naissent esclaves et chassent gloire et richesse, les autres naissent philosophes et chassent la vérité (ἀλήθεια) » (Diogène Laërce, VIII, 8).

Il y a ceux qui agissent, font effort, se démènent, et il y a ceux qui regardent, contemplent, réfléchissent, jugent. Or, les athlètes se donneraient-ils la peine de concourir pour des couronnes s'il n'y avait les spectateurs ? Évidemment, non : sans les spectateurs, les athlètes resteraient chez eux ; il n'y aurait plus de Jeux, plus de commerçants : il n'y aurait plus rien. Ainsi, le regard du spectateur est ce qui donne sens, dans le cadre de la panégyrie, à l'activité générale.

Le rôle du philosophe dans la vie est semblable au rôle du spectateur aux Jeux ou au théâtre : il donne sens à l'activité des autres humains, car il n'y a de sens que par la vérité. Il n'est pas l'homme de la gloire ou du plaisir : il est l'homme de la vérité. Que signifie toute cette agitation des hommes qui font l'histoire ? Ils combattent, ils conquièrent, ils soumettent, ils colonisent, ils font la guerre et la paix. Ou encore ils défrichent, ils découvrent, ils exploitent, ils inventent, et l'on a des trains, des avions, des édifices en toutes sortes de matériaux. Or, pourquoi tout cela ? Sous peine de non-sens, pour demeurer dans la mémoire. Mais la mémoire elle-même est privée de sens lorsqu'elle est dispersée (en documents, en articles, en livres, en lignes sur internet, etc.). Elle n'est susceptible de prendre sens que lorsqu'elle est rassemblée. Ainsi en est-il dans la mémoire pensante du philosophe.

Or, un tel rassemblement ne suffit pas. Il faut éliminer tout le déchet, toutes les violences qui ne menaient à rien. Seule compte la Vérité, et cela inclut le bien et le juste. Dès lors, le philosophe, considérant l'évolution de l'homme et l'histoire humaine, et leur résultat, fait le point. Où en sommes-nous ? Loin ou non loin d'une humanité raisonnable et aimant la vérité pour elle-même ? Ou l'espérance est-elle vaine ? Mais alors qu'est-ce finalement que l'homme ? Un accident de la Nature ? Il faut nécessairement en venir à une méditation sur l'ensemble de la Nature et sur le Tout, et sur la place de l'homme dans le Tout. Et il faut en venir à la Vérité, sans laquelle les hommes ne sont que des errants sans boussole.

XLIV

28 août

Empédocle ayant dit à Xénophane de Colophon que le sage était introuvable, Xénophane lui répondit : « Évidemment, car il faut être sage pour reconnaître le sage » (Diogène Laërce, IX, 20). Si je suis sage, je pourrai reconnaître le sage. Mais pour reconnaître que je suis sage, il faudrait que je le sois déjà. C'est seulement lorsqu'ils se rencontrent que deux sages peuvent se reconnaître sages – chacun étant reconnu sage par l'autre.

Il en va de même pour les saints, tels que Rûmi et Shams. Le comportement de Rûmi, qui s'abîme dans le chagrin en l'absence de Shams, et ses paroles pleines d'une exaltation amoureuse, peuvent faire douter que son amour soit de nature purement spirituelle. Mais lorsque Rûmi et Shams se sont rencontrés, ils se sont reconnus comme vrais amis de Dieu et saints, s'aimant non en ce monde mais en Dieu, d'un amour mystique.

Or, pour reconnaître en Émilienne la mystique, ne faut-il pas avoir soi-même une expérience de la présence du dieu, ce qui ne se peut que par une foi que, personnellement, je n'ai pas ? Émilienne, dans le cadre de son travail ou autrement, rencontre beaucoup de personnes qui voient une certaine Émilienne, mais ce n'est que celle qui joue un rôle : ils n'ont aucun soupçon de ce qu'est, ou de qui est, la vraie Émilienne, et seraient du reste incapables de le concevoir. Même ses amis les plus proches ne la connaissent pas, certains préférant penser, lorsqu'elle parle de son dieu, qu'elle n'est pas tout à fait normale. Et il est vrai qu'au XVIe siècle, on eût pu la brûler comme sorcière, malgré les protestations de Montaigne. Or, je suis bien plus disposé à juger que tous les humains, hormis elle, ne sont que des fous, qu'à penser cela d'elle. Elle est la personne la plus saine que je connaisse. Je n'ai aucun doute quant à l'authenticité de son expérience du divin : que je n'aie pas une telle expérience, en quoi serait-ce une objection à la sienne ? Il n'est donc pas nécessaire, pour reconnaître en elle une mystique vraie, de l'être soi-même. Encore faut-il avoir pour elle un regard non commun, inspiré par un profond amour, rendu par lui extraordinairement perspicace.

XLV

29 août

Après avoir lu mon petit livre *La Voie certaine vers «Dieu»*, sous-titré «L'esprit de la religion», Yvon Quiniou m'a écrit qu'il me rejoignait quant au caractère «inutile» ou «superfétatoire» de la référence à Dieu ; mais, ajoute-t-il, «dans le titre il y a "religion", et cela me fait problème: peut-il y avoir une religion sans croyance au surnaturel ? Une religion de l'amour est-elle encore une religion ?».

J'ai expliqué que le commandement «tu dois aimer» ne saurait avoir le caractère d'un impératif moral – la morale ne reposant sur rien d'autre que sur la notion de *devoir* inconditionnel –, et nous amenait à admettre la spécificité d'un tout autre domaine, celui de la religion, où cependant l'idée de «Dieu» peut être laissée de côté. Yvon Quiniou «tique» devant le mot «religion». Mais ce mot, qui a une très forte charge émotionnelle, ne doit pas être laissé au parti religieux. C'est du reste, dit

Auguste Comte, un « mot admirable », qui, se tirant de *religare*, où se trouve l'idée d'un *lien* d'union entre les hommes, est bien fait pour « faire sentir la véritable unité humaine » (*Système de politique positive*, II, 18).

Et il est clair que la religion peut aller sans la croyance au surnaturel, puisque tel est le cas de la religion grecque. Les dieux ne sont pas hors du monde ; il n'y a qu'un seul monde, qu'ils habitent avec les hommes (cf. Héraclite, fr. 80 C = 30 DK). Dans la religion astrale, telle que l'expose l'*Epinomis*, les dieux sont identifiés avec les âmes du soleil, de la lune, des planètes et des autres corps célestes ; de là un culte des astres, comme dans les religions sidérales de l'Orient. Des dieux visibles n'ont rien de surnaturel. Il y a une religion d'Épicure (cf. Festugière, *Épicure et ses dieux*, chap. IV). Or les dieux, vivants incorruptibles et bienheureux, sont des composés d'atomes dus au hasard – composés d'ailleurs impérissables, car se reconstituant sans cesse. Ils se situent hors des mondes, dans le vide relatif intercosmique, non hors de l'univers et de la nature.

Yvon Quiniou veut bien de l'amour. Il ne veut pas d'une *religion* de l'amour. Or, je n'innove pas. Une telle religion existe déjà. C'est la « religion de l'Humanité » d'Auguste Comte. La différence avec moi est que je parle de l'amour des humains, non de l'« Humanité », avec un grand H, ou du « Grand-Être », « ensemble des humains, passés, futurs et présents, qui concourent librement à perfectionner l'ordre universel » (*op. cit.*, IV, 30). « L'Humanité se décompose d'abord en Cités, puis en Familles, mais jamais en individus», dit A. Comte. Je résous l'humanité en individus. Seuls les individus sont réels, mais inégalement réels. Émilienne est le plus réel.

XLVI

30 août

Dans *L'Idiot de la famille*, Sartre a voulu décrire la « constitution » et la « personnalisation » de Flaubert, en usant de sa méthode dite « dialectique » ou « progressive-régressive », tout en prenant appui sur une empathie qui lui permettait de tenter de coïncider avec la subjectivité de Flaubert.

Or, pourquoi choisit-il de s'exercer ainsi sur un mort et l'œuvre d'un mort ? Pourquoi ne prend-il pas comme objet d'étude une personne vivante, telle que Simone de Beauvoir ? Est-ce parce que sur un mort l'on peut dire ce que l'on veut sans craindre qu'il ne vienne nous dire : « Vous vous trompez » ? Une telle crainte eût-elle pu être celle de Sartre ? Cela est peu probable. L'auteur de *Saint Genet, comédien et martyr*, avait, en effet, mené à bien un effort de compréhension en intériorité d'un écrivain vivant. Or, Sartre ne s'est pas trop soucié des réactions de Genet.

S'il choisit Flaubert plutôt que, par exemple, Simone de Beauvoir, qui est, elle aussi, un écrivain, ce n'est pas parce que l'un est mort, l'autre vivante. Il avait songé à choisir Robespierre. Pourquoi ? Genet, Flaubert, Robespierre sont des personnalités beaucoup plus singulières, hors normes et fascinantes, que celle sur laquelle il ne pense pas avoir grand-chose à apprendre ou à découvrir. Elle a mené une vie classique de femme libre, d'enseignante et d'auteur. Elle n'a rien d'une femme de génie ou d'une héroïne. Ce n'est ni Camille Claudel, ni Rosa Luxemburg. Elle ne s'est révoltée contre son milieu bourgeois que bourgeoisement.

Si je choisis d'essayer de comprendre Émilienne, c'est pour la même raison que je ne choisirais pas de porter mon effort sur telle ou telle de mes connaissances. Autant elle me semble pleine de mystère, comme un monde très riche, où ce que je découvre ne fait que me donner le désir d'en savoir plus et d'aller plus avant, autant, s'agissant d'elles, j'ai l'impression de toucher vite le fond, tant il y a peu à comprendre, au-delà de ce que l'on comprend d'emblée. D'une part, le sentiment d'un inépuisable, d'une ouverture s'ouvrant sur de nouvelles ouvertures à l'infini, de l'autre un sentiment de pauvreté, d'ennui, de déjà-vu, devant des êtres collectifs, façonnés par les normes, les influences, les choses-que-l'on-dit – cette sévérité, ici, de mon propos, ne concernant pas les amies qui savent la place qu'elles ont dans mon cœur.

XLVII

31 août

Georges M. est celui de mes amis à qui je dois le plus. Georges et Danielle m'ont dit leur affection. Je les ai crus ; et ils l'ont prouvée par des actes. Cependant, Georges, me semble-t-il, comprend mieux ma philosophie qu'il ne me comprend moi-même. Il sympathise avec ce que j'ai écrit et y adhère, mais l'idée qu'il se fait de moi, ou que lui et sa femme se font de moi, me paraît négliger mon côté triste. « Tu n'es pas triste », me dit-il. Je ne le parais pas, car je m'efforce de ne pas le paraître. Mais je le suis. Cette tristesse, je ne saurais la cacher à Émilienne. Il m'est impossible de lui donner le change. Elle a une juste intuition de mes états d'âme, et lit comme à livre ouvert dans mes changements d'humeur, en discernant les causes, quoique souvent fugaces. Elle vient dîner. Tout est comme d'habitude. Je suis heureux de la voir là. « Pourquoi es-tu triste ? », dit-elle. Pour éviter de répondre de manière trop précise, je fuis dans les généralités et ressasse du déjà dit : « Pourquoi ne le serais-je pas ? Tu es jeune, je suis vieux. Tu m'aimes, mais d'amitié, non d'amour, et non seulement cela, mais je ne puis souhaiter, ni ne souhaite qu'il en soit autrement. Car si tu aimais d'amour une vieille personne, ce ne serait pas une bonne chose pour toi. Quelque chose d'obscur viendrait ternir l'éclat de ton affection bienfaisante et lumineuse. Ainsi non seulement je suis passif devant l'ordre fatal des choses, n'y pouvant rien, mais je consens au destin. Ma tristesse est constitutive et non remédiable. Quant à transmuter cette tristesse en joie, cela se pourrait sans doute si j'avais foi en ton dieu. Je sais seulement par toi qu'une telle transmutation est possible, et cette seule pensée met sur ma tristesse une certaine douceur. » La différence des jugements que portent sur moi Georges et Émilienne ne tient pas à ce que je ne vois Georges que rarement, mais Émilienne fréquemment. Car l'intuition généralement juste qu'elle a d'autrui se manifeste à l'égard de toute personne rencontrée – intuition de son humeur, de ses états d'âme, mais aussi de sa nature (belle ou non, droite ou rusée, méritant ou non confiance, noble ou vulgaire, généreuse ou égoïste, etc.). Toutefois, une telle intuition n'est pas infaillible. Émilienne a reconnu s'être trompée dans le cas de Laure, dont l'apparent manque de franchise n'était que de la timidité. Mais il est fort rare qu'elle ait à réviser son jugement. Dans mon cas, ce n'est pas encore arrivé, si ce n'est qu'elle a été surprise que je me sois adapté à la Corse aussi facilement, refoulant toute pensée de Treffort comme source de nostalgie et de tristesse – car il ne faut pas se laisser envahir par la tristesse, lorsqu'on peut la chasser par ses seules forces, sans l'aide d'un dieu.

XLVIII

1er septembre

Étant allé hier sur le terrain, par un beau et chaud soleil matinal, quoique les montagnes au loin soient encore noyées de brume, j'y trouvai Émilienne et Noël qui s'affairaient à l'arrosage des oliviers. J'observai comment fonctionnait le goutte-à-goutte pour chaque pied. Or, dans l'une de ces canalisations qui longent les rangées et sur lesquelles sont adaptés les goutte-à-goutte, Noël s'aperçut d'une fuite. Tout en y portant remède et la colmatant, il se gendarmait contre ces ouvriers, de plus en plus nombreux à notre époque, qui n'ont que la hâte d'en finir et travaillent sans « aucun goût ». « Cela me rappelle, lui dis-je, ce que, dans les années trente, disait mon père : qu'il faut avoir *du goût* dans le travail. » J'ai retrouvé une carte postale que, du front, en 1918, il avait adressée à sa chère Marceau, qui, quoique n'étant encore que sa fiancée, s'était installée chez ses beaux-parents, les aidant dans les champs. Elle n'avait pas encore connu le dur travail manuel, et sans doute se plaignait-elle un peu. « Mets du goût dans ce que tu fais, lui écrivait-il : ce te sera moins pénible. » Le mot « goût » me fit songer que je n'avais pas encore remercié Noël des raisins muscats qu'il m'avait donnés. « J'ai retrouvé le goût de muscat, lui dis-je. Cela m'a rappelé ma jeunesse et la treille de muscat à la porte de la maison, chez ma grand-mère. » Je le remerciai aussi pour les figues. À Treffort, les figues ne mûrissaient pas. Mais en Corrèze un figuier, dans une vigne exposée au soleil, nous donnait des figues dont le goût était un tel délice que Françoise, ma grand-mère paternelle, en parlait à table. Le goût des fruits, pour une même espèce ou variété, est très divers. Cela tient au terrain. C'est le terrain qui donne le goût. J'ai planté des néfliers dans mon « clos » de Treffort. Les fruits m'ont déçu. Le terrain ne convenait pas à cet arbuste.

Or, qu'y a-t-il de commun entre le goût dans le travail et le goût d'un fruit ? Ceci, semble-t-il : le goût est ce qui fait que l'on préfère. L'ouvrier qui travaille avec goût ne veut pas que ce qu'il fait soit bon ou mauvais, indifféremment : il veut que ce soit bon, et il préfère le meilleur au moins bon. Les fruits qui ne sont pas fades, mais ont du goût, sont ceux que l'on préfère ou acheter, ou manger, ou offrir, etc. Et ceux qui ont le meilleur goût sont préférables à ceux qui l'ont moins bon. On peut passer de là à d'autres domaines : le goût en art est un instinct qui fait bien juger de la valeur d'une œuvre, et, lorsqu'on a à choisir, qui fait discerner ce qu'il y a de meilleur, et sur quoi il convient de faire porter sa préférence.

XLIX

2 septembre

Émilienne me fait songer à George Russell. Si l'expérience du mystique irlandais, telle qu'il l'a décrite dans *The Candle of Vision* (*Le Flambeau de la vision*, éd. des Cahiers du Sud, 1962), est authentique, celle d'Émilienne doit l'être aussi.

L'un et l'autre sont des personnalités dynamiques, actives, efficaces, vraiment en prise sur le monde, leur vie et leur expérience intérieures n'étant pas au premier abord soupçonnables, car n'interférant pas avec leur vie pragmatique. George Russell se dévoua corps et âme à la cause de l'indépendance irlandaise. Avec son ami, le poète William Butler Yeats, lui aussi mystique, il fut l'un des pères de cette indépendance. Organisateur du mouvement agricole coopératif, créateur de l'*Irish Statesman*, grand journal hebdomadaire, cofondateur de l'Abbey Theatre, il montra une activité prodigieuse. Il mourut en 1935. Il avait vu naître, en 1921, l'État libre d'Irlande.

L'activité d'Émilienne n'est pas tournée vers la réalisation de buts sociaux ou patriotiques. Elle reste individuelle et à finalité personnelle. Mais elle n'en est pas moins intense, prenant à Émilienne tout son temps, sans nulle période de repos ou de vacances, et laissant souvent cette jeune femme dans un grand état de fatigue. Lorsqu'elle a passé sa journée à pulvériser sur ses centaines d'oliviers, attaqués par la chenille malicieuse, un insecticide, comment en serait-il autrement ?

L'expérience mystique de Russell et celle d'Émilienne ont de nombreux points communs, avec toutefois, chez le premier, une orientation vers le collectif, car il pouvait rencontrer des « camarades de vision », mais chez elle une impression de profonde solitude, du moins à l'égard des humains, car elle est unie à son dieu dans l'extase. Pour les comprendre, il ne faut pas oublier qu'ils sont, l'un et l'autre, poètes. Une expérience mystique poétique ne peut aucunement être communiquée par la raison discursive ; et Émilienne me dit qu'elle n'a aucune prétention pédagogique. L'un et l'autre vivent une expérience singulière, indépendante de croyances reçues, de pratiques éprouvées, de traditions préalables et de toute discipline, qu'il s'agisse de celle des chrétiens ou d'une autre. Ils vivent une vie plus vivante que leur vie quotidienne, même active ; ils sont en union avec le divin et l'infini, et comme dans un autre monde – non transcendant : un autre monde dans le monde. La bonté du monde, la bienfaisance qui nous entoure, est ce à quoi nous sommes aveugles, mais qui capte leur regard. Ce qu'ils découvrent n'est pas quelque chose qui leur soit réservé ; c'est au contraire quelque chose qui est à la portée de tous, car le dieu est là pour tous.

J'ai dit à Émilienne : « Ton expérience de dieu me semble très proche de celle de George Russell, car vos expériences sont avant tout *vôtres*, indépendantes des religions constituées. Je vois toutefois une différence, car il parle de “visions”, alors que tu ne m'as pas dit avoir des visions. » Or, à ma surprise, Émilienne me répondit : « Tout dépend de ce qu'on entend par *visions*. » Elle ne s'est pas, ce jour-là, expliquée davantage. Mais comme elle a l'habitude de parler, en poète, par comparaisons et métaphores, je pense que c'est de cela qu'il s'agit – comme lorsque Rûmi chante l'ouverture de l'âme :

Dans mon âme purifiée s'ouvre une fenêtre
Et je reçois le message de Dieu sans intermédiaire,
Dans ma maison, je reçois les paroles, la pluie et la lumière
Venant de la source, par cette fenêtre.
Une maison sans lucarne est un enfer
L'essence de la foi, sache-le, est d'ouvrir les fenêtres !
Cesse de battre le fer pour de vaines affaires
Prends une pioche et creuse en toi une fenêtre !

(d'après Leili Anvar-Chenderoff, *Rûmi*, p. 182)

L

3 septembre

Hier soir, alors que je dînais avec Émilienne, Noël, Claudie et Jean D., au restaurant « Aux coquillages de Diana », sur l'étang de Diane, j'ai été odieux. J'ai snobé Émilienne d'une façon inqualifiable, la regardant à peine en dépit de ses attentions pour moi, comme de décortiquer mes crevettes, de me verser du vin ; j'ai dit – ce qui est faux – que je n'aimais pas les fruits de mer, alors que Jean D. m'avait invité, avec mes amis, en ce restaurant, justement pour m'en régaler ; j'ai dénigré la population de son cher Revermont comme n'ayant pas l'accès aux idées générales, qui est naturel, disais-je, aux Corréziens ; j'ai rabaissé la ville de Lyon, la comparant à Paris, etc. Et pour finir, j'ai cité un passage de la *Poikilê Historia* d'Élien, que j'avais en mémoire et qui est assez déplaisant. Du reste, le voici : « D'après une coutume observée par les habitants de la Sardaigne, les pères qui avaient atteint un âge avancé étaient tués par leurs enfants à coups de massue et enterrés, car ils considéraient comme honteux de continuer à vivre lorsqu'on est trop âgé, du fait que le corps accablé par la vieillesse a beaucoup de défauts » (4.1). Et je maintins, parlant pour moi – le plus vieux des convives et de beaucoup –, qu'il y a une espèce de honte à être vieux, ce que montre le fait que les vieux, lorsqu'ils se promènent en ville, cherchent à passer inaperçus.

Or, pourquoi cette mauvaise humeur d'un soir ? Lorsqu'elle était venue me chercher, avec sa voiture, pour m'emmener au restaurant, Émilienne ne m'avait pas donné le léger baiser sur la joue que j'attendais. À partir de là, ma liberté s'était engagée dans l'ornière. Car la cause de ce qui suivit est à chercher dans l'usage que je fis de ma liberté, non dans l'abstention d'Émilienne. Condition n'est pas cause. Ce qui semble un petit fait ne signifiant, du reste, aucune indifférence ou hostilité d'Émilienne, avait pour moi, comme tout ce qu'elle dit ou fait, ou ne fait pas, une importance infinie. Mon âme était une plaie, et j'étais plein de dégoût de la vie. Avec le baiser d'affection, si léger et symbolique qu'il eût été, je n'eusse pas été celui que j'étais hier soir, ce « pauvre Marcel », comme disait mon oncle Urbain – parce que j'avais perdu ma mère. Car, que sont des fruits de mer, une table bien garnie, la conversation des amis, si l'on n'a pas, sur sa plaie intérieure, un baume de tendresse ?

LI

11 septembre

J'ouvre le cahier où je tiens mon Journal, après avoir passé quelques jours à répondre aux questions que le directeur d'une revue m'avait adressées, et je trouve une lettre de Mireille que j'y avais oubliée. Elle recense les opinions des gens de Treffort au sujet de mon séjour en Corse.

« – Il y a ceux qui croient que vous êtes en vacances et que vous allez rentrer bientôt…

– Il y a ceux qui ne se sont pas rendu compte de votre départ…

– Il y a ceux qui disent que c'est impensable…

– Il y a ceux qui affirment qu'ils vous connaissent bien et que vous allez revenir, c'est sûr…

– Il y a ceux qui estiment que c'est formidable et que, si vous êtes heureux, c'est l'essentiel…

– Et puis il y a moi, encore désemparée, mais qui cultive l'Espérance… »

Si on leur expliquait que, si je suis venu en Corse, c'est pour vivre auprès d'Émilienne, les gens de Treffort et de Bourg-en-Bresse (Danièle, Odile...) comprendraient cela ; ce qu'ils ne comprendraient pas, c'est que la raison de ma venue en Corse est une raison *philosophique*, qui a nom Émilienne.

*

* *

Dans le *Lysis*, les récits mythologiques sont qualifiés de « contes de bonnes femmes » (205 d). Mais le propos n'est pas mis dans la bouche de Socrate, lequel, dans le *Phèdre*, nous dit qu'il s'en rapporte à la « croyance commune ».

Phèdre, sortant de chez son ami Lysias, rencontre Socrate, lequel lui demande de lui faire voir ce que de la main gauche il tient là, sous son manteau. C'est un discours de Lysias sur l'amour.

On cherche un endroit paisible, où, s'étant l'un et l'autre assis, Phèdre en fera la lecture. Socrate propose, puisqu'ils sont sans chaussures – lui-même selon son habitude –, de suivre le cours de l'Ilissos (on est en plein été, et la rivière est presque à sec).

« N'est-ce pas ici, observe Phèdre, que selon la légende, Borée enleva Orithye ? Ou bien est-ce de la colline d'Arès ? – Non, dit Socrate, c'est plus bas, à l'endroit où l'on passe la rivière pour aller au temple d'Artémis. Il y a là justement un autel de Borée. »

Qu'en est-il de cette légende ? « Crois-tu, toi, qu'elle soit vraie ? » demande Phèdre.

Les sophistes aimaient à donner des explications rationalistes des récits mythologiques. Si j'étais, comme eux, un « incrédule » (*apistos*), déclare Socrate, je dirais qu'Orithye a été poussée par un fort vent du nord du haut des rochers voisins, où elle jouait avec sa compagne Pharmacée, et qu'étant morte dans cette chute, elle passa pour avoir été enlevée par Borée.

Or, ajoute-t-il, « des explications de ce genre ont leur agrément ; mais il y faut trop d'ingéniosité et trop de peine, et l'on n'y trouve pas du tout le bonheur (*eutuchia*) » (229 d) – et puis l'on se charge d'une tâche infinie, tant les hypothèses sont sujettes à débat, tant il y a de légendes à expliquer et d'êtres aux formes fantastiques dont il faut rendre compte (hippocentaures, chimères, gorgones...). On n'atteindra au mieux que la vraisemblance, et par les procédés d'une « sagesse grossière » (*agroikos sophia*).

Socrate, ayant d'abord à se connaître lui-même, suivant l'injonction de Delphes, donne à ces explications leur congé, et, quant à ces fables, « s'en rapporte à la croyance commune (*nomidzomenos*) » (230 a), à la tradition.

Les légendes mythologiques sont sans doute non vraies, mais qu'apporte leur réduction à des faits banals, triviaux et prosaïques ? Pourquoi ne pas les laisser telles quelles avec leur poésie ? Pourquoi désenchanter le monde ? Si Borée a enlevé Orithye, cela nous transporte aussi dans l'éther ; si ce n'est qu'un coup de vent...

LII

12 septembre

Après que Jacques Neyme m'eut offert le livre d'Ignacio Gárate-Martínez, *Le* Duende*, jouer sa vie*, et que j'eus lu la conférence de Federico García Lorca, *Jeu et théorie du* duende, qui constitue la seconde partie de ce livre, je dis à mon ami : « Il me semble qu'Émilienne a du *duende.* » Je ne croyais pas si bien dire. Je savais qu'Émilienne avait du « démonique », mais je ne savais pas que le démonique et le *duende* sont la même chose, le *duende* n'étant que la version espagnole du démonique.

En 1999, à Angers, dans ma conférence « La solitude et le sacré », j'avais emprunté à Goethe la notion de « démonique », et, avec lui, l'avait distingué du « démoniaque », comme le positif du négatif. Rudolf Otto m'avait permis de penser le démonique à partir du sacré. Il nomme « numineux » cet élément irrationnel et ineffable qui est le sacré dans sa pure et primitive essence, et constitue le principe vivant de toutes les religions. Le démonique est le δεινός des Grecs, « étrange », « étonnant », « terrible », « inquiétant », c'est-à-dire le numineux « à un niveau inférieur » et « sous une forme émoussée » (*Le Sacré*, Payot, 1949, p. 69). Je n'avais pas manqué de citer le chant du chœur de l'*Antigone* de Sophocle, Πολλὰ τὰ δεινὰ... « Nombreuses sont les natures démoniques, mais il n'en est pas de plus démonique que l'homme. » L'homme n'est-il pas à la fois redoutable et merveilleux, puissant et étrange, surprenant et admirable, donnant le frisson et fascinant ?

Mais que l'homme en général soit un être démonique ne signifie pas que chaque homme le soit. L'amour, qui est un « grand démon », comme dit Platon, a un pouvoir démonique, un pouvoir d'ensorcellement. Mais cela ne signifie pas que l'être qui, par regards et sourires, gestes et mots innocents, a pu déclencher l'amour et est maintenant l'être aimé, soit nécessairement un être démonique. Ce peut être un être très ordinaire. Mais deux amies m'ayant rendu visite, je fus frappé par la grande différence que je vis entre elles : « L'une tenait des propos banals, sans surprise, sans danger. L'autre captait l'attention, suscitait une attente ; on sentait une vision propre, une singularité. La première semblait parler de la voix de tout le monde ; de la seconde, on aurait dit qu'elle était à l'écoute d'une voix intérieure, et qu'elle se soumettait à une injonction de justice et de vérité émanant du tréfonds de son être : elle écoutait son démon. » Relisant ce passage de « La solitude et le sacré » (in *Le Sens de la philosophie*, p. 56), je me dis que la seconde de ces amies ne pouvait être qu'Émilienne… lorsque je m'aperçus que c'était impossible puisque, en 1999, je ne connaissais pas Émilienne. Je me perdis alors en conjectures : quelle pouvait être cette amie qui, par sa nature démonique, pouvait être comparée à Émilienne ? Aucun nom ne me vint à l'esprit. Et le passage suivant convient si parfaitement à Émilienne que j'ai peine à concevoir comment j'ai pu l'écrire avant de la connaître : « Je crois, dis-je, que certaines personnes sont gouvernées par l'idée non du convenable, ou de l'opportun, ou du rentable, ou du plus efficace, ou du plus honorable, ou du plus plaisant, ou du plus facile, ou du plus difficile, mais par l'idée du meilleur. Par là même, elles se situent dans un ailleurs par rapport au modèle courant d'humanité qu'une collectivité propose et, plus ou moins, impose. Elles dérangent et peuvent provoquer des réactions de méconnaissance et de rejet » (p. 57). Cette réaction de rejet, Émilienne a pu la constater, comme si elle faisait peur à des gens dont elle risquait, par sa force intérieure et son attachement au vrai, de troubler l'engourdissement mental.

Lorsque Émilienne est venue à Treffort en 2001, j'ai reconnu l'être démonique que j'avais décrit deux ans plus tôt. Ce qu'elle disait était d'une nouveauté, d'une étrangeté, d'une beauté et d'une idéalité saisissantes – par rapport à ce que j'entendais d'ordinaire –, et surtout son propos était vital, porté par une passion extraordinaire, et semblait émaner du tréfonds de son être, ce qui est bien aussi le cas du *duende*. Car le démonique chez Émilienne est bien près du démonique dans sa version espagnole, c'est-à-dire du *duende.*

J'avais trouvé, dans les *Conversations de Goethe avec Eckermann*, la définition du démonique : « Puissance problématique et mystérieuse, que tous sentent, que pas un philosophe n'explique » (trad. Chuzeville, p. 330). Federico García Lorca reprend ces mêmes mots pour qualifier le *duende* (*Le* Duende, p. 41). Il rappelle alors une phrase de Manuel Torres qui lui semble décisive : « Tout ce qui a des sons noirs a du *duende* », et ajoute : « Ces sons noirs sont le mystère, les racines qui se plantent dans le limon que nous connaissons tous, que nous ignorons tous, mais d'où nous parvient ce qui est substantiel dans l'art » (p. 41) – à quoi c'est moi qui ajoute ceci : pas seulement dans l'art, mais dans la vie, et dans l'art parce que d'abord dans la vie, dans ce qu'il peut y avoir de surprenant, de fascinant, dans la manière de vivre et même simplement d'être présents, chez les êtres démoniques, et qui explique que l'on se sente attiré par eux – qu'ils aient conscience ou non, souci ou non, de l'attraction qu'ils exercent. Bien sûr, en 1999, j'ai évoqué Socrate, qui avait « quelque chose de divin », θεῖόν τι, « quelque chose de démonique », δαιμόνιόν τι (*Apologie*, 31 c), par quoi il ne faut pas entendre un démon qui serait un être substantiel. Et F.G. Lorca aussi évoque Socrate, preuve qu'entre le démonique et le *duende*, il n'y a que la nuance apportée par l'Espagne – nuance que je retrouve chez Émilienne, qui n'a pas vécu pour rien une partie de son enfance et de son adolescence dans des pays de langue espagnole.

« En Espagne (comme chez les peuples d'Orient où la danse est une expression religieuse), le *duende* possède un champ sans limite sur les corps des danseuses de Cadix, sur les poitrines de ceux qui chantent, et sur toute la liturgie des combats de taureaux », écrit F.G. Lorca (p. 55). Émilienne n'a pas connu seulement l'Espagne (même si c'est en Amérique latine), mais aussi l'Orient. Elle a senti le *duende* dans la musique de Rûmi, ses chansons et sa danse, s'en est pénétrée et nourrie. Et tout le temps qu'elle mit pour aller à Konya, où est son tombeau, il l'accompagna au chant de sa flûte, dit-elle, « tantôt rempli de joie comme une nuit d'étoiles scintillantes, tantôt plaintif comme le souffle du vent parmi les roseaux » (cité dans *Confession d'un philosophe*, p. 119). C'est aussi le son de la flûte, celle de l'hindou, qui l'ensorcela au pays de Râmakrichna.

Si l'on veut préciser quelle est cette nuance « espagnole » qui, par différence avec le démonique, fait le *duende*, on dira que c'est la nuance tragique. Le tragique n'est pas chez Socrate, foncièrement serein, mais il est chez Émilienne. Lorca écrit ceci : « Pour rechercher le *duende* il n'y a pas de carte, pas d'exercice. On sait seulement qu'il brûle le sang comme un tropique de verres, qu'il épuise, qu'il rejette toute la douce géométrie apprise, qu'il brise les styles, qu'il s'appuie sur la douleur humaine inconsolable » (p. 44). Émilienne parle aussi de douleur sans consolation. C'est la douleur de voir les humains, sourds et aveugles, errer dans de faux chemins, loin du vrai chemin de la Vie. Qu'en est-il de ce « vrai chemin » ? Il ne peut se trouver hors du divin ; il passe, au contraire, par la reconnaissance de l'omniprésence et de l'immédiateté du divin. Émilienne est en accord avec la pensée de Goethe, qui, dans les *Conversations*, par la plume d'Eckermann, s'exprime ainsi : « La Nature et nous tous, nous sommes si pénétrés du divin, que nous en dépendons, que nous y existons, que nous y vivons et agissons, que nous souffrons et jouissons d'après des lois éternelles, que nous exécutons celles-ci et qu'elles s'exécutent en nous, peu importe que nous les reconnaissions ou non » (p. 332). Ces mots procèdent de la lecture que Goethe a faite de Spinoza, et c'est une bonne lecture.

LIII

13 septembre

Dans la lettre qu'Émilienne m'adressa au début du mois de juillet 2001 – et que j'ai reproduite dans *Confession d'un philosophe* –, le passage suivant m'avait frappé :

> *Et croyez-moi, bien qu'au sexe faible*
> *j'appartienne,*
> *de courage je suis bien plus dotée que*
> *tout autre rencontré,*
> *sans confondre cette passion à laquelle*
> *mon cœur invincible est voué*
> *avec celle d'une bravoure arrogante qui*
> *conquiert et fait sienne.*
> *Et si par plus d'une fois, je vous prie*
> *de me croire,*
> *ce n'est pas dû à un orgueil défiant,*
> *mais bien au triste constat*
> *de savoir*

que ma pauvreté est une rare richesse
en ce monde bien pauvre et ignorant.

Or, lisant ces mots d'Émilienne, je la *crus*. Pas un instant, je ne songeai à une quelconque prétention, ou présomption, ou exagération, ou immodestie, ou suffisance… que sais-je ? J'y reconnus, au contraire, l'expression d'une noble estime de soi.

Émilienne est juste, droite, impartiale, loyale, fidèle, consciencieuse, généreuse, ferme, persévérante, endurante, combative, énergique, résolue, courageuse. Lui dirai-je : « Voilà, Émilienne, ce que tu es », elle pourra répliquer, comme Corneille : « Je sais ce que je vaux, et crois ce qu'on m'en dit. » Mais c'est elle-même, souvent, qui se reconnaît à elle-même ces vertus, simplement parce qu'elle les a, et qu'elle parle toujours avec vérité, avec justesse.

Ainsi sont les nobles caractères. Ainsi était Socrate. Non seulement il n'avoue aucune des fautes dont on l'accuse, mais il fait son propre éloge : « Ne sais-tu pas, dit-il à Hermogénès, que je ne concéderais à personne qu'il a vécu mieux que moi jusqu'à ce jour ? car, je sais, et c'est pour moi la suprême satisfaction, que j'ai toujours mené une vie pieuse et juste, si bien que, m'estimant beaucoup moi-même, j'ai toujours vu ceux qui me fréquentaient, animés du même sentiment à mon égard » (Xénophon, *Apologie de Socrate*, 5). On a interrogé à mon sujet, ajoute-t-il, l'oracle de Delphes. Qu'a-t-il répondu ? « qu'il n'y avait pas d'homme plus libre, plus juste et plus sage que moi » (§ 14) – la stricte vérité.

« Je sais », dit Socrate ; « je sais », dit Corneille ; « je sais », dit Émilienne.

Je devrais peut-être, moi aussi, dire « je sais ». J'en aurais sans doute le droit. Mais cela m'est difficile, tant j'ai été gâté par le christianisme, avec son idée du péché et de la tentation du mal inscrits en tout homme, et ses *mea culpa*, et les « mauvais désirs » qu'il faut toujours supposer. Enfant, j'allais me confesser au prêtre, et c'était toujours pour m'accuser de fautes. J'étais présumé coupable. Combien malsaine est la conception chrétienne de l'homme pécheur ! Si l'époque chrétienne a vu beaucoup plus d'horreurs qu'il n'y en a jamais eu dans le monde antique, n'est-ce pas que le judéo-christianisme, en persuadant l'homme, par dogme, de sa malice initiale et congénitale, l'a rendu plus mauvais ?

Émilienne, Socrate me donnent une impression de santé que ne me donne aucun saint chrétien.

LIV

14 septembre

La Géorgie ayant lancé, dans la nuit du 7 au 8 août, une opération sur sa province séparatiste prorusse d'Ossétie du Sud et les forces russes ayant riposté en entrant en Géorgie, il s'en est suivi un ballet diplomatique qui aboutit, le 12 août, à un accord entre le président russe et le président géorgien en vue d'assurer la sécurité dans cette région du Caucase.

Or, la difficulté qu'ont les Russes et les Occidentaux à se mettre d'accord au sujet de ce que dit précisément l'accord du 12 août m'a remis en mémoire un passage des *Essais* de Montaigne. Voici ce passage : « Nostre parler a ses faiblesses et ses defauts, comme tout le reste. La plus part des occasions des troubles du monde sont Grammairiennes. Nos procez ne naissent que du debat de l'interpretation des loix ; et la plus part des guerres, de cette impuissance de n'avoir sçeu clairement exprimer les conventions et traictez d'accord des princes. Combien de querelles et combien importantes a produit au monde le doubte du sens de cette syllabe, *hoc* ! » (II, XII, p. 527 PUF).

Lors du sacrement de l'eucharistie, le prêtre, figure du Crist, prononce ces paroles : *Hoc est corpus meum*, paroles qui entraînent, par un pur miracle, la conversion du pain et du vin en corps et sang du Christ : conversion substantielle, changement de substance – transsubstantiation. Cela selon les catholiques, qui admettent donc la présence réelle de Jésus-Christ dans l'eucharistie. Les protestants n'admettent pas cette présence réelle – désaccord qu'aucune guerre n'a pu régler.

Or, ce qui sépare les Russes et les Occidentaux dans l'interprétation de l'accord du 12 août, c'est encore une question « grammairienne ». La version en langue russe affirme que les discussions prévues par l'accord porteront sur « la sécurité et la stabilité DE l'Ossétie du Sud et DE l'Abkhazie ». La version en langues française et anglaise parle de « la sécurité et [de] la stabilité EN Ossétie du Sud et EN Abkhazie », ce qui donne aux Occidentaux un droit de regard sur le devenir de ces provinces (qui se sont voulues indépendantes – indépendance reconnue par Moscou le 26 août), ce que la première version ne leur donne pas. Une chose que les Russes pourraient demander d'abord, ce serait que le président géorgien se réfère non à une version en langue étrangère, mais à la version en géorgien.

LV

15 septembre

Voici les images qu'Émilienne n'a pas au fond d'elle-même et que j'ai. C'est un village gaulois. L'on voit une cabane faite de terre battue et de pièces de bois. Près de la porte, au-dehors, une femme tient un enfant sur ses genoux, tandis qu'une autre apporte un chaudron et qu'un homme fait du feu. La cabane est au bord d'un étang qu'entoure une prairie où l'on voit des porcs et des poules. Un pêcheur, dans une barque, retire un filet.

Une bande gauloise s'en va faire la guerre. Elle emmène avec elle des vieillards, des femmes et des enfants que l'on voit assis dans un lourd chariot recouvert d'une bâche. Les hommes sont à pied ou à cheval. L'un d'eux conduit une chèvre, un autre porte sur l'épaule une grosse trompette.

Dans l'arène d'un cirque, des chrétiens. Une lionne en tient deux sous ses pattes. Non loin, un ours s'avance.

Dans le fond, un lion se jette sur un chrétien. Un mur sépare l'arène des gradins où sont les spectateurs.

Clovis se rend à l'église pour être baptisé. En tête de la procession, un prêtre qui tient une bible ; suivent d'autres prêtres qui portent des croix et des bannières. Puis vient l'évêque de Reims, saint Remi, qui conduit par la main le roi Clovis. Un peu en arrière marche la reine Clotilde.

L'empereur Charlemagne visite une école. Il tire l'oreille d'un enfant riche qui n'a pas bien travaillé. Le maître d'école, un moine, est debout. Il tient à la main un cahier où sont écrites les notes des élèves.

Charlemagne fait brûler les huttes d'un village saxon. À cheval, il tend le bras vers les cabanes en feu. Il a auprès de lui quelques soldats. Des femmes sont assises par terre avec leurs enfants. L'une d'elles pleure. On voit des soldats qui mettent le feu aux maisons.

Des Normands attaquent un monastère que l'on voit au loin. Ils sont arrivés par la rivière. Leur barque est taillée à l'avant en forme de tête d'animal. Tandis que des guerriers, dans la barque, prennent leurs boucliers ronds qu'ils avaient attachés au bord, d'autres, qui descendent sur la rive par une planche, s'apprêtent à rejoindre leurs compagnons en marche vers le monastère.

Une guerre entre seigneurs au temps de la féodalité. Un seigneur attaque un village appartenant à l'un de ses ennemis. Il est à cheval, la lance en main, et couvert d'un bouclier. Un de ses hommes tire par les cheveux une paysanne. Le feu a été mis aux maisons. Les bestiaux, épouvantés, s'enfuient.

Famine au Moyen Âge. Des hommes, des femmes, de jeunes garçons, à demi morts de faim, squelettiques, tendent leurs bras décharnés vers une dame charitable venue leur apporter du pain.

Les Croisés en route vers Jérusalem. C'est une grande troupe de gens du peuple. Les femmes et les enfants sont dans des charrettes tirées par des bœufs. Pierre l'Ermite est en tête, sur un cheval. Un de ses compagnons, lui montrant la ville que l'on aperçoit au loin, lui demande si c'est Jérusalem.

Le roi Philippe Auguste au retour de Bouvines (1214). Il est à cheval et porte sur la tête un casque surmonté d'une couronne. Son cheval est couvert d'une housse ornée de fleurs de lys. Derrière le roi, le comte de Flandre, Ferrand, est assis dans un chariot, avec des chaînes aux pieds et aux mains. Un paysan et une paysanne se moquent de lui : « Ferrand, te voilà ferré ! »

Saint Louis rendant la justice. Le roi est assis sous un chêne. Il est enveloppé d'un manteau fourré d'hermine et décoré de fleurs de lys. À côté de lui, quelques seigneurs debout ou assis. Des plaideurs se tiennent devant le roi, d'autres attendent.

Le roi Jean le Bon à la bataille de Poitiers (1356). Les débris de l'armée française ont quitté le champ de bataille. Le roi Jean y reste seul avec son fils, un garçon de quatorze ans, qui lui dit de quel côté on va l'attaquer : « Père, gardez-vous à droite ! Père, gardez-vous à gauche ! » Mais les Anglais, qui veulent prendre le roi vivant, n'osent pas s'approcher de sa terrible hache d'armes. Ils se contentent de l'entourer de tous côtés. À la fin, il se rendra avec son fils.

Jeanne d'Arc au siège d'Orléans. Montée sur un cheval blanc, elle montre aux Français la forteresse anglaise : « Entrez ! Tout est vôtre ! »

Jeanne brûlée à Rouen. Elle est sur le bûcher. Un moine élève devant elle une croix. La flamme va la toucher. Le bourreau, qui a mis le feu, et qui tient la torche en main, recule épouvanté. Les soldats anglais compriment la foule. À gauche, sur une estrade, l'évêque Cauchon et les juges de Jeanne.

Louis XI et ses amis. Louis XI, le chapeau sur la tête, est assis sur une haute chaise de bois. Il cause avec Tristan l'Ermite, le prévôt des marchands de Paris, assis de l'autre côté de la table. Coictier, le médecin du roi, est debout.

François Ier armé chevalier par Bayard. Le roi, tête nue, est agenouillé, les mains jointes. Bayard est debout : il se prépare à toucher de son épée l'épaule du roi, en disant : « Par saint Georges, je te fais chevalier. » Dans le fond, on aperçoit les tentes du camp.

Henri IV à la bataille d'Ivry (1590). Aux cavaliers qui s'apprêtent à charger, le roi à cheval montre son panache blanc : « Si vous perdez de vue vos enseignes, cornettes ou guidons, ralliez-vous à mon panache blanc ; vous le trouverez toujours sur le chemin de l'honneur. »

Louis XIII refuse la grâce de Montmorency. Le roi traverse une galerie de son palais. Mme de Montmorency s'est agenouillée pour demander la grâce de son mari. Le roi passe sans même tourner la tête. Au fond, quelques seigneurs formant la suite du roi.

Louis XIV visite la manufacture des Gobelins. Le roi tient une canne à la main. Il examine une tapisserie que l'on tend devant lui. Colbert donne des explications. Des seigneurs accompagnent le roi.

La procession de la viande du roi. Il est temps de dîner. Les gens de service sont allés à la cuisine chercher les plats que le roi doit manger. Ils reviennent en procession. En tête, deux gardes du roi tenant des hallebardes. Derrière eux vient le maître d'hôtel, un bâton à la main : c'est lui qui commande ! Suivent deux seigneurs officiers de bouche, et enfin de petits pages qui portent les plats. Des soldats ferment la marche.

La bataille de Fontenoy (1745). À droite, les soldats à bonnets pointus, les Anglais ; en face, les Français. Les officiers se saluent : « Tirez les premiers, messieurs les Anglais. »

Le serment du Jeu de paume (20 juin 1789). Au centre de la salle, debout sur une table, Bailly, le président de l'Assemblée. Il lit la formule du serment par lequel les députés du tiers état jurent de donner une Constitution à la France. Un moine, un prêtre et un député se serrent les mains. Des bras et des chapeaux sont levés en l'air.

Les vainqueurs de la Bastille. En tête, un homme tenant un fusil d'une main et de l'autre un écriteau : « La Bastille est prise ! » Derrière lui un jeune ouvrier et un jeune bourgeois. Puis une foule riant et chantant.

Etc.

… Images, dis-je, qu'Émilienne n'a pas, comme moi, au fond d'elle-même. Elle était loin de la France à l'âge où elle aurait, chez nous, étudié l'histoire de notre pays. Il lui manque d'avoir longuement médité sur les gravures de l'*Histoire de France* d'Ernest Lavisse. Elle n'a pas, comme moi, le souvenir d'heures éblouies passées avec mon pays et son histoire, son peuple, ses rois et ses héros.

LVI

16 septembre

J'ai expliqué ce qu'est ma religion. Il serait bon que j'explique ce qu'est ma sagesse. L'une et l'autre reposent sur un non-savoir. On ne sait si Dieu est ou n'est pas, pas même si le mot « Dieu » a un sens. La religion de l'amour consiste dans l'amour inconditionnel d'autrui. Le « tu dois aimer » n'a pas le caractère d'un impératif moral. Un tel impératif « nous transporte sur un autre plan que celui de la nature, qui est celui de la religion ou d'une spiritualité qui a sa fin en elle-même – car l'amour, qui vaut en soi, n'a pas le sens de mener à autre chose qu'à lui-même » (*La Voie certaine vers « Dieu »*, p. 12).

On ne sait ce qu'est la mort – si elle signifie, ou non, quelque chose après elle. Comme le dit Socrate, ou comme Platon le fait dire à Socrate : « Personne ne sait ce qu'est la mort, ni si elle n'est pas par hasard pour l'homme le plus grand des biens. Et pourtant, on la craint comme si l'on savait qu'elle est le plus grand des maux» (*Apologie de Socrate*, 29 a). Or, dans *La Mort et la pensée*, j'écrivais en 1973 : «Si on ne sait pas "ce qu'est" la mort, de ce fait on ne sait pas non plus "ce qu'est" la vie, c'est-à-dire de quelle façon il convient de vivre pour mener une vie "humaine", ou quel est le *sens* de la vie» (rééd. de 2007, p. 37-38), et j'ajoutais que l'on ne pourrait penser sa vie de la même façon, selon que l'on tiendrait, ou non, pour vraie cette parole de Fichte : «Si l'on ne veut pas que cette vie soit entièrement vaine et inutile, il faut au moins qu'elle se rapporte à une fin supérieure comme un moyen au but» (cité, p. 45-46). *Je ne crois plus cela.* Je crois, au contraire, qu'il faut tout simplement vivre la meilleure vie possible, sans se soucier de la mort. Telle est ma sagesse. J'admets que la pensée de la mort nous est, nous sera toujours obscurément présente, mais pourquoi en faire l'objet exprès de sa pensée ? À quoi bon ?

Inspirons-nous de Socrate. Il s'est borné à bien vivre. Faisons en sorte de pouvoir, à la fin de notre vie, nous rendre justice à nous-mêmes. «Qui connaissez-vous, dit Socrate à ses juges, qui soit moins asservi que moi aux appétits des sens ? plus libre que moi ? plus juste dans ses rapports avec autrui ? plus soucieux de se tourner toujours vers ce qui est bon ?» (Xénophon, *Apologie de Socrate*, 16). J'ai dit – à la date du 13 septembre – que je voyais là l'expression d'une noble fierté, d'une noble estime de soi.

Quelle est la meilleure vie possible ? Cela relève du choix éthique de chacun, chacun ayant à s'accomplir selon sa nature. J'ai parlé, en ce qui me concerne, de sagesse « tragique ». J'entends que la vie soit gouvernée par une volonté de différence : qu'elle diffère toujours d'elle-même vers la hauteur.

LVII

17 septembre

Il y a deux définitions de la philosophie : comme « amour de la sagesse » (φιλο-σοφία), ou comme « amour du savoir absolu » (σοφία ἁπλῶς d'Aristote). La première est celle de Socrate, la seconde celle d'Aristote et des métaphysiciens.

Les comiques Cratinos, Eupolis, Diphilos et surtout Aristophane, ennemis des esprits novateurs qu'étaient les sophistes, et confondant les philosophes avec les sophistes, prirent Socrate comme « tête de Turc », car, à la différence des sophistes, qui voyageaient et n'étaient jamais à Athènes que de passage, il vivait à Athènes et était celui que l'on voyait tous les jours. Ils l'accusèrent de « rechercher indiscrètement ce qui se passe sous la terre et dans le ciel », et de pencher vers le naturalisme et une conception rationnelle du monde qui ne pouvait qu'ébranler les croyances traditionnelles. Socrate repousse l'accusation. On ne l'a jamais vu disserter sur les phénomènes naturels, « choses où je n'entends rien », dit-il (*Apologie*, 19 c). Certes, il reconnaît être philosophe : il vit selon la tâche qu'un dieu lui a assignée, « en philosophant et s'examinant soi-même et les autres » (28 e). Indifférent aux recherches sur la nature, mais attaché à la connaissance de l'homme et de son bien, il reconnaît aboutir à une *sophia*. Mais « quelle sorte de sagesse ? Une sagesse humaine (ἀνθρωπίνη σοφία) » (20 d) – par différence avec « une autre, qui est sans doute plus qu'humaine », celle que les philosophes de la nature s'attribuent, mais qu'il juge impossible. « Il s'étonnait, dit Xénophon, qu'ils ne vissent pas qu'il est impossible à l'homme de pénétrer les secrets de la nature, puisque aussi bien ceux qui se piquent d'en parler le plus savamment ne sont pas d'accord les uns avec les autres, et que la manière dont ils se traitent mutuellement ressemble à de la folie » (*Mémorables*, I, 13). Du désaccord entre les philosophes de l'âge précédent au sujet de la Nature, Socrate tire une leçon, qui est de renoncer à de telles recherches, et, pour l'homme, de se borner à l'homme : à la critique des faux savoirs et des fausses valeurs, à l'établissement du vrai bien de l'homme et des vraies valeurs.

Mais « tous les hommes désirent naturellement (φύσει) savoir », dit Aristote (*Métaphysique*, A, 1, 980 a 21) : la quête du Savoir absolu, c'est-à-dire la recherche de la Vérité au sujet du réel, de ce qui est *réel* (τί τὸ ὄν) et du Tout (πᾶν ou ὅλον ?) de la réalité, cela même est inscrit dans la nature de l'homme. Aussi ai-je écrit : « Ce qui est *normal* pour l'homme, c'est de ne pas vivre sans philosopher » (*Essais sur Homère*, p. 187). La « physique » (science de la Nature – de la *Phusis*) n'est pas alors exclue de la philosophie comme étant du domaine de l'impossible : elle est, dit Aristote, « une sorte de philosophie » (*Méta.*, Γ, 3, 1005 b 1). Mais la « Sagesse suprême » (σοφία τιμιωτάτη, Λ, 10, 1075 b 20) est la « science des principes » (περὶ ἀρχὰς ἐπιστήμη, K, 1, 1059 a 18), à savoir des « *premiers* principes et des *premières* causes » (A, 1, 981 b 28). C'est là ce que l'on nomme « métaphysique ».

La « vraie philosophie », dit Descartes, a, comme première partie, « la métaphysique, qui contient les principes de la connaissance », la seconde étant la physique (Lettre-préface de l'édition française des *Principes de la philosophie*, éd. Alquié, t. III, p. 779). Suit la célèbre comparaison : « Toute la philosophie est comme un arbre, dont les racines sont la métaphysique, le tronc est la physique, et les branches qui sortent de ce tronc sont toutes les autres sciences, qui se réduisent à trois principales, à savoir la médecine, la mécanique et la morale » (*ibid.*). On ne conçoit pas d'arbre sans racine. Sans la métaphysique, la philosophie n'est pas la « vraie » philosophie. Jules Lachelier, qui, pour les professeurs de philosophie qui se respectent, est une icône, dira la même chose : « La philosophie me paraît être essentiellement, et même, si l'on veut que le mot ait un sens propre et précis, exclusivement, la métaphysique » (*Vocabulaire de la philosophie* de Lalande, art. « Philosophie »).

Si la philosophie est avant tout la métaphysique, Socrate n'est pas un « vrai » philosophe. Mais on ne peut nier que Socrate ne soit vraiment un philosophe. Il faut donc accepter deux définitions de la philosophie.

LVIII

18 septembre

Suzel Mayer m'a dit qu'au colloque sur « Le socratisme de Montaigne », qui doit avoir lieu, en novembre 2008, à l'université de Lyon 3, elle comptait présenter une communication dont le titre était : « Un Socrate cynique ».

Si Diogène de Sinope, dit « le Chien », était, comme le disait Platon, « un Socrate devenu fou » (Diogène Laërce, VI, 54), il y a, chez un être aussi sensé que Montaigne, bien peu du cynisme de Diogène. Cependant, l'on a reproché à Montaigne une certaine impudeur – « mots lascifs ; cela ne vaut rien », dit Pascal. Et l'impudeur des Cyniques est connue. Diogène « avait l'habitude de tout faire en public, aussi bien les œuvres de Déméter que celles d'Aphrodite » (D.L., VI, 69) ; Hipparchia et son mari Cratès faisaient l'amour en public (VI, 97), ce qui est moins choquant pour un moraliste que s'ils l'eussent fait à l'ombre, étant infidèles. C'est là une impudeur de conduite que l'on ne saurait reprocher à Montaigne. La sienne est une impudeur de langue. Il désigne trop clairement, voire nomme (mais en latin !) les parties et organes du corps en usage dans l'amour, les décrit dans leurs prouesses, leurs ratés, leurs insuffisances. Quant aux œuvres « de Déméter », c'est-à-dire qui sont des corrélats de l'action de manger, le voilà qui nous parle d'« excréments », non sans quelque grossièreté (*Essais*, III, IX, p. 946 PUF, ligne 6), et quelle image met-il sous nos yeux ! « Si ay-je veu un Gentilhomme qui ne communiquait sa vie que par les operations de son ventre : vous voyez chez luy, en montre, un ordre de bassins de sept ou huict jours ; c'estait son estude, ses discours ; tout autre propos luy puait » (*ibid.*). Éric Weil, lors d'un séminaire où il avait été question de la « liberté de langage » (παρρησία), avait cité ce passage, à l'honneur de Montaigne. J'avais été gêné. À la liberté de conduite des Cyniques, à la liberté d'expression – sur ce point – de Montaigne, je préfère la retenue de Socrate. Il loue les Lacédémoniens de ce que « la déesse qu'ils honorent n'est pas l'Impudence, mais la Pudeur » (Xénophon, *Banquet*, VIII, 35). Dans un chapitre de Xénophon (*ibid.*, IV) où il se dit « entremetteur », il parle sans cesse de baisers, d'embrasser, sans que la pudeur ne soit à aucun moment blessée – car il ne s'agit pas non plus de tomber dans la pudibonderie.

Quant à la philosophie de Montaigne, ce n'est, comme celle de Socrate, qu'une recherche de la sagesse, non du savoir. Ils se moquent, l'un et l'autre, de la métaphysique. « Parmi ceux que préoccupe la nature du Tout, dit

Socrate, les uns croient que l'être est un, les autres qu'il est infini en nombre ; ceux-ci que tout est sans cesse en mouvement, ceux-là que rien ne saurait se mouvoir ; les uns, que tout naît et périt, les autres que rien ne saurait jamais naître ni périr » (Xénophon, *Mémorables*, I, 1, 14). Belle cacophonie ! Et Montaigne : « Je ne me persuade pas aysement qu'Epicurus, Platon et Pythagoras nous ayent donné pour argent contant leurs Atomes, leurs Idées et leurs Nombres. Ils estaient trop sages pour establir leurs articles de foy de chose si incertaine et si debatable. [Ils n'ont fait que] promener leur ame à des inventions qui eussent au moins une plaisante et subtile apparence » (II, XII, p. 511 PUF). La métaphysique : domaine de la fiction.

Leur sagesse est révérencieuse et d'accommodation, orientée vers le bien général pour Socrate, personnel et général pour Montaigne – le bien général étant la paix civile. Ils sont scrupuleux à accomplir leurs devoirs religieux et civiques. L'on voyait Socrate sacrifier dans les fêtes communes et sur les autels publics ; et, « en faisant de modestes offrandes sur ses modestes revenus, il ne croyait pas moins faire que ceux qui, sur des ressources nombreuses et grandes, offrent de nombreux et grands sacrifices » (*Mémorables*, I, 3, 3). Montaigne entendait la messe, disait son Pater, allait en pèlerinage à Notre-Dame de Lorette. Socrate était en bonne forme physique. Il fut soldat jusqu'après la quarantaine, participant à l'expédition d'Amphipolis (en Thrace), au combat de Délion (en Béotie) ; au début du *Charmide*, il revient du camp devant Potidée. Quoique à la retraite et âgé de quarante et un ans, Montaigne, en 1574, rejoignit au camp de Sainte-Hermine, en Poitou, le duc de Montpensier qui combattait pour la cause royale. Socrate et Montaigne ni ne prétendirent à jouer un rôle politique, ni ne s'y refusèrent. Socrate fut prytane, montrant dans cette position une grande fermeté d'âme : c'est ainsi qu'il fut le seul à s'opposer à la mise en accusation des dix stratèges vainqueurs à la bataille navale des Arginuses (406), mais qui n'avaient pas recueilli les morts et les blessés. Montaigne fut maire de Bordeaux. Son esprit de justice le fit s'opposer aux Jésuites dans l'affaire du prieuré Saint-James (où les enfants trouvés étaient victimes d'abus), ou adresser une lettre-remontrance au roi (31 août 1583), qui accablait d'impôts le « pauvre peuple ». Il est vrai que Socrate, condamné à mort injustement, refusa de s'échapper de sa prison, alors que Montaigne, de son propre aveu, eût fui à l'étranger. Mais c'est qu'il n'avait, pour le retenir, rien de comparable à la cité d'Athènes.

LIX

20 septembre

Critobule, dans *Le Banquet*, de Xénophon, observe qu'il y a une beauté pour chaque âge de la vie : « Car si l'enfant est beau, l'adolescent, l'homme fait et le vieillard le sont aussi, témoin les thallophores[1] d'Athéna, que l'on choisit parmi les beaux vieillards » (IV, 17). Hubert eût pu être un thallophore. Il souhaitait épouser Gertrude, qui le dédaigna : « Je ne vous aime pas, lui dit-elle. Vous avez soixante-douze ans et moi trente-cinq : vous êtes vieux, et vous n'êtes pas beau. » À Alberte, qui me conta cette histoire, je donnai le papier que voici, que je lui demandai de remettre, ou de faire remettre, à Gertrude.

« Il ne faut pas dire à quelqu'un : “Je ne vous aime pas parce que vous n'êtes pas beau”, cela pour trois raisons :

1. Un thallophore portait un rameau d'olivier (*thallos*) aux Panathénées.

1) Cela ne se *dit* pas. Allez-vous dire à une personne qui a un bec-de-lièvre : “Oh ! vous avez un bec-de-lièvre !” ? Il faut faire semblant de ne pas voir. Même s’il s’agit de la vérité, elle n’est pas toujours bonne à dire, comme Benjamin Constant l’a montré contre Kant (exemple scolaire : dira-t-on la vérité au sujet du Résistant que l’on cache ?).

2) Cela n’est pas *vrai* (objectivement).

“Il fait chaud” : cela est vrai *pour* l’un, pas *pour* l’autre. Au thermomètre, la température est de 25°. Cela est vrai – objectivement.

Si l’on me dit : “Vous êtes beau”, je ne le croirai pas. Si l’on me dit : “Vous n’êtes pas beau”, je ne le croirai pas davantage – car il n’y a pas ici d’équivalent à : “La température est de 25°.”

3) Il n’y a pas de “parce que” de l’amour, car le “parce que” est rationnel et l’amour ne l’est pas.

J’ai dit un jour à Ursule : “Tu es belle, charmante, généreuse, tu n’as que des qualités : je t’aime d’amitié, mais je ne t’aime pas.” Qu’y faire ? »

Hubert-le-Vigneron est un beau vieillard. Mais pour une jeune femme comme Gertrude, il n’a qu’une beauté de vieillesse : il n’est pas beau, comme elle l’entend.

LX

21 septembre

Émilienne est ma Clotilde, car sous son influence j'en suis venu à parler de religion et de « ma » religion, tout comme Auguste Comte a fait de son positivisme une religion (le *Système de politique positive* s'intitule, en sous-titre, *Traité de sociologie instituant la Religion de l'Humanité*) sous l'influence de sa « noble et tendre patronne », Clotilde de Vaux. Après avoir achevé son *Cours de philosophie positive*, Comte eut, comme il dit, « deux ans de calme » (1842-1844). Mais alors que, jusque-là, quoique marié, il n'avait pas connu l'amour, en 1845, à l'âge de quarante-sept ans, il conçut pour une jeune femme de trente ans, elle aussi déçue par son mariage, une « vertueuse passion privée », qui lui valut de connaître, jusqu'à la mort de Clotilde, sous ses yeux, le 5 avril 1846, une « année sans pareille », qu'il désigne encore, dans son langage si particulier, comme une « incomparable année d'union objective », où son « ange » fut pour lui à la fois comme une épouse, une fille et une mère. Commença pour lui une « seconde vie », où sa foi en la science lui parut devoir être subordonnée à une « foi nouvelle », la synthèse ancienne devoir s'intégrer dans une « nouvelle synthèse », dont le principe se révéla à lui comme ne pouvant être que l'amour. Car son amour pour Clotilde ne pouvait, pour Comte, n'avoir que le caractère d'un événement privé. Il n'oubliait pas « l'incomparable mission que lui assignait l'ensemble de l'évolution humaine », qui était de « diriger l'entière régénération des opinions et des mœurs, en remplaçant définitivement le monothéisme épuisé » (*Système de politique positive*, préface). C'est avec l'émotion décisive que lui donna la rencontre de Clotilde qu'il découvrit dans l'amour le principe de cette « rénovation » – amour universel, principe de la « religion positive », la « vraie religion » : religion sans Dieu, mais avec le « Grand-Être », l'Humanité. Comte fixe à 1848, deux ans après la « catastrophe », la date de fondation de la « Religion de l'Humanité ». Alors, le positivisme intellectuel, qui ne reconnaît pas la primauté du cœur sur l'esprit, et la « suprématie encyclopédique de la morale, même sur la sociologie » (IV, 549), n'est plus qu'un positivisme « incomplet » : seuls s'y arrêtent les « positivistes avortés ». Le positivisme complet est le « positivisme religieux » (IV, 548), tout comme la religion positive est seule « réelle et complète ».

Avec le positivisme dans sa forme définitive, l'on aura en Occident, après l'époque « critique », purement transitoire, une nouvelle époque « organique », pareille à celle que l'on a connue au Moyen Âge, avec le catholicisme. De là la « systématisation finale » du « culte positif », du « dogme positif » (où l'on traite les différentes sciences comme des branches de la morale) et du « régime positif » (où l'on expose la « constitution du sacerdoce positif » et son « office fondamental envers l'éducation universelle »). Au Pape correspond le Grand Prêtre de l'Humanité, qui a tout pouvoir sur les membres du clergé positif : « Il nomme, déplace, suspend, et même révoque, sous sa seule responsabilité, ses membres quelconques » (IV, 255).

Je retiens, comme Auguste Comte, que la religion se fonde sur l'amour universel, et c'est ce que j'ai expliqué de mon côté (cf. *La Voie certaine vers « Dieu »*, 2008). Mais « ma » religion n'a ni Dieu, ni Grand-Être, ni culte, ni dogme, ni régime. L'amour qui en est le principe n'est pas l'amour de l'« Humanité » avec un grand H, mais des humains – de ces « êtres éphémères » (*Epameroi*) que sont les humains. Mais s'il n'y a rien de plus dans la religion que l'amour, pourquoi parler de « religion » ? Ne suffirait-il pas de parler de « morale » ? Nullement. La morale ne va pas sans la notion de « devoir », et le « tu dois » qui s'adresse non à l'affection, mais à la volonté, est inconditionnel. Même si je n'aime pas ce blessé au bord de la route – c'est peut-être un ennemi – je dois lui venir en aide, et si je *dois*, c'est que je *peux* – je peux vouloir, et de mon vouloir découleront mes gestes. Si l'on me dit, comme Jésus, « Tu dois aimer », dès lors que l'amour purement naturel ne se commande pas, on se trouve transporté sur un autre plan que celui de ce qui est naturel, qui est celui d'une expérience *sui generis*, et d'une spiritualité qui a sa fin en elle-même – car l'amour, qui est de l'ordre du « cœur » (comme dit Comte), vaut en soi et, contrairement à la volonté, n'a pas le sens de mener à autre chose qu'à lui-même. Certes, l'amour entraîne des effets de bonté, mais qui viennent d'eux-mêmes et comme par surcroît.

En vertu de la « disposition spontanée du sexe aimant à faire toujours prévaloir l'amour », c'est à la femme, dit Comte, que nous devons de reconnaître la « prépondérance du cœur sur l'esprit ». C'est elle le meilleur passeur pour nous acheminer à l'expérience religieuse. Des influences féminines – celles de Claire, de Marie-Noële, de Bibiane – m'avaient préparé à accueillir l'expérience religieuse comme ayant un statut *sui generis*. Mais c'est la réanimation, en 2007, de mon ancienne relation avec Émilienne, et la conviction que j'eus de l'authenticité de son expérience mystique, qui modifièrent de façon décisive la disposition de mon esprit à l'égard de la religion, et d'abord du mot « religion » – étant entendu que mon rejet demeure de toutes les religions instituées, en lesquelles je ne vois que des constructions humaines, trahisseuses des expériences fondatrices.

LXI

22 septembre

Le 24 juillet 1854, Auguste Comte date l'« Invocation finale » qu'il adresse à sa « sainte patronne », du lundi 9 Dante 66. Il use du *Calendrier positiviste*, qu'il a instauré en 1849 pour « systématiser la commémoration publique » des meilleurs types d'humanité. Le 14 juillet 1789, où « la république française commença réellement par la prise populaire de la forteresse parisienne » (*Système de politique positive*, IV, 399), marque le début de l'« année occidentale ». Le 24 juillet 1854, les dix premiers jours de l'année 66 se sont écoulés. Mais Comte commet, semble-t-il, une erreur en écrivant lundi 9, car après les sept jours de la première semaine, le premier jour de la seconde semaine, un lundi, est le huitième du mois.

Selon le degré de glorification qu'ils méritent[1], les

1. Dans cet alinéa, je rappelle ce que j'ai déjà écrit dans *Noms. Journal étrange III*, chap. XXXVII, « Commémoration ».

meilleurs types d'humanité donnent leur nom à un mois de l'année, à une semaine dans le mois ou à un jour de la semaine. La nouvelle année occidentale comporte treize mois, chaque mois comporte quatre semaines et chaque semaine sept jours. Reste un jour non employé. Comte le voue à la célébration de la « fête universelle des morts ». En année bissextile, l'on dispose d'un jour supplémentaire où l'on célébrera la « fête des Saintes Femmes ».

Moïse, Homère, Aristote, Archimède, César, saint-Paul, Charlemagne, Dante, Gutenberg, Shakespeare, Descartes, Frédéric, Bichat, donnent leurs noms, dans l'ordre, aux mois de l'année (aujourd'hui, un positiviste remplacerait, peut-être, le nom de Frédéric le Grand par celui de Washington, et, certainement, celui de Bichat par celui d'Auguste Comte). Le troisième mois est celui d'Aristote. Il comporte quatre semaines auxquelles donnent leur nom, successivement, Thalès, Pythagore, Socrate et Platon. Dans la semaine Thalès, on célèbre, le lundi, Anaximandre, dans les jours suivants, Anaximène, Héraclite, Anaxagore, Démocrite, Hérodote – puis le patron de la semaine, Thalès, enfin, le dimanche. Je suis né en mars, donc dans le mois d'Aristote, dans la dernière semaine du mois qui est la semaine de Platon, et le samedi 27, qui est le jour d'Origène.

Il m'appartient donc de célébrer Origène (185-251). Il fut philosophe, théologien et savant. Je laisse de côté le philosophe, car, bien que connaissant la philosophie grecque, il n'avait que méfiance à son égard. Je laisse aussi de côté le théologien, car, d'une manière générale, je ne vois, avec Montaigne, dans les théologies, que de misérables élucubrations humaines. Je réserve mon admiration au savant bibliste, et à ses *Hexaples*, où il présente en colonnes le texte hébreu de la Bible translittéré et les six versions grecques qu'il a rassemblées : celle des Septante, celles d'Aquila, de Théodotien, de Symmaque, et une trouvée à Jéricho, une autre à Nicopolis – exemplaire application des méthodes d'édition critique de la philologie alexandrine.

Il faut noter le sort différent que Comte fait à Rabelais et à Montaigne dans son Calendrier. Rabelais est honoré dans le mois Dante. Lui est consacré le troisième jour de la première semaine – semaine Arioste. Mais Montaigne a sa place dans le mois Descartes, au cinquième jour de la première semaine – semaine saint Thomas d'Aquin. En le plaçant dans le même mois que Locke, Leibniz, Kant, Hegel, Hume, Spinoza, Auguste Comte consacre Montaigne comme un philosophe.

On peut s'étonner que les *Essais* de Montaigne ne figurent pas parmi les cent cinquante volumes qui constituent la « Bibliothèque du positiviste au dix-neuvième siècle » (trente volumes de poésie, trente de sciences, soixante d'histoire, trente de synthèse), alors qu'y figurent, par exemple, les *Confessions* de saint Augustin ou les *Pensées* de Pascal. Mais l'on n'y voit aucun ouvrage de Locke, de Malebranche, de Spinoza ou de Kant. Les *Essais* sont donc considérés comme un ouvrage trop difficile pour que la lecture en soit proposée au positiviste « de base ». Au reste, si Comte n'oublie pas *La philosophie positive* d'Auguste Comte, il l'inscrit telle qu'elle a été « condensée par Mme Martineau », et, dans la première rédaction de la « Bibliothèque », les *Pensées* de Pascal n'étaient que les Pensées « choisies » de Pascal. Comte veut se mettre au niveau du positiviste *supposé*. Quant à ce qu'est ce positiviste supposé, la première rédaction, qui est de 1852 (et se trouve dans le *Catéchisme positiviste*), nous l'indique. La Bibliothèque est alors désignée comme « Bibliothèque *du prolétaire* ». Les *Essais* de Montaigne volent au-dessus de l'entendement d'un prolétaire.

LXII

23 septembre

Voici l'un de mes rêves de cette nuit. Y figurent le philosophe François Châtelet, décédé en 1985, et aussi mon plus ancien ami, qui fut comme moi élève-instituteur en 1940-1943, Jean Veillerot, toujours vivant.

Nous sommes dans une grande université. Ce doit être Paris I, car je m'étonne d'y voir Châtelet, que je sais être à Paris XII. Il fait partie du « Conseil exécutif des historiens » (une création du rêve). [Ainsi je n'ai pas oublié qu'il a fait sa thèse sur *La Naissance de l'histoire.*] Je suis nouveau. J'explique à la secrétaire que Châtelet et moi avons passé l'agrégation ensemble. J'ai conscience de tricher un peu, car il a été agrégé deux ans avant moi.

La secrétaire est mécontente. On ne l'écoute pas, dit-elle.

J'assiste à une séance du Conseil exécutif qui, maintenant, si j'en juge par la tête de ses membres, paraît avoir un caractère international.

Châtelet parle. Avec sa crinière de cheveux noirs, il paraît en excellente forme (c'est le Châtelet de ma jeunesse). On l'écoute avec une extrême attention. Les visages sont sérieux. Sur les sept ou huit présents, une seule femme, petite avec des lunettes et qui semble une Asiatique.

À certains moments, Châtelet ressemble à Veillerot [je me souviens peut-être qu'il est mort], mais c'est toujours Châtelet.

Dans ce rêve, comme dans mes autres rêves de la nuit, et, d'une manière générale, dans mes rêves, aucune trace de préoccupation sexuelle. Freud pense que les désirs refoulés trouvent, dans les rêves, une expression déguisée. Mais il se peut que le refoulement soit tel qu'ils n'aient pas d'expression du tout dans les rêves.

LXIII

27 septembre

Être de « notre milieu », ou mériter d'en être, voilà la condition à remplir pour être fréquentable, explique Jean d'Ormesson. Il parle de ses oncles : « Ils étaient des mondes différents ; à mille lieues les uns des autres. Les conversations n'étaient pas les mêmes, les façons d'être n'étaient pas les mêmes, les préoccupations n'étaient pas les mêmes. Il y avait pourtant quelque chose de commun à ces univers séparés par des océans d'étrangeté et d'incompréhension : ils étaient unis par le milieu – par le langage, par les manières de table et par la religion » (*Qu'ai-je donc fait*, p. 190).

Qu'est-ce qui définit le milieu ? C'est ici que d'Ormesson nous égare un peu. Le langage ? Mais ce qu'il en dit n'est nullement caractéristique. Moi non plus, je ne dis jamais « ce midi », ni « au coiffeur », ni « 20 heures du soir » au lieu de 8 heures, ni n'use d'apocopes – « psy », « bac », « télé ». Il faut « savoir manier les noms de famille » ? Mais quel universitaire ignore que La Trémoille se prononce La Trémouille, Broglie, Breuil, Castries, Castre ; et quant à la prononciation, cela dépend des régions : on prononce l'x d'Oyonnax en Corrèze, non en Revermont.

Les manières de table, telles que ne pas mettre les coudes sur la table, se tenir très droit devant son assiette, ne pas s'appuyer au dossier de la chaise, venir déjeuner ou dîner dans une tenue décente, ne pas couper la parole, parler posément, ne sont pas non plus propres à l'aristocratie ou à la haute bourgeoisie. Dans la moyenne bourgeoisie, dont je faisais partie par ma femme, c'étaient les mêmes.

Mais d'Ormesson ajoute : finalement, « le langage, les manières de table n'avaient pas beaucoup d'importance. Ce qui nous tenait ensemble, c'était la religion » (p. 212) – c'est-à-dire des rites que tous les membres du milieu célébraient ensemble avec exactitude. La religion leur donnait un grand sentiment de sécurité. Dieu : « tout était dans sa main » ; il était « le garant de l'ordre de ce monde où nous avions notre place ». Dieu était du même milieu : « Jésus et Marie nous étaient aussi proches et aussi chers que notre propre famille à laquelle nous étions si attachés » (p. 217).

« Famille » : le mot est dit.

Jean demande à son père ce qu'est le milieu. « Est-ce une question d'argent ? – Pas du tout ! », dit son père. Mais alors comment se fait-il, Jean, que vous parliez toujours de la fortune des uns et des autres ? et comment se fait-il que les membres du milieu aient tous de l'argent ? Et comment se fait-il que le milieu, qui se veut si fermé, s'ouvre « avec réticence mais avec gratitude, parfois avec cynisme, aux grandes fortunes » – ne sachant résister aux Rothschild, aux Fould, aux Say, aux Singer, aux Gould ?

« Est-ce une question de race ? », demande encore Jean. « Ah ! pas du tout ! », dit son père. Pourtant, c'est bien une question de race, non certes au sens racial, mais au sens généalogique. Race : « Tous ceux qui viennent d'une même famille », dit Littré. « Ils n'ont ni aïeux, ni descendants ; ils composent seuls toute leur race », dit La Bruyère. Mais dans le milieu des d'Ormesson, on a des aïeux, une longue suite d'ascendants, tous légitimistes (sauf un qui a voté la mort du roi), hommes de devoir, rendant de grands services au pays, accumulant les honneurs.

L'argent, la généalogie : le milieu est alors un bastion. D'Ormesson, avec les traits de langage, les manières de table, nous égare un peu. Ce qui fait la différence entre ceux du milieu, de leur monde, et les autres, est beaucoup plus réel.

Ne rivalisons pas !

Or, Jean est tombé amoureux de C. Ce fut la grande passion. C. était « belle, intelligente, un peu sauvage, pleine de passion et de vie » (p. 180), du reste espagnole. À cause d'elle, Jean écrit : « Les seuls instants de plénitude dans l'existence de chacun de nous se confondent avec l'amour », ou : « C'est dans les bras de quelqu'un d'autre que le sens de l'existence vous est soudain révélé. » Fort bien ! Ce n'est pas moi qui le contredirai, n'en sachant rien.

Le fâcheux était que C. n'était autre que la femme du plus jeune des cousins de Jean, lequel était accueilli avec amitié par le ménage, dans le pavillon où celui-ci vivait, près du château d'Ormesson. Or, Jean avec C. partit sur les routes à travers l'Europe…

Jusque-là, on comprend – ce qui ne signifie pas que j'approuve. Le milieu est « un carcan, une charge lourde à porter ». L'on vous aime, mais « l'amour vous étouffe très bien ». Pas étonnant que le départ eut « quelque chose de triomphant dans la transgression et dans la révolte » (p. 187).

Mais après le départ, le retour : on est rentré au bercail. Le milieu était plus fort que l'amour. C : « Je n'avais qu'à m'établir ailleurs à ses côtés, à construire avec elle quelque chose de durable. » Rêverie dont on savait qu'elle ne passerait jamais à l'acte. C. : « Je n'avais, dès le départ, pas la moindre intention de faire ma vie avec elle. » Et l'idée d'être liée à elle, de former un couple, paraissait « insupportable » à notre héros.

Ainsi le délire passionnel avait été dès le début sous le contrôle du milieu. Du reste, sur qui ce délire s'était-il porté ? Sur la femme d'un cousin, une dame du milieu. La maman de Jean craignait l'approche « d'institutrices ou de femmes de chambre, dont les charmes trop affirmés risquaient de le pervertir ». Que l'on se rassure ! Il n'était pas allé au point de s'enflammer pour une institutrice ou une femme de chambre !

LXIV

28 septembre

« Ne m'appelle plus, je t'appellerai », m'a dit Émilienne il y a quelques jours. Émilienne serait-elle un mirage ?

« Les femmes sont des mirages », disait mon ami Eugène. Il voulait dire que les hommes, dès qu'ils sont amoureux, et même sans l'être, idéalisent les femmes. Je songe au « Mirage spartiate », titre du livre/thèse de François Ollier. Platon, Aristote, les Cyniques, les Stoïciens ont idéalisé Sparte comme une femme. Auguste Comte a idéalisé Clotilde de Vaux (en qui il voit une « merveilleuse combinaison de tendresse et de noblesse que peut-être aucun autre cœur ne réalisa jamais à un tel degré », *Système de politique positive*, I, p. IV) et leur amitié. Montaigne a idéalisé l'amitié qui le lia à La Boétie (« il faut tant de rencontres à la bastir, que c'est beaucoup si la fortune y arrive une fois en trois siecles », *Essais*, I, XXVIII, p. 184 PUF). Émilienne : il n'y a pas de risque que j'idéalise notre amitié. Il y a trop d'inégalité en elle – entre ce qu'est l'engagement d'un côté et ce qu'il est de l'autre. Car Émilienne se voue d'abord à son dieu ; les humains ne sont que des valeurs secondes. Ai-je idéalisé Émilienne ?

Lorsque, en 1800, les soldats français entrés en Égypte pénétrèrent dans le désert, ils furent témoins d'un effet d'optique : toute la vaste plaine parut couverte d'eau ; les villages bâtis sur de petits tertres présentaient, de loin, outre leur image directe, une image renversée. Les soldats, trompés par l'illusion, coururent vainement vers cette eau imaginaire pour étancher leur soif.

Ainsi, allant du Continent en Corse, ai-je couru vers Émilienne ? L'illusion a été dans le jugement sur le désir qu'avait Émilienne de me voir. Il n'y avait pas un tel désir, ni d'ailleurs le désir contraire. Je me suis illusionné sur ce que représentait ma venue en Corse pour Émilienne, et en somme sur ce qu'était mon importance pour Émilienne.

Mais me suis-je illusionné sur Émilienne elle-même ? Pour le dire, il faudrait que je sois revenu de cette illusion, ce qui n'est pas le cas. Pour moi, Émilienne est toujours une source.

LXV

29 septembre

Il y a quarante-quatre ans que me suivent un portrait et une photo, jamais très loin de moi, que je me suis gardé d'oublier venant en Corse, que pourtant je regarde rarement : pourquoi aller au-devant de la tristesse, surtout lorsqu'elle est aussi vaine ?

C'est le portrait de Fabienne M., grande fille du Nord, qui vivait à Lille avec ses parents, dans une banlieue triste ; et c'est une photo d'elle dans son jardin, lisant le journal avec son grand chien à ses pieds.

Elle aurait eu vingt et un ans le 26 novembre 1964, mais elle s'est donné la mort le 6 novembre, en s'enfermant dans la cabane du jardin.

Elle était mon étudiante. J'avais une chambre près de la cathédrale. Elle venait me voir chez moi. Nous parlions. Et elle parlait de moi à ses parents. Ils la crurent amoureuse de moi. Ils voulurent qu'elle mette un terme à nos relations. Je lui dis qu'il convenait de leur obéir.

Sur ces entrefaites, les vacances d'été arrivèrent. Fabienne et ses parents allèrent en Italie. Elle m'écrivit de Venise une très longue lettre, en laquelle je ne discernai pas un appel et à laquelle je ne répondis pas.

En octobre, elle échoua à l'examen de propédeutique. Le 3 novembre, après mon cours, à 18 heures, elle vint me voir. Je lui prodiguai les encouragements habituels, mais sans la chaleur passée.

Le 6 novembre, elle mourut par asphyxie. Le 10 novembre eut lieu le service funèbre, suivi de l'enterrement de Fabienne au cimetière de Marquette. Je pleurai sur elle et sur moi. Ses parents virent mon émotion, me demandèrent de leur rendre visite. C'est ce que je fis. Je leur expliquai que Fabienne m'avait pris pour confident : elle était amoureuse d'un étudiant, au reste sans beauté et sans charme, selon moi, et qui ne s'intéressait pas à elle. Ils me donnèrent le portrait et la photo dont j'ai parlé, et aussi un disque que Fabienne m'avait légué : *Le Petit Prince* de Saint-Exupéry, avec la voix de Gérard Philipe. Je n'ai jamais pu écouter ce disque.

Fabienne avait perdu son chien, son fidèle compagnon, son ami. On ne se suicide pas parce que son chien est mort, parce que l'on a raté un examen, parce que l'on n'est pas aimé – du moins en général.

LXVI

30 septembre

Le 30 septembre 1938 furent signés les accords de Munich, censés éviter la guerre en donnant satisfaction à la revendication identitaire des Allemands des Sudètes qui voulaient rejoindre la patrie allemande. Il y eut, récemment, la revendication identitaire, de nature culturelle, des Tibétains, face à la colonisation et au joug chinois. Les Occidentaux soutinrent les Tibétains, mais, en contradiction avec eux-mêmes, refusèrent la revendication identitaire et nationaliste des Ossètes du Sud et des Abkhazes, lesquels n'en proclamèrent pas moins leur indépendance.

Le 28 septembre, à l'université de Corte, Corsica nazione indipendente, U Rinnovu naziunale, Fronte pupulare et Strada diritta se fondirent dans une nouvelle structure, « Corsica Libera », outil de refondation du nationalisme corse. J'éprouve de la sympathie pour ce mouvement fédérateur, pour trois raisons. D'abord, je suis reconnaissant aux indépendantistes d'avoir grandement contribué à ce que soit encore relativement protégé le patrimoine naturel de la Corse. Ensuite, je suis en faveur du droit des peuples à disposer d'eux-mêmes ; reste, pour « Corsica Libera », à convaincre le peuple corse de vouloir l'indépendance de l'île. Enfin, j'ai de la sympathie pour Noël (Natale en corse), qui fait plus que sympathiser avec le nouveau mouvement ; et, quant à Émilienne, elle n'y est pas non plus opposée.

Bien sûr, ce n'est pas à moi de dire aux Corses ce qu'ils doivent souhaiter. S'ils préfèrent rester français, j'en serai heureux, et les indépendantistes devront respecter leur choix. Mon pays natal est la Corrèze, où aucune velléité d'indépendance n'aurait de sens. Je me sens français bien plus que corrézien, et je sacrifierais volontiers, si besoin était, la Corrèze sur l'autel de la France. Mais de la Corrèze à la Corse, la conséquence n'est pas bonne.

LXVII

1er octobre

Mon plus grand plaisir, ces jours-ci, n'est pas d'aller sur le terrain d'Émilienne voir les oliviers pousser, ou peut-être la rencontrer. Me dirait-elle, comme il y a peu, alors que, harnachée comme un extraterrestre, elle « traitait » les jeunes pousses attaquées par la chenille pyrale : « Je suis heureuse que tu sois venu » ? Peut-être serait-elle heureuse, mais elle ne me le dirait pas. Elle traverse une phase où elle est comme lasse des humains, même des amis qu'elle aime. « Je ne sais pas ce qu'elle a », dit Noël. Alors il ne faut pas la brusquer, mais la laisser revenir vers nous de son propre mouvement. Je souhaite entendre sa voix, mais je préfère qu'elle me téléphone. Nous nous reverrons très prochainement – peut-être à dîner chez moi : qu'elle en choisisse le moment. Pour l'heure, elle a sa paix, avec les oliviers, les chevaux. Mais le moment des humains reviendra.

Mon plus grand plaisir, en ce début d'automne, est

celui que me donne l’absolue solitude que je trouve en marchant au milieu des vignes. Entre la mer et l’étang de Diana, la terre forme une presqu’île qui se replie comme une faucille sur l’étang. Cette presqu’île, que l’on nomme Piedivesco vers le manche, Mare Stagno vers la pointe, n’est que vignes qui se courbent et ondulent selon les déclivités du terrain. Un réseau de chemins de terre praticables en 4 × 4 les sillonne en tous sens. Le temps des vendanges est passé. On fait le vin. On ne va plus dans les vignes. J’y suis seul dans une mer de silence, sans même un oiseau ou l’aboiement d’un chien, et je marche, craignant parfois de m’être perdu. Ma canne m’aide lorsque, après le chemin plat, vient la pente rocailleuse. De temps à autre, je m’arrête, je laissc mon regard s’attarder un moment sur l’étang de Diana proche ou sur la mer lointaine, je m’imprègne de la poésie du lieu. Sur l’étang non plus il n’y a personne. On est comme aux temps préhumains.

LXVIII

2 octobre

Athénée est un Grec du IIIe siècle apr. J.-C., originaire de Naukratis, dans le delta du Nil, et établi à Rome. Je trouve dans son œuvre principale, le *Banquet des sophistes* (*Deipnosophistes*, litt. « Convives qui conversent en dînant », de *deipnon*, dîner), de quoi me réjouir d'être en Corse. J'y lis, en effet, que « les habitants de Cyrnos [la Corse] vivent fort longtemps parce qu'ils font usage du miel, qui est abondant chez eux » (livre II, § 26). Il me restait à me procurer du miel de Corse. Mes amis Jean et Claudie D., venus à Aleria pour quelques jours, m'emmenèrent en montagne, à Quenza, d'où je revins nanti d'une douzaine de pots avec, pour chacun, les aiguilles de Bavella sur l'étiquette.

Or, je m'étonnai que, parlant avec conviction des bienfaits du miel pour la santé, mon propos ne rencontre aucun écho. Du reste, Jean et Claudie n'avaient pas pris de miel pour eux. « Ne croyez-vous pas aux vertus du miel ? », leur demandai-je. Il s'avéra qu'ils n'y croyaient pas : ils n'en usaient pas et se portaient bien.

Les Grecs, leur objectai-je, pensaient autrement. Les Pythagoriciens se nourrissaient principalement de pain et de miel, dit Aristoxène, et « ceux qui prenaient toujours ces aliments à déjeuner se maintenaient exempts de maladie » (Athénée, II, § 26). Démocrite, outre les figues, aimait beaucoup le miel. À la question qu'on lui posa : « Comment vivre en santé ? », il répondit : « En s'humectant l'intérieur de miel et l'extérieur d'huile » (*ibid.*).

Et voici une légende. Ce même Démocrite, ayant atteint l'extrême vieillesse, résolut qu'il était temps de se retirer de la vie, et, à cette fin, retranchait chaque jour quelque chose de sa nourriture. Or, les journées des Thesmophories, fêtes avant tout réservées aux femmes mariées d'Athènes, étant arrivées – l'on était au moment des semailles d'hiver –, les femmes de sa maison prièrent Démocrite de ne pas mourir pendant la fête, afin qu'elles prissent part aux réjouissances. Il voulut bien vivre encore un peu. Il fit mettre près de lui un pot de miel, et, ne prenant rien d'autre que l'« émanation » (*anaphora*) du miel, survécut le nombre de jours nécessaires ; après quoi, l'on emporta le pot et il mourut.

Bien sûr, ceux à qui l'usage du miel est déconseillé par les médecins (les diabétiques) ne sont pas disposés à en reconnaître les propriétés.

LXIX

3 octobre

Ma religion, telle que je l'ai exposée dans *La Voie certaine vers « Dieu »*, est, comme celle d'Auguste Comte, une religion sans Dieu et sans « au-delà ». Yvon Quiniou m'écrit ceci : « Pour moi, la croyance religieuse porte sur un *au-delà* du monde naturel, tel que nos sens l'appréhendent et tel que la science le connaît. Donc, sans surnaturel, point de religion. Dès lors, parler de "religion" comme vous le faites (avec Comte) ne peut avoir qu'un sens *métaphorique* ou *analogique.* »

Yvon Quiniou oublie que le polythéisme est une religion et qu'il y a donc des religions sans au-delà. Car les dieux sont au monde, comme les hommes : « Ce monde, *le même pour tous*, ni dieu ni homme ne l'a fait, mais il a toujours été [...] », dit Héraclite (fr. 80 Conche = 30 DK). Quant au dieu au singulier, il est immanent au devenir universel et en est le rythme même : « Dieu est jour nuit, hiver été, guerre paix, satiété faim [...] » (fr. 109 C =

67 DK). Il est vrai que Xénophane rejette les dieux d'Homère et d'Hésiode ; il y a un seul dieu « plus grand que tous les dieux », et qui « en aucun cas n'est semblable aux mortels » (fr. B23 DK) : « Toujours au même endroit, il demeure où il est/sans du tout se mouvoir ; il ne lui convient pas/de se porter tantôt ici, tantôt ailleurs » (fr. B26). Contradiction avec le Dieu « jour nuit » d'Héraclite ? Mais Héraclite a dit : « En se transformant, il reste en repos » (fr. 84 C = 84 a DK). L'immobilité de Xénophane est au cœur du devenir d'Héraclite. Car il faut qu'il y ait de l'immobile pour qu'il y ait du mouvant.

Pour Platon, les astres sont des dieux. L'astronomie nous apprend, en effet, que « fausse est cette croyance que la lune, le soleil et les autres astres sont parfois errants ; c'est le contraire qui est vrai : chacun d'eux parcourt la même route, non pas changeante mais unique et circulaire, bien qu'elle paraisse changeante » (*Lois*, VII, 822 a). Or, seule une âme peut causer un mouvement qui ne soit pas désordonné. Le soleil, la lune, les planètes et les autres corps célestes ont une âme. Ce sont des dieux visibles. Il convient de « n'en parler que religieusement » (821 d), et chaque fois que l'on sacrifie, de « les implorer avec piété ». La religion astrale de Platon et d'Aristote est censée satisfaire autant l'homme religieux que le savant.

Épicure rejette les dieux-astres, car quel sens y aurait-il à prier des êtres qui se conduisent selon un ordre inflexible ? Quant à lui, il ôte aux dieux tout contrôle sur les choses humaines, et même tout intérêt pour elles. Vivants immortels et bienheureux, ils ont leur séjour dans le vide peuplé d'atomes libres qui sépare les mondes. Hors des mondes, ils ne sont pas hors de l'univers (*to pan*), ni de la nature.

Quant au Zeus des Stoïciens, il n'a rien à voir avec le Dieu transcendant. « Zeus » signifie le destin (Diogène Laërce, VII, 135), lequel est la raison même comme « raison cosmique » (*tou kosmou logos*), ou : « la raison des choses administrées dans le monde par la providence » (Chrysippe). Le monde, avec son gouvernement divin, est tout ce qu'il y a.

Après les philosophes, la cité. Le rôle des dieux dans la bonne administration de la cité est, du moins à l'époque archaïque et classique, une évidence pour tous, comme est évidente l'existence même des dieux. Ou plutôt, la question de leur existence ne se pose pas tant ils font partie du paysage. Ils *sont* les statues de pierre ou de bois qui les représentent.

Yvon Quiniou a tort de lier « religion » et « au-delà ». C'est là rester dans la dépendance du monothéisme judéo-chrétien.

LXX

4 octobre

Aulus Gellius (Aulu-Gelle) est un grammairien latin du IIe siècle apr. J.-C. (v. 118 – v. 158). Il voyagea en Grèce, mais vécut à Rome. Ses *Noctes Atticae*, en vingt livres, bénéficient de notes qu'il avait prises dans sa jeunesse, au temps de ses études. Le mot *Noctes* est « synonyme d'élucubrations » (au sens de « divagations »), dit René Marache, et « désigne tout simplement le travail intellectuel qui se pratiquait à la lampe, pendant les longues nuits d'hiver » (*Nuits attiques*, « Les Belles Lettres », 1967, I, p. XII). Quant à l'adjectif *Atticae*, il rappelle, nous dit Aulu-Gelle (Préface, p. 10), le lieu où le travail fut commencé.

Or, les *Nuits attiques* consistent en une suite de brefs chapitres (de quelques lignes à quelques pages) sans lien les uns avec les autres et traitant des sujets les plus divers : de grammaire, de littérature, d'histoire, de droit, de science naturelle, de morale, de philosophie. Voici, par exemple, trois chapitres qui se suivent : « Ce qu'a dit et fait Caius Fabricius quand les Sammites lui offrirent de l'or en lingots », « Combien c'est un défaut désagréable et odieux qu'un bavardage futile et vain », « Avec quelle égalité d'âme Socrate supporta le caractère intraitable de sa femme » (I, XIV et suiv.). Or, que sont les premiers essais de Montaigne (livres I et II), qu'une suite de chapitres brefs ou longs (voire très long pour l'« Apologie de Raymond Sebon »), sans lien les uns avec les autres et traitant des sujets les plus divers : des usages, des goûts, de l'imagination, de la coutume, de l'amitié, de la mort, d'éducation, de droit, d'histoire, de religion, de sagesse, de morale, de philosophie. Certes, Aulu-Gelle est bien peu philosophe, et Montaigne est bien plus philosophe que grammairien. Pourtant, les *Noctes* d'Aulu-Gelle sont des essais, et les *Essais* de Montaigne sont des *noctes*.

Montaigne avait *Agellius Noctium Atticarum libri undeviginti* dans sa « librairie ». Il a lu ce livre attentivement (cf. III, XIII, p. 1081 PUF), et il lui arrive de reproduire tel quel, à la traduction près, un passage de l'auteur latin. Voici un tel passage dans la traduction de l'édition des « Belles Lettres » (on peut voir que celle de Montaigne est très fidèle) :

> « Plutarque avait un esclave, un vaurien de mauvais esprit, mais aux oreilles imprégnées de livres et de discussions philosophiques ; pour je ne sais quelle faute il le fit dépouiller de sa tunique et fouetter avec une lanière. On avait commencé de le frapper ; il protestait qu'il n'avait pas

mérité d'être battu, qu'il n'avait rien fait de mal, commis aucun méfait. Finalement il se mit à crier au milieu des coups, et à émettre non plus des plaintes, ou des gémissements et des lamentations, mais des propos sérieux et des reproches : "Plutarque n'était pas comme devait être un philosophe ; c'était une honte de se mettre en colère ; il avait souvent disserté sur le mal qu'était la colère ; il avait aussi écrit un très beau livre *sur l'Impassibilité* ; il ne s'accordait guère à tout ce qui est écrit dans ce livre, de se précipiter dans la colère et de s'y abandonner en le punissant d'une multitude de coups." Alors Plutarque d'une voix lente et douce : "Et en quoi, dit-il, pendard, vois-tu que je sois en colère maintenant ? Mon visage, ma voix, mon teint ou encore mes paroles te font-ils penser que je sois pris de colère ? Je n'ai pas le regard féroce, je pense, le visage bouleversé, je ne pousse pas des cris terribles, je n'ai pas de crise, je n'écume ni ne rougis, je ne dis rien qui doive me causer honte ou repentir, et je ne suis ni tremblant, ni gesticulant de colère. Car c'est tout cela, si tu l'ignores, qui est signe de colère." En même temps, se tournant vers celui qui donnait le fouet, il ajouta : "En attendant, pendant que nous discutons, lui et moi, fais ton office." » (I, XXVI, trad. Marache.)

J'incline à penser que l'idée de composer ses « essais » a été suggérée à Montaigne par l'exemple des *Noctes* d'Aulu-Gelle.

LXXI

5 octobre

Montaigne admire grandement les Romains lorsqu'ils respectent leur « style ancien », qui fut « combattre de vertu, non de finesse, ni par surprises et rencontres de nuict, ny par fuittes apostées [feintes], et recharges inopinées, n'entreprenans guerre qu'apres l'avoir denoncée [déclarée], et souvent apres avoir assigné l'heure et lieu de la bataille. De cette conscience ils renvoièrent à Pyrrhus son traistre medecin [...] » (*Essais*, I, V, p. 25 PUF). Nicias avait proposé au consul Caius Fabricius de faire empoisonner le roi Pyrrhus – qui venait de remporter plusieurs victoires sur les Romains – moyennant une certaine somme d'argent ; la chose était facile, le fils de Nicias étant l'échanson du roi. Or, les consuls Caius Fabricius et Quintus Aemilius écrivirent au roi ceci : « Il nous a paru bon de vouloir te sauver afin que nous ayons à te vaincre par les armes. Nicias, ton intime, nous a demandé une somme d'argent pour t'assassiner. Nous ne le voulons pas, et nous lui avons dit qu'il n'attendît rien pour cela ; en même temps, il nous a paru bon de t'avertir, afin que, s'il arrivait un accident de cette sorte, on n'allât pas croire que c'était l'effet de nos desseins, et que nous combattons par l'argent, l'achat et la trahison, procédés que nous n'approuvons pas » (Aulu-Gelle, *Nuits attiques*, III, VIII).

Le serment était, chez les anciens Romains, tenu et respecté comme inviolable et sacré. Après la bataille de Cannes, Hannibal envoya à Rome dix de ses prisonniers proposer au Sénat un échange de prisonniers, avec compensation financière s'il y avait inégalité dans le nombre, cela après avoir fait prêter serment à ceux qu'il envoyait qu'ils reviendraient dans le camp carthaginois si le Sénat romain refusait l'échange. Or, c'est en effet ce qu'il fit. Les parents, familles et amis des prisonniers les pressèrent de ne pas revenir chez l'ennemi. Huit cependant, s'estimant liés par leur serment, revinrent chez Hannibal comme ils l'avaient juré. Deux dirent qu'étant sortis du camp ennemi, ils y étaient rentrés sous un certain prétexte, et avaient ainsi satisfait à l'engagement juré. Or, dit Aulu-Gelle, « leur habileté dans la ruse fut jugée si honteuse qu'ils furent en butte au mépris et à la critique générale, et que les censeurs les frappèrent des amendes et des flétrissures de toutes les peines infamantes, parce qu'ils n'avaient pas fait ce qu'ils avaient juré de faire » (VI, XVIII). Beaucoup de sénateurs avaient même été d'avis de les renvoyer sous escorte à Hannibal, dit Cornelius Nepos ; du reste, ajoute-t-il, « ils avaient été tenus en tel déshonneur et telle haine qu'ils avaient pris la vie en dégoût et s'étaient donné la mort » (*Faits exemplaires*, V, d'après Aulu-Gelle, *ibid.*).

Qu'il faille, en toutes circonstances, garder la foi jurée, la rigueur de Montaigne sur ce point égale celle des Romains : « Des voleurs vous ont pris, ils vous ont remis en liberté, ayant tiré de vous sermant du paiement de certaine somme ; on a tort de dire qu'un homme de bien sera quitte de sa foy sans payer, estant hors de leurs mains. Il n'en est rien. Ce que la crainte m'a faict une fois vouloir, je suis tenu de le vouloir encore sans crainte ; et quand elle n'aura forcé que ma langue sans la volonté, encore suis-je tenu de faire la maille bonne de ma parole [payer jusqu'à la dernière maille – petite monnaie de cuivre en vieux français] » (III, I, p. 801 PUF). Cette façon d'entendre l'honneur fut aussi celle de Turenne : ayant été dévalisé par des brigands, il leur demanda à racheter un bijou de famille, et, peu après, un des voleurs vint chez lui toucher le prix convenu.

Émilienne n'a pas entendu parler du maréchal de Turenne, mais elle aurait agi comme lui, car il faut, dit-elle, toujours tenir ses promesses.

LXXII

6 octobre

Je n'aime guère feuilleter mon *Journal*, car il m'arrive de tomber sur des chapitres que je préférerais, au moment où je les relis, n'avoir pas écrits, par exemple, dans *Oisivetés*, le chapitre LXXVII, « Si je suis ton prochain », dans *Noms*, le chapitre V, « Le guerredon ». Pour ceux-ci, ce n'est pas seulement parce qu'ils ne peuvent guère plaire à Marie-Noële, c'est surtout parce que leur thème n'a en moi plus aucun écho. Mais ce regret d'avoir écrit ces chapitres, je me le reproche aussitôt comme une faiblesse, de sorte que, puissé-je les supprimer, que je ne le ferais pas. Ils ont exprimé mon état d'âme du moment où je les ai écrits, et mon état d'âme du moment où je les relis n'a aucun droit de prévaloir sur mes états d'âme à tout autre moment. Je ne *suis* qu'autant que je *deviens*, et mon « moi » est fait de moi multiples, bien que ce soit toujours *moi*, d'une certaine façon.

On ne peut m'attribuer telle opinion que j'ai exprimée dans tel chapitre, et qui était alors la mienne, qu'en s'assurant qu'elle est encore la mienne maintenant. Des correspondants me parlent de « mon » opinion comme si elle était de toujours ; ils l'approuvent ou la discutent. Mon Journal leur montre que mes façons de voir sont sujettes à des variations – même si, sur les choses essentielles, touchant la métaphysique et la morale, elles restent remarquablement constantes, les variations, dans ce cas, étant plutôt des enrichissements.

LXXIII

8 octobre

Émilienne me téléphonait même tard le soir. Je lui disais : « Je te rappelle » (pour lui épargner le coût de la communication), et nous avions une longue conversation. Ou elle venait dîner, et c'était une journée heureuse où j'attendais le soir. Après le repas, la soirée continuait en échange de mots et d'idées. Elle me dit maintenant : « Je t'appellerai » ; mais elle ne m'appelle pas. Toutefois, m'apercevant sur la grand'place, elle me crie « Marcel ! », et semble heureuse. Je vais à son terrain. Elle s'y trouve avec François, le vigneron. Elle me le présente ; il m'est sympathique. Elle m'explique que, sur un coteau sans oliviers qu'elle me montre, elle va planter des pieds de raisin muscat. Nous discutons de cépages. Émilienne ne paraît nullement mécontente de ma présence. Notre amitié s'est modifiée. Elle a perdu en intimité, en profondeur – du moins provisoirement ; elle a gagné en naturel. Le fait qu'Émilienne ait été soudainement absorbée par les plans de sa maison, les échanges avec l'architecte, le dossier à établir pour obtenir un permis de construire en plein maquis, cela a été l'occasion, pour elle, de donner, quoique sans préméditation, à notre amitié une inflexion nouvelle. Cela ne me fâche pas. La vie est moins intense. Je n'ai plus l'impression de marcher dans un champ de mines et de boutons d'or. Mais le calme, le cours paisible des choses ont leur agrément. Ce n'est pas comme si mon amour pour Émilienne était fonction de son rapport à moi. Je l'aime pour elle-même. À supposer qu'elle m'oublie, ne sache même plus que j'existe, je serais heureux si je voyais que tout se passe bien pour elle et qu'elle a chance d'aboutir à ce qu'elle veut. Si même je ne sais quelle froideur menaçait mon âme, il me suffirait de regarder une certaine photo pour retrouver dans toute sa force l'émotion d'amour – amour de sollicitude, comme d'un père, d'un frère ou d'un ange gardien. Car sur cette photo, en même temps que ses mains se joignent, que son buste se penche un peu en avant, son visage s'expose et ses yeux prient. C'est une prière qu'elle vous adresse et qu'elle adresse à toute l'humanité : finissez-en avec l'injustice, la violence, la sottise de ne pas vous aimer.

LXXIV

9 octobre

Selon Bergson, les vertus domestiques nous acheminent aux vertus civiques, mais un tel élargissement s'arrête à la cité, à la nation : entre l'amour de la patrie et l'amour de l'humanité, il y a contraste et non continuité. « Qui ne voit, dit-il, que la cohésion sociale est due, en grande partie, à la nécessité pour une société de se défendre contre d'autres, et que c'est d'abord contre tous les autres hommes qu'on aime les hommes avec lesquels on vit ? » (*Les Deux Sources de la morale et de la religion*, p. 28). De sorte que, « entre la nation, si grande soit-elle, et l'humanité, il y a toute la distance du fini à l'indéfini, du clos à l'ouvert » (p. 27).

Bergson a-t-il raison d'assimiler la nation française à n'importe quelle autre ? Je ne le crois pas, ayant dit « ne pouvoir concevoir la France, dans son essence idéale, que comme ouverte à l'universel » (*Diversités*, LXIV).

Car la France a été formée par deux traditions négatrices de toute limitation et arrêt à la sphère particulière

– deux traditions d'universalité : la philosophie et la raison grecques, le christianisme. Or, que nous dit Bergson ? « À travers Dieu, en Dieu, la religion convie l'homme à aimer le genre humain ; comme aussi à travers la raison, dans la raison par où nous communions tous, les philosophes nous font regarder l'humanité pour nous montrer l'éminente dignité de la personne humaine, le droit de tous au respect » (p. 28).

L'esprit de la Révolution française est transnational. Les hommes de l'Assemblée constituante « n'étaient pas des Français, c'étaient des hommes universels », dit Lamartine (*Histoire des Girondins*, livre VII, chap. I), et la Déclaration du 26 août 1789 parle de l'« homme ». L'esprit de la Commune de Paris était également transnational, comme aussi l'esprit de la Résistance et de la Libération, dans la lutte contre le nazisme.

Ainsi, il ne faut pas opposer la nation et l'humanité comme le clos et l'ouvert. Si l'on considère la nation française, il y a les deux côtés : le clos et l'ouvert. On peut parler, si l'on veut, de la France idéale et de la France réelle, mais la France idéale peut être quelquefois très réelle.

LXXV

10 octobre

Le 1er juillet 2001, j'avais reçu de Noceta (Haute-Corse) un fax signé Émilienne et ainsi rédigé : « Je viens de recevoir, avec grande joie, votre adresse et votre numéro de fax, par mon père à qui j'avais demandé de m'aider à vous retrouver : pour moi, cela m'était difficile, car j'habite un tout petit village au milieu de la Corse, et suis souvent dans les collines ou le maquis, avec les chèvres et les brebis. »

Aujourd'hui, j'ai voulu me risquer à arpenter, avec ma Clio, les routes de montagne, car, après en avoir bien des fois rêvé, je ne pouvais attendre plus longtemps ce moment où je me retrouverais dans le village qui avait vu vivre Émilienne. Ce village m'a paru très beau, lorsque je l'ai vu de plus haut, venant de Vezzani, où j'avais déjeuné, et m'étant arrêté pour dire à Émilienne, sur mon portable, un bonjour des lieux présents dans sa mémoire mais que je découvrais, n'y ayant rencontré, du reste, ni chèvre ni brebis, mais seulement des cochons noirs à l'aise sur la route. Sans doute parce que j'y passais à l'heure du repas, je n'avais vu âme qui vive à Noceta, et l'impression d'être hors de tout secours en cas d'ennui se confirmait, en contradiction avec l'activité que les lettres d'Émilienne, il y a sept ans, me laissaient supposer. Mais abîmes, profondeurs, ou collines couvertes de maquis, ou monts escarpés et rocheux, partout la nature insistait, insoucieuse de l'homme, et la beauté sévère s'imposait. Émilienne, tout en gardant chèvres et brebis, devait se sentir dans une paix profonde avec ce qui l'entourait. L'âme de la montagne et la sienne s'accordaient. Aujourd'hui, je reviens de Noceta, de Rospigliani et de Corte (car je n'ai pu manquer de revenir à Corte, place Paoli, où Émilienne et moi avons vécu, le 24 avril, un moment heureux, à déjeuner ensemble au « Plat d'Or »), avec l'intention de ne pas seulement m'en approcher, mais de me pénétrer de leur esprit et de leur âme, cela afin de trouver dans cette expérience de la montagne une aide pour comprendre Émilienne. Comment nier que, sur ce point, j'aie des progrès à faire ? Émilienne n'est pas contente de moi. Je l'ai appelée ce soir. J'ai eu son répondeur. Elle pourrait me rappeler. Mais elle ne le fera pas. Or, si elle n'est pas contente de moi, ce n'est pas sans raison. Moi-même, du reste, ne le suis pas davantage.

LXXVI

11 octobre

La troupe de théâtre Helios Perdita a présenté aux élèves de Porto-Vecchio, Prunelli di Fium'orbu, Cervione et Corte, la lecture de l'*Iliade* revue par Alessandro Baricco. Cela s'est passé sur ce lieu mythique qu'est le site antique d'Aleria, au reste dans un cadre de verdure naturel, voué au calme et au silence ; après quoi eut lieu la visite du musée, au fort d'Aleria. Le metteur en scène, Théo Kailer, explique : « L'*Iliade* chante cinquante et un jours de la dernière année d'une guerre de dix ans qui prend fin avec la conquête et la destruction de Troie. Alessandro Baricco inscrit le récit dans une problématique moderne, dont toute trace du sacré est dissoute et propose une version dont les dieux sont absents. Les personnages d'Homère, qui racontent leur histoire de passion et de sang, leur grande guerre, leur grande aventure, trouvent des accents très contemporains » (cité par *Corse-Matin*). Mais Homère sans les dieux, sans Zeus, sans Athéna, sans Phoebos-

Apollon, sans Arès, sans Aphrodite, sans Poséidon, et Achille sans Thétis, c'est Homère sans sa profondeur de rêve, sans le sacré, sans le mystérieux embellissement des choses humaines par la réflexion divine, ce n'est plus Homère – puisqu'il y manque la poésie, c'est-à-dire tout.

LXXVII

12 octobre

J'apprends, par *Corse-Matin*, que quatre mineurs se sont suicidés à la maison d'arrêt de Metz-Queuleu, et qu'il y eut trois tentatives de suicide, cela en quelques mois. Bien que l'on ne puisse parler ici d'« épidémie », cela m'a fait songer à l'épidémie de suicides qui affecta, selon Plutarque et Aulu-Gelle, la population des jeunes filles de Milet qui, toutes, soudain, sans aucune cause visible, furent prises du désir de mourir et dont beaucoup d'entre elles perdirent la vie par pendaison. Ni les larmes des parents, ni les exhortations des amis ne pouvaient les détourner de leur résolution, et elles venaient à bout de tromper la vigilance et l'adresse de ceux qui veillaient sur elles. Or, « comme les suicides se faisaient plus nombreux chaque jour, et qu'on ne pouvait donner de remède à l'âme de ces jeunes filles persistant dans leur désir de mourir, les Milésiens décrétèrent que toutes celles qu'on trouverait mortes le corps pendu seraient portées en terre nues, avec le même lacet dont elles seraient liées ». À la suite de ce décret, continue Aulu-Gelle (*Nuits attiques*, XV, 10), les jeunes filles « furent détournées de chercher la mort par suicide par la seule honte de funérailles aussi déshonorantes ».

Ainsi, le suicide n'était nullement la preuve d'un manque de vertu, observe Plutarque (*De mulierum virtutibus*, 249 b), puisque ces jeunes filles, qui n'ont pas craint la douleur et la mort, reculent devant la honte que leur vaudrait l'impudeur.

Leur suicide, à l'exemple les unes des autres, était un suicide par solidarité. Voici un exemple de ce que j'entends par là. J'étais sur le terrain d'Émilienne. Jean-François, qui s'occupe d'irrigation, avait fini son travail. Il alluma une cigarette. Émilienne fit aussitôt de même : signe de solidarité. Le soir au dîner, je prends du vin. « En veux-tu ? dis-je à Émilienne. – Un peu, pour faire comme toi », c'est-à-dire comme signe d'un certain être-ensemble et d'amitié. Ainsi pour les Milésiennes.

Mais lorsque chacune songe à son corps porté nu à travers la place publique, elle n'est plus avec les autres, elle est *seule*, il n'y a plus de complicité, de solidarité. La honte ne se partage pas. Alors la pensée de son corps nu livré aux regards lui fait rompre le charme qui la liait aux autres, et elle renonce au suicide, le désir de mort s'étant évanoui.

LXXVIII

13 octobre

Après que ma Clio fut venue à bout, avec honneur, de l'effroyable route qui, à partir de Campo Quercio, mène aux villages de la montagne, elle se trouva néanmoins, dans le village d'Antisanti, en fâcheuse posture, un parpaing en bord de route s'étant encastré sous elle. Des touristes secourables nous apportèrent, à elle et à moi, une aide précieuse : l'un d'eux, à l'aide d'un cric, souleva la voiture juste assez pour retirer l'objet gênant. Or, le soir – hier soir –, contant l'affaire à Émilienne, je la sentais impatiente de savoir si tout s'était bien terminé pour moi, et je hâtai mon récit pour ne pas la faire languir. Ainsi, au téléphone, elle est elle-même, comme aussi lorsque je la vois arrosant ses oliviers ou cueillant des olives, étant allé sur son terrain. Cependant, elle est toujours réticente à me rencontrer – au restaurant ou chez moi. « Je t'appellerai », dit-elle. J'attends... Or, ma réaction à cette retenue, qui n'est pas un délaissement, ne serait pas ce calme profond, le mien aujourd'hui – qui n'est pas indifférence –, si j'étais amoureux d'Émilienne à la façon ordinaire. Être amoureux serait souhaiter une certaine sorte de rapport avec elle. Mais c'est elle-même que j'aime, indépendamment de son rapport à moi. Elle me laisse de côté, soit ! car je me laisse moi-même de côté. Son indépendance d'âme, de cœur et d'esprit, sa nature sauvage sous couvert de courtoisie, son refus des compromis, son intransigeance dans son attachement aux valeurs primitives et foncières, son absoluité, tout cela d'où résulte la difficulté de ses rapports même, ou plutôt surtout avec ses amis, cela, dis-je, dessine une personnalité qui me laisse dans le ravissement, mais aussi dans l'impatience d'en savoir plus.

LXXIX

14 octobre

Dans cette lettre d'août 2001 que j'ai reproduite ici à la date du 2 août, Émilienne parle de Dieu (« Dieu seul sait le pourquoi de notre rencontre »), de Zeus (plutôt que mort, « mieux vaut être vivant et glorifier Zeus »), des dieux immortels (« je contemplerai les mille et une merveilles de ce monde, de la vie en toute sa gloire, du ciel étoilé et des dieux immortels »). Qu'est-ce que cela signifie ? Émilienne est-elle monothéiste ? polythéiste ? Elle n'est pas monothéiste si cela implique la croyance en un Dieu transcendant, comme dans le judéo-christianisme ; son dieu est immanent. Elle n'est pas polythéiste, si cela implique que l'on croie vrai ce qu'Homère dit des Olympiens. Cependant, elle poétise le monde à la façon d'Homère. Les dieux immortels sont associés au ciel étoilé pour que le ciel étoilé signifie au-delà de lui-même ; avec lui, ils signifient la beauté immatérielle du ciel matériel. Émilienne est subjuguée par la beauté du monde : sa beauté la met sous le joug. Cette beauté, qui est au-delà de tout ce qui est humain ou matériel ou simplement vivant, ne peut être que divine, et l'amène à parler de dieu. Ce dieu n'est pas une personne, bien qu'il soit, d'une certaine façon, la clef de toutes choses. Car toutes choses, comme par exemple notre rencontre, se réalisent sous l'effet d'une propension universelle vers la beauté. Et le sens de notre rencontre a été de faire qu'il y ait un peu plus de beauté dans le monde, où il apparaît que j'ai quelque peu manqué à bien jouer mon rôle, provoquant une certaine déception chez Émilienne. Émilienne croit à et en son dieu, et son dieu lui est présent par l'effet de cette croyance même, laquelle n'est nullement illusionnante ; elle est, au contraire, révélatrice de l'aspect le plus réel du réel : l'aspect divin, c'est-à-dire l'aspect par lequel il est pure gratuité, bonté et beauté. Comme il y a des sens sensoriels, il y a, chez Émilienne, un sens mystique, et de même que les sens sensoriels sont les révélateurs des qualités sensibles, le sens mystique est le révélateur d'un aspect du réel qui échappe à la vision et à l'intuition communes. Dieu est caché ; il se révèle à qui y croit.

LXXX

15 octobre

J'ai été avec eux – Émilienne également – lorsque, il y a près de deux mois, les Ossètes du Sud et les Abkhazes ont fait sécession d'avec la Géorgie, ont prétendu former deux États indépendants, et elle et moi nous sommes réjouis lorsque, le 26 août, la Russie a reconnu l'indépendance de ces États. « La souveraineté réside dans le peuple : elle est une, indivisible, imprescriptible et inaliénable », nous dit la *Déclaration des droits de l'homme et du citoyen* de 1793. Aux peuples ossète et abkhaze appartient le droit de se gouverner eux-mêmes. Vers la fin de la Première Guerre mondiale, le président des États-Unis, Woodrow Wilson, revendiqua pour les peuples le droit à disposer d'eux-mêmes, et le programme en « quatorze points » qu'il imposa à la conférence de la Paix (janvier 1919) était fondé sur ce principe. De ce principe, l'indépendance de l'Ossétie du Sud et de l'Abkhazie nous parut, à Émilienne et à moi, n'en être qu'une simple application.

Les Occidentaux, sous tutelle américaine, refusèrent cependant de la reconnaître, lui opposant le respect des frontières au nom du droit international. Il est évidemment ridicule d'accorder à des tracés arbitraires une primauté sur la volonté des peuples. Mais il est vrai que le principe du droit des peuples à disposer d'eux-mêmes ne doit pas être absolutisé. Il est des cas où la communauté internationale, supposée libre de toute influence particulière d'un grand État – ainsi que l'est, par exemple, une juridiction internationale comme la Cour permanente de La Haye –, aurait le droit d'imposer une limitation à la souveraineté d'un État. De quels cas s'agit-il ? Évidemment des cas où un État, quoique gouverné selon la volonté populaire (Hitler parvint au pouvoir démocratiquement), serait essentiellement irrespectueux des droits de l'homme. Autrement dit, le racisme d'État ne devrait pas être toléré par la communauté internationale. Mais il n'y a rien de tel en Abkhazie et en Ossétie du Sud qu'un racisme d'État. Si la communauté internationale ne reconnaît pas leur pleine souveraineté, c'est qu'elle n'est pas libre de l'influence politique d'un grand État.

LXXXI

16 octobre

L'image qu'Émilienne se fait de moi, telle qu'elle résulte des propos qu'elle m'a tenus hier soir, et que je n'ai pu corriger, car elle n'était pas en phase d'écoute, cette image me semble celle d'un autre, d'un étranger. Je ne m'y reconnais pas, et je suis certain qu'aucun de mes proches ou de mes amis, ou amies, ne m'y reconnaîtrait. Cette image est une construction qui relève d'une sorte de psychologie banale de manuel, où ma personnalité, en ce qu'elle a de singulier, n'est nullement prise en compte. Il est vrai qu'Émilienne a souvent une intuition juste de mes états d'âme, par exemple de ma tristesse du moment ; à cet égard, elle montre plus de pénétration que tel ou tel de mes amis. Mais l'image elle-même n'est pas faite de données, mais plutôt de spéculations sur les mobiles, tendances ou dispositions sous-jacentes à mes émotions ou humeurs immédiatement perceptibles. Émilienne ne voit pas à quel point l'intérêt pour les idées en vue de la vérité domine mon être, et à quel point je suis foncièrement détaché de moi-même et peu soucieux de me faire valoir. Le « souci de soi » n'est pas mon souci ; c'en est même tout le contraire. Et l'examen de conscience, avec ses réponses fabriquées, ne m'a pas laissé de bons souvenirs. Je crois qu'il faut laisser de côté le « moi » et le « soi », et aller aux choses mêmes et à la vérité.

LXXXII

17 octobre

Je ne puis rien imaginer qui jette une ombre sur l'amitié qui me lie à mes amis corréziens – les Pierre, les Claude, les Jean, les Yvon, les Daniel, les Albert, les Michelle. Ce sont des amitiés fermes comme le roc, vivantes et cependant de tout repos. C'est d'une tout autre façon que l'amitié qui nous lie, Émilienne et moi, est vivante : non pas comme un champ de blé mûr qui repose sous le soleil d'été, mais comme le moût de raisin qui fermente et bout dans une cuve. Car je l'ai blessée, elle m'a blessé ; nous gardons des meurtrissures. Mais cependant, elle va à nouveau venir dîner. Elle prétend que l'amitié entre nous est inégale, elle ayant moins besoin de moi que moi d'elle. C'est qu'elle a son rempart derrière lequel, toute à son dieu, elle se met à l'écart des humains. Mais j'ai aussi mon rempart. Notre amitié, comme tout ce qui est d'extrême qualité et intensité, est fragile. De petites blessures, s'ajoutant, peuvent finir par harasser. Que notre amitié se brise est chose possible, quoique inimaginable pour le moment. Or, en ce cas extrême, où je retomberais dans ma solitude, je ne regretterais pas pour autant d'être venu en Corse, bien que j'y sois venu pour Émilienne. Car je suis avant tout philosophe – tel est mon rempart –, et l'on peut philosopher partout. Où que je sois, je serai toujours aussi près de ce qui m'est essentiel. Du reste, comme être philosophe, c'est vouloir le vrai, et comme la vérité est aussi ce que veut Émilienne avant toute chose, notre rupture, si elle devait intervenir jamais, ne saurait empêcher que, par ce qui nous est essentiel, nous ne restions unis. Cependant, de cette union, ou unité, nous serions conscients inégalement – moi plus qu'elle : de là, une discordance.

LXXXIII

19 octobre

Le 3 octobre, je me référais à l'opinion d'Yvon Quiniou, selon qui « la croyance religieuse porte sur un au-delà du monde naturel ». Je lui opposais que pour le polythéisme, il n'y a pas d'au-delà de la nature ou du monde, et le polythéisme est pourtant une religion.

Mais par « au-delà », on peut songer non à un au-delà de la Nature, qui est le Tout pour les Pluralistes grecs, ou du monde, qui est le Tout pour les Platoniciens, mais simplement à « ce qui vient après la vie terrestre » (*Petit Larousse*).

Pour que la réfutation de l'opinion d'Yvon Quiniou soit complète, il convient de montrer que « ce qui vient après la vie terrestre » ne se situe pas ailleurs que dans le monde. Car après la mort, l'on va aux Enfers, qui sont la partie basse du monde.

Après que les trois enfants de Cronos et de Rhéa, Zeus, Poséidon et Hadès, eurent vaincu les Titans – dont

Cronos, leur père –, ils se partagèrent le monde, Zeus obtenant le Ciel, Poséidon la Mer et Hadès le monde souterrain, les Enfers, où il règne sur les morts. Toutefois, les Enfers proprement dits ne sont pas la région du monde la plus profonde. Cette région, qui est autant au-dessous des Enfers que le Ciel est au-dessus de la Terre, est le Tartare. Là sont ceux qui ont haï leurs frères, maltraité leurs parents, trompé leurs pupilles ; là gémissent les serviteurs infidèles, les citoyens traîtres à leur patrie, les avares, les rois qui ont fait des guerres injustes. C'est là que sera George Walker Bush, qui, en 2003, sur de fausses raisons, engagea contre l'Irak une guerre profondément criminelle.

Or, si on lit, dans l'*Anthologie grecque*, les épigrammes funéraires, l'on constate que, pour un Grec, mourir c'est aller « chez Hadès », « dans la demeure d'Hadès » (ἐν δόμῳ Ἅιδου), c'est-à-dire « sous terre » (ὑπὸ χθονός), donc nullement hors du monde. Empédocle mort est « sous terre » (*Anthologie palatine*, VII, 43) ; le rieur Démocrite, pour qui tout est sujet de rire, dit : « Me voilà gisant sous une tombe : de quoi rire ! » (*ibid.*, 56), etc. Quant au batelier Charon, aux trois juges, Minos, Éaque et Rhadamante, ce n'est sans doute que légende. Néanmoins, on met une pièce de monnaie dans la bouche du mort pour payer le passage (ναῦλον, naulage) à Charon. Et, à l'exception des traîtres à la patrie et des grands criminels, dont les cadavres, abandonnés sans sépulture, sont la proie des bêtes sauvages, on fait aux morts l'honneur des funérailles, afin que leur ombre ne se traîne pas errante sur les bords du Styx, sans pouvoir entrer dans le royaume d'Hadès et accéder, peut-être, au séjour des bienheureux. Après la bataille des Arginuses (406), les Athéniens condamnèrent à mort leurs stratèges pour avoir laissé les morts sans sépulture (cela malgré l'opposition de Socrate, car les généraux avaient été empêchés d'accomplir leur devoir par une tempête).

LXXXIV

21 octobre

Parlons des funérailles. Les cérémonies funèbres, avec les rites que la coutume impose, les lamentations ou les chants sacrés, tout le cérémonial, par exemple, et la solennité des messes d'enterrement, cela n'a de sens que par le mort, pour autant qu'il n'est pas rien mais est encore quelque chose. Pour les Grecs, il n'est plus que l'*ombre*, εἴδωλον, laquelle est immatérielle comme l'âme, mais a la figure du corps du mort et en offre la parfaite ressemblance.

Si l'on croit que le mort n'est plus rien, ayant été détruit par la mort, on peut dire avec Héraclite, de façon outrageante pour les sentiments grecs habituels, que « les cadavres sont à rejeter plus encore que les fumiers » (fr. 92 C = 96 DK) – lesquels, quoique répugnants, sont une production de la vie. Dans le même esprit, Diogène, parlant pour lui-même, demande simplement que son cadavre soit jeté à la rivière : « Diogène de Sinope, mortellement malade, se traîna jusqu'à un pont qui était près d'un gymnase. Il se laissa échouer à cet endroit et chargea le gardien du gymnase de le jeter dans l'Ilissos dès qu'il aurait rendu l'âme – tant Diogène faisait peu de cas de la mort et de la sépulture » (Élien, *Histoire variée*, 8.14).

Je penche vers la position d'Héraclite et de Diogène, car j'ai peine à croire que quelque chose qui serait mon « âme » vivra encore après ma mort. Seuls mes livres parleront aux hommes de l'avenir de moi et de mes rencontres. Par eux, je me survivrai au mieux durant quelques siècles – si c'est là le temps qu'au train où vont les choses il reste à l'humanité à vivre sur la terre.

Qu'en sera-t-il de mon cadavre ? J'ai souhaité être inhumé, ou plutôt enseveli (car l'inhumation implique les cérémonies d'usage), dans le terrain d'Émilienne, au haut du champ des oliviers, près de sa maison. Elle a dit qu'elle le permettrait. Les Grecs avaient le droit d'ensevelir les morts, qu'il s'agisse de leurs proches ou des amis, dans leurs propres champs. Aujourd'hui, il restera à obtenir l'autorisation. S'il fallait se résoudre à une autre solution, pourquoi, suivant la coutume des anciens Perses, ne pas abandonner mon cadavre à l'air libre ? On l'exposerait au monte Cinto, où il serait la proie des milans, des vautours et des aigles.

C'est ainsi du moins que les choses m'apparaissent aux premières heures d'une journée où ne point aucun espoir de joie.

LXXXV

22 octobre

J'ai reçu de Bojena Ostrowska la lettre suivante, datée de Paris, 19 octobre 2008 :

> Quand Bouddha dit qu'« il n'y a que la Souffrance », je me sens redevable pour cette pensée, tellement elle m'est proche ! Il y a des jours où je reste prostrée devant elle, recroquevillée, silencieuse, calme, humble… : elle est le tout de mon être, son essence même et sa vérité. Je suis un être sensible, donc je suis un être souffrant. Il y a des jours où la souffrance me submerge, me suffoque. C'est la souffrance-monde, ultime : souffrance psychologique (et aussi la souffrance physique qui l'accompagne) qui enveloppe et englobe le Tout de la réalité. C'est ma métaphysique ! Elle s'ouvre sur l'abîme du monde, l'abîme de la vie, l'abîme de l'homme. Il n'y a rien qui la calme, rien qui serait susceptible de l'annuler, ou de la dépasser, ou de la contenir. C'est ainsi ! Je vis dans l'inconsolable. Aucun principe, dogme ou concept ne l'apaise. Elle est Tout et dit le non-sens du Tout : ma raison s'incline.

Mais sans elle, l'homme ne serait rien. Elle est la possibilité, ou la cause (?) de la charité. La souffrance qui habite l'homme le projette hors de lui, lui ouvre la voie vers l'Autre, et même au-delà. C'est à partir de notre souffrance que nous comprenons celle de l'Autre. C'est la voie vers l'autre et la seule : l'homme seul est capable d'empathie. L'homme est médiocre (moi aussi), mais s'il est dans la Charité, il est dans la Vérité, et il *est*. L'homme n'aime pas l'homme. L'amour entre les hommes n'est pas possible (personne n'aime personne), mais la charité est possible, la miséricorde est possible, la compassion est possible. Ici, je vise le chapitre XXII, « Dieu », de votre *Journal étrange III*. Katherine Mansfield écrit qu'elle a foi en l'Amour. Marcel applaudit. Mais je dis : remplaçons « Amour » par « Charité ». Je préfère : c'est plus pertinent, plus vrai, moins idéaliste et moins déiste !

« Dieu » n'était pas dans l'Amour quand il a créé le monde conçu comme chaîne alimentaire qui fixe la loi du vivant. Les animaux n'ont pas le choix : pour vivre, ils chassent. Ils sont sans liberté (sans possibilité d'agir autrement). Leur souffrance est infinie (mais ce n'est pas une souffrance morale). Théodore Monod, qui a passé trente ans au Sahara, avouait à un journaliste que le plus difficile pour lui, c'était de supporter « l'infinie souffrance des animaux du désert » (allez voir le film *Famille suricate* : un suricate sur trente survit dans les conditions extrêmes et l'aridité du désert). La métaphysique, dites-vous, Marcel, traite du Tout à partir de tout, spécialement de la souffrance. Alors, il faut penser à partir de l'animal, de l'absurdité de sa vie sans raison (sinon sans intelligence) et sans conscience de soi, de l'infinie souffrance liée aux conditions de sa survie. Peut-on affirmer la « bonté » du monde, ou voyons-nous là l'horreur du Tout ?

Mais que dire quand l'homme tombe plus bas que l'animal, torturant l'enfant (thème cher à Marcel), ou devenant un tueur psychopathe, sans plus aucun sens moral, n'éprouvant ni regret, ni honte d'avoir tué, torturé ? L'aimer ? Non ! Ne reste que la Charité, l'immense compassion pour celui qui ne subsiste que comme quasi-animal, sans liberté, sans vérité.

LXXXVI

23 octobre

Un livre fait gagner des amis et en fait perdre. Il vaut mieux en perdre qu'en gagner. Car si des lecteurs, jusque-là amis, se détachent de vous, c'est là un progrès certain ; mais si des lecteurs non encore amis s'attachent à vous, c'est là un progrès incertain. Les premiers n'étaient amis que sous condition que l'on n'écrive rien qui puisse leur déplaire : c'étaient des amis conditionnels, non absolus et non vrais. Cela, que l'on soupçonnait peut-être, maintenant on le sait. Être délivré du semblant et du faux, c'est un soulagement, une purification – une *catharsis*. Olga n'est plus mon amie, car, dans mon *Journal*, je n'ai pas parlé d'elle ; Julienne ne l'est plus car je l'ai blessée dans sa croyance. Alcide se détache de moi car j'ai soutenu une opinion qu'il refuse ; quant à Estelle, elle ne me pardonne pas mon mépris pour un best-seller qu'elle a admiré, etc. Il eût fallu que je parle d'Olga, que je prenne des gants avec les superstitions de Julienne, que je taise mes sympathies propalestiniennes ou prorusses, que je confonde bon et mauvais goût, roman écrit et roman fabriqué, littérature et marketing. Mais je n'ai aucun souci de plaire, et je ne suis au service de personne. Il m'importe seulement de dire et d'écrire sans dévier de ce qui me semble juste et vrai. Les lecteurs déçus ou mécontents sont mortels et leurs sentiments sont mortels. Mais à côté de ceux qui s'éloignent, d'autres viennent à moi. Ils se sont trouvés en affinité avec ce qu'ils ont lu de moi. Souvent, avant même de m'écrire, ils se sont pensés en amitié avec moi. Seront-ils de vrais amis ? Peut-être, peut-être non, car bien des aspects de ma personne, qu'ils ignorent, ne leur apparaîtront que peu à peu, et certains pourront les rebuter. Souvent, ils souhaitent me rencontrer. La rencontre apporte une infinité que la seule lecture ne donne pas. J'ai parlé, le 13 octobre, du secours que, dans le village d'Antisanti, m'apportèrent Gérard et Helga Boulay et leur amie. Or, ils ne voulurent pas repartir sur le Continent sans, la veille de leur départ, passer me voir. Les mots, les sourires ont dit qu'une amitié naissait. Il faudrait bien des heures de lecture pour égaler une simple rencontre.

LXXXVII

25 octobre

Lorsqu'on parle de « vie chère », de « vie difficile », de « vie de chien », de « vie de château », de « vie de bohème », de « vie heureuse », etc., ou lorsqu'on s'exclame : « quelle vie ! », on ne dissocie pas le fait de vivre de la façon dont on vit. Cette dissociation intervient lorsque la mort menace : elle n'est pas encore là, mais elle s'approche. L'on s'aperçoit alors que, même si les conditions de vie sont détestables, il y a quelque chose qui a un prix infini : la vie même. 1941. Les Allemands avancent vers Moscou. Ina Konstantinova a dix-sept ans. Elle a peur. Ce sera bientôt la fuite, l'exode. Alors elle se répète le vers de Maïakovski : « La vie est belle et il fait bon vivre » (cf. *Avec des « si »*, XXXVII). 1943. Etty Hillesum est au camp de Westerbork, en Hollande. Elle voit les juifs remplir les trains de marchandises à destination de Sobibor, puis d'Auschwitz. Elle s'attend à ce que ses parents, son frère soient déportés, et elle-même (c'est ce qui aura lieu). Or, dans son journal et ses lettres (cf. *Une vie bouleversée*, Seuil, 1995), elle parle, d'une part, de l'infinie misère humaine (« misère indescriptible ; dans les grandes baraques, on vit vraiment comme des rats dans un égout, on voit beaucoup d'enfants dépérir », p. 286), d'autre part, de la bonté de la vie : « La vie est une chose merveilleuse et grande » (p. 288). Elle se plaint : « J'aimerais avoir un oreiller » ; l'absurdité l'entoure (car ce sont des juifs qui établissent les « listes de convoi » et choisissent, chaque mardi, les juifs à déporter : « On joue avec nous un drôle de jeu, mais nous nous prêtons à ce jeu, et ce sera notre honte ineffaçable aux yeux des générations à venir », p. 295). Et pourtant, elle dit : « La vie est belle et pleine de sens dans son absurdité... » (p. 149). Certes, on ne comprend pas la vie, tant elle contient de contrastes et de paradoxes. Mais Etty écrit encore, le 2 septembre 1943, alors que, le mardi suivant, elle sera « du convoi » : « Cette vie, dans sa profondeur insaisissable, est étonnamment bonne » (p. 343). Toutes les difficultés, les tracas, les misères, les abominations de la vie, sont l'inessentiel : « la vie est bonne *par essence* ». La mort entraîne l'analyse de ce qui est ordinairement confondu et la disjonction de l'essentiel d'avec l'inessentiel. La pensée constante de la mort est aussi la pensée constante du prix infini de la vie.

LXXXVIII

28 octobre

Scène de la vie en Corse : après quatre mois sans pluie, les orages et les pluies surabondantes sont venus, les routes sont coupées ou sont des ruisseaux, les chemins de terre sont de la boue et ma Clio s'embourbe dans le chemin qui mène au terrain d'Émilienne. Émilienne entend le crissement des pneus dans la boue, appelle Noël ; eux deux poussent la voiture (avec l'aide d'un ouvrier) et me sortent de là. J'avais écrit à Émilienne et j'allais mettre la lettre dans sa boîte, lorsque l'idée m'était venue de la lui porter sur son terrain, où je savais qu'elle était, à réparer les dégâts causés par les eaux. C'était une suite à nos échanges de la veille, alors que nous avions dîné ensemble au restaurant « L'Empereur ». La voici, telle que je puis la reconstituer :

> Chère Émilienne, je t'ai sentie non seulement gaie, mais heureuse : si tu pouvais être toujours comme hier soir !

– Châtaignes : cuites comme tu m'as montré qu'il fallait faire, elles sont délicieuses, et ont fait mon repas de midi ; toutefois, la peau fine se dépiaute mal. – Bonheur : tu as prétendu qu'il y avait d'autres grands bonheurs que celui des amoureux qui se « correspondent » (qui, pour moi, est le seul Bonheur avec une majuscule, bien que ne l'ayant pas connu). Je pense que tu disais cela pour m'éviter de tomber dans la jalousie : j'ai senti, de ta part, une sorte d'affection allant au-delà de l'amitié. Tu voudrais m'éviter la souffrance. – Choix de vie. J'ai choisi le travail, et rejeté les chances de bonheur que j'aurais eues avec les jeunes filles que j'aurais rencontrées. C'était le choix de mon père, celui qu'il voulait que je fisse : il fallait que je me prive du bonheur dont je l'avais privé. C'est seulement par la philosophie – domaine qui lui était étranger – que je me suis libéré de mon père. Là, c'est moi. Ma vie « amoureuse » (!) est restée sous son contrôle. – Bonheur futur. Tu as dit que je connaîtrais un grand bonheur. Je suppose que tu avais en vue le fait pour moi d'occuper ton appartement au fort d'Aleria, lorsque ta maison de bois serait construite et à sa place, au sommet de la colline des oliviers. – Contrôle de soi. L'on doit pouvoir contrôler ses réactions, disais-tu. Oui. La difficulté est que, lorsque l'homme est « émoustillé », il a souvent affaire à une réaction involontaire du corps (bien sûr, ensuite, la volonté a son rôle). À bientôt. Marcel.

LXXXIX

29 octobre[1]

Chère Émilienne, tu crois à et en ton dieu (j'écris « Dieu » avec une majuscule lorsqu'il s'agit du Dieu transcendant du judéo-christianisme, « dieu » sans majuscule lorsqu'il s'agit du dieu immanent). Cependant, ta foi est bien autre chose qu'une croyance. Pour la comprendre, il faut, me semble-t-il, la penser comme étant en soi une révélation.

On peut dire : tu crois en ton dieu, alors tu te figures que… La croyance serait facteur d'illusion. Je crois que la Terre tourne autour du Soleil : je le crois parce que je sais que c'est vrai. La croyance n'est pas facteur d'illusion si elle se fonde sur un savoir. La croyance en dieu n'est pas non plus facteur d'illusion si elle se fonde sur une foi.

La foi est un sens spirituel.

1. Je reviens sur ce que j'ai écrit le 14 octobre, où j'ai manqué à distinguer la foi et la croyance.

J'ai dit que, pour moi, les sens sensoriels ne nous illusionnent pas sur le monde, mais au contraire sont les révélateurs du monde. Les qualités sensibles appartiennent aux choses mêmes. L'arbre est vert *pour* le sens de la vue. Oui : c'est-à-dire que grâce au sens de la vue, on le voit comme il *est* : vert. Grâce à la longue-vue, je vois un homme sur le bateau lointain. Dira-t-on que c'est un homme « pour la longue-vue » ?

Je dis de même : la croyance, si elle est foi, loin de nous illusionner, nous révèle, au contraire, un aspect du réel qui échappe à celui qui est incapable de foi : l'aspect divin.

Autrement dit : dieu, comme absolu de beauté et de bonté, est caché pour la vue commune des hommes. Il reste inaperçu pour qui ne veut ou ne peut accomplir l'ouverture de la foi. Il se révèle à qui a la foi.

Selon Émilienne, dieu a toujours été là, comme en attente. Le monde attend que l'homme, au lieu de le soumettre (de s'en vouloir « maître et possesseur »), ait des yeux pour le voir et l'aimer.

XC

30 octobre

Chère Émilienne, tu m'avais parlé d'un grand Bonheur pour moi, à venir. Je ne voyais pas ce que cela pouvait être. Je ne vois aucune chance de Bonheur pour moi, dans l'avenir. J'avais fini par songer au bonheur que ce sera d'occuper ton appartement au fort d'Aleria, alors que ta maison de bois aura été construite et que tu y seras. Tu me dis maintenant qu'il fallait songer au Bonheur que pourrait me donner l'Amitié.

Mais hélas ! ce bonheur ne peut être le grand bonheur, le Bonheur avec un grand B, car notre amitié ne peut être l'Amitié avec un grand A.

En voici la démonstration :

Je distingue : 1) L'amitié sans majuscule. On ne se dit pas *tout*. Elle comporte une zone d'ignorance, ZI. Elle donne le bonheur. 2) L'Amitié avec une majuscule. On se dit *tout*. Pas de ZI. Elle donne le grand Bonheur.

Qu'en est-il de notre amitié ?

Je t'ai dit : dans ta constellation, deux grands soleils gravitent autour de Toi : ton dieu et l'homme que tu aimes. Je ne suis qu'une petite planète (j'ai dit : une petite étoile, mais à la réflexion, c'est trop).

Tu as dit : il vaut mieux voir les choses dans leur vérité.

D'autre part, tu as dit : il y a l'homme que j'aime, mes rapports avec lui ne te concernent pas. Donc : ZI.

Conclusion : entre nous, amitié et bonheur, mais sans majuscules.

La petite planète que je suis se contente de cette situation.

Toutefois, notre amitié n'est pas équilibrée : j'apporte une Amitié avec majuscule dans une amitié sans majuscule.

Mais la réalité est faite de contradictions, dit Héraclite.

XCI

1er novembre

J'ai rencontré Émilienne devant le Super U, alors qu'elle portait des deux mains un lourd bidon de pétrole, dont elle venait de faire l'achat : elle entend se chauffer au pétrole, plus économique que l'électricité. Elle a lu ma lettre sur l'amitié et la conteste. Le postulat sur lequel elle repose – et d'après lequel, dans l'amitié idéale, on doit tout se dire –, ce postulat est erroné. L'amitié, dit Émilienne, n'a rien à voir avec la question de savoir si l'on se dit « tout », car elle repose sur des valeurs : les amis sont deux âmes (incarnées) pareillement orientées – vers les mêmes valeurs.

J'admets cela. Mais l'une de ces valeurs, et peut-être la plus importante, est la vérité. N'est-il pas souhaitable que notre ami sache toujours, autant que possible, ce que l'on est, ce que sont les choses, ce que l'on fait, afin qu'il n'aille pas se figurer des choses fausses ? Par exemple, il était bon de savoir, en 1942-1944, que l'ami était pour la Résistance, qu'il n'était pas « collaborateur ».

Il y a, certes, une différence entre mentir et ne pas tout dire. Si l'ami ne pose pas de questions, pourquoi répondre à des questions qu'il ne pose pas ? Mais s'il ne les pose pas, souvent il se les pose. Or, il faut éviter que le silence ne s'instaure. En tout cas, il semble qu'on ne doive jamais mentir à son ami.

Émilienne invoque les héros d'Homère. Mais il y a beaucoup de transparence chez Homère. Chacun sait à peu près tout ce qui concerne les autres. Auguste Comte veut que l'on vive « au grand jour ». C'est leur cas. Il me semble que des amis doivent vivre, l'un pour l'autre, « au grand jour ».

XCII

2 novembre

Suite de la discussion sur l'amitié. Bien sûr, la vérité est une valeur, dit Émilienne. Mais il ne faut pas prendre le mot « vérité » en un sens trivial, où il ne s'agit que de l'exactitude. L'amitié forte, comme est et doit être la nôtre, se fonde sur un même intérêt pour la Vérité avec un grand V, une même passion et ardeur pour elle. Il y a ceux qui vivent sans philosopher, se bornant à la vie quotidienne, sans élever leurs regards vers l'infini. Et il y a ceux que hante l'idée d'une Vérité suprême, à partir de laquelle tout s'éclaire, se comprend, voire se justifie, et qui aspirent à saisir cette Vérité et à en vivre. Il est évident qu'un ami de la Vérité ne peut pas être ami avec qui n'est pas ami de la Vérité. Notre amitié, dit Émilienne, se fonde sur une autre amitié : celle que nous avons, l'un et l'autre, pour la Vérité.

Cela est juste, dis-je, et touche à l'essentiel. Néanmoins, la simple exactitude n'est pas méprisable. En pouvant dire où il était à l'heure où s'accomplissait un acte délictueux, un suspect prouve son innocence. Une femme, dont l'emploi du temps est aisément vérifiable, écarte les soupçons d'un mari jaloux. Il semble que, dans un couple, l'un et l'autre doivent vivre en pleine clarté et sans mystère. Mais autre, dira Émilienne, est le cas des époux ou des amants, autre le cas des amis. Des amis comme nous sommes, ou devons être, elle et moi, dira-t-elle, vivons en mettant au-dessus de tout le beau, le juste et le vrai. À partir de là, le lien qui est et doit être entre nous est la confiance. Je n'ai pas à questionner Émilienne quant au détail de ce qu'elle fait, ni à en être curieux. Il me suffit de savoir qu'elle n'agira jamais à l'encontre des valeurs de vérité, de justice, de beauté, sur lesquelles notre amitié précisément repose.

XCIII

4 novembre

Dans *Philosopher à l'infini*, j'ai parlé de l'amour ardent, dont Tristan et Yseult nous offrent le paradigme, comme d'une « création spontanée de la Nature, par laquelle elle n'est plus nature, mais "surnature" et liberté » (p. 155). Dans *La Voie certaine vers « Dieu »*, parlant de l'amour inconditionnel d'autrui, au sens de Jésus, j'ai dit qu'il « nous arrache au plan des sentiments naturels, nous transporte au plan proprement religieux, non naturel, celui de la religion de l'amour » (p. 36).

On m'a objecté : « Vous dites que la Nature est tout ce qu'il y a, vous niez le surnaturel, et, d'autre part, vous présentez l'amour, soit l'amour ardent, soit l'amour évangélique, comme nous faisant passer sur un autre plan que celui de la nature. »

Ma réponse consiste à distinguer deux sens du mot « nature ». C'est ou la Nature avec une majuscule, qui est la *Phusis* grecque, omnienglobante, qui est le Tout et en quoi a lieu tout ce qui se passe et tout ce qu'il y a, ou la nature avec une minuscule, qui n'est pas le Tout mais une partie, et que l'on oppose à la culture, à l'histoire, à l'esprit, à la liberté, etc. C'est la nature constituée, à l'intérieur de la *Phusis* omnicréatrice et se constituant sans cesse.

L'amour ardent des humains qu'anime la passion infinie, et l'amour surhumain de l'Évangile, sont des créations qui vont au-delà du point où la Nature était arrivée jusque-là, et la transcendent – dans une transcendance horizontale –, mais cependant ne sont eux-mêmes que des gestes inanticipables de la Nature comme le Poème universel, toujours inachevée, indéfiniment inventive de nouvelles formes. La Nature, dans son avancée innovante, est constamment sur-naturelle.

XCIV

6 novembre

À l'époque alexandrine, *Eros*, chez les lettrés, se partageait à peu près également entre l'amour des femmes et l'amour des garçons. La pédérastie ne se couvrait plus d'un manteau de spiritualité, comme cela put être le cas du temps de Platon, lorsqu'elle se donnait comme ayant un caractère pédagogique, visant à l'amélioration morale, ayant l'*aretè* pour fin (cf. le discours de Pausanias dans le *Banquet*, 185 b). Il ne s'agissait plus que de plaisir, les femmes et les filles étant considérées comme en donnant moins que les garçons. L'éromène ne doit pas avoir moins de douze ans, ni plus de dix-huit. Dans le premier cas, il y aurait violation d'un innocent, et ce serait une infamie (ce que l'on nomme « pédophilie ») ; dans le second cas, cela deviendrait de l'homosexualité, laquelle était l'objet de raillerie et de mépris.

Le poète Méléagre de Gadara (v. 100 av. J.-C.) est amoureux du bel Antiochos, qui lui donne toute satisfaction : « Quand j'eus, mourant de soif, l'été, baisé la bouche d'un garçon à la peau tendre, faisant passer ainsi cette soif desséchante, je dis : "Zeus, notre père, le baiser de Ganymède, est-ce donc le nectar que tu bois ? Le verse-t-il sur tes lèvres ?" Car moi, en embrassant le jeune et bel Antiochos, c'est le doux miel de son âme que je bois » (*Anthologie palatine*, XII, 133, trad. Aubreton).

Auguste Comte condamne la pédérastie comme un « monstrueux amour », Littré y voit un « vice contre nature ». C'était l'opinion de Platon (*Lois*, 1, 636 b-d ; VIII, 835-836), qui n'a, du reste, que mépris pour la sensualité perverse : « Le plaisir d'amour ne doit avoir aucune part dans les relations de l'amant et de l'enfant qui s'aiment d'une façon honnête » (*Rép.*, III, 403 b). Il est permis à l'amant d'embrasser le jeune garçon, de s'approcher de lui, de le toucher « comme s'il était son fils », mais sans « aller plus loin ».

Je puis donner facilement satisfaction à Platon, n'éprouvant aucun intérêt pour les Antiochos. Mais s'il y a « vice contre nature », c'est le cas de l'homosexualité plus que de la pédérastie, car l'éromène, étant encore sans poils ni barbe, a une peau fine, quasi féminine : ce n'est pas la masculinité que l'éraste recherche. Il ne contredit donc pas à sa nature.

J'ai donc, pour la pédérastie, malgré mon dégoût, une compréhension que je n'ai pas pour l'homosexualité. Je ne porte, du reste, sur l'une ou l'autre, aucun jugement moral, si du moins elles sont compatibles avec le respect de la personne, ce qui est sujet de débat. Je m'en détourne par goût et par réflexion. Au reste, de l'amour des femmes, je me détourne aussi, non par goût cette fois, car j'y aurais du goût, mais par réflexion.

Je crois, en effet, qu'il y a une sorte d'antinomie entre la force et la recherche du plaisir. Pour garder ma force, physique ou intellectuelle, je renonce au plaisir de la chair, ou du moins à la recherche de ce plaisir.

S'agit-il de force physique ? prenons exemple sur les athlètes. En vue d'obtenir la victoire aux Jeux, Iccos de Tarente « ne toucha jamais, on nous l'atteste, ni à une femme, ni à un jeune garçon, tant qu'il fut dans le feu de son entraînement, et pour Crison, Astyle, Diopompe et beaucoup d'autres, on nous raconte la même chose » (*Lois*, VIII, 840 a).

S'agit-il de force intellectuelle et de création, ne prenons pas exemple sur les poètes chez qui la place donnée au plaisir a fait fuir la Muse – a tari l'inspiration : Posidippe, Méléagre s'en plaignent. « Adieu les Muses et leur dur labeur, dit un poète anonyme, *Eros* m'a capturé ! » (*Anth. palat.*, XII, 99). Plaisir et travail ne vont pas ensemble, et il n'y a pas de poésie sans travail.

XCV

9 novembre

Émilienne a souhaité que je lise, de Khaled Hosseini, *Les Cerfs-volants de Kaboul*, parce qu'elle a aimé ce roman. Je l'ai lu. J'ai compris que les traditions et coutumes afghanes avaient dû la faire songer à ce qu'elle avait connu au Tadjikistan, et aussi qu'elle avait été émue, voyant que les ouvrages en honneur dans ce pays étaient ceux qui l'avaient enchantée et dont elle m'avait, en 2001, conseillé la lecture, tels le *Livre des Rois* (*Châh-Nâmé*) de Ferdowsi, le *Mathnawî* de Rûmi. Et puis, ajoute-t-elle, les personnages sont vivants : Baba, le vieux Pachtoun, courageux et fier, surnommé « Toothan agha », M. Ouragan, qui aime inviter les amis pour de longues soirées, qui est riche mais généreux, bâtissant un orphelinat, etc. ; après Baba, son fils Amir, orphelin de mère, que l'on voit jouant avec celui qui partage sa passion pour les cerfs-volants, Hassan, mais lui fils du maître, pachtoun et sunnite, Hassan, hazara, chiite et son serviteur. Mais Amir se rend coupable d'une grande lâcheté : il assiste, sans intervenir, au viol de Hassan par Assef. Et le roman est l'histoire d'une rédemption.

J'en juge comme toi, dis-je à Émilienne : les personnages sont réels, on les voit, on les a déjà plus ou moins rencontrés. Mais cependant, ce roman n'est que de la bonne fabrication : ce n'est pas de la littérature. C'est un best-seller et fabriqué pour être tel : on voit comment il a été fait, on voit l'échafaudage. Assef, le violeur, est un nazi, il lit une biographie de Hitler ; il deviendra un chef taliban, et sera puni à la fin par Sohrab, le fils de Hassan. Fuyant la guerre, Baba et Amir vont aux États-Unis. Amir épouse Soraya. Ils n'ont pas d'enfant, car il faut qu'à la fin le couple puisse adopter Sohrab, qui a échappé aux talibans. Les personnages, du moins Baba et son ami Rahim khan, Amir, Ali le serviteur et son fils Hassan, sont réels ; mais le roman ne l'est pas. « Je suis tout à fait de ton avis, dit Émilienne : on voit le fabricateur comme dans un film de Hitchcock ; il ne sait pas se faire oublier : tu as raison, ce n'est pas de la littérature. »

« Sais-tu pourquoi, ajoute-t-elle, j'ai voulu que tu lises ce livre, du moins une des raisons : Amir est l'objet du ressentiment de son père pour la même raison que tu le fus du tien. » Amir veut gagner la bataille des cerfs-volants, courir pour s'emparer du dernier cerf-volant, le rapporter alors à son père, lui prouver ainsi qu'il avait un fils digne de lui : « Peut-être alors m'appellera-t-il Amir jan, comme Rahim khan. Et peut-être… *peut-être*… me pardonnera-t-il enfin d'avoir tué ma mère » (p. 70). « Tu as eu raison de songer à moi, dis-je à Émilienne : l'attitude de dévotion craintive d'Amir à l'égard de son père était aussi la mienne. Nous essayions d'échapper à une situation difficile à vivre, lui en écrivant des nouvelles que Baba ne voulait pas lire, moi en me tournant vers la philosophie. La différence : je n'avais pas un Hassan, ami, serviteur et victime ; je n'eus pas à me racheter d'une faute volontaire, et ma vie n'eût pu faire l'objet d'un roman.

XCVI

10 novembre

Le temps est *trimerès*, formé de trois « parties », dit Sextus (*Adv. Math.*, X, 197). Le passé, le présent, l'avenir s'excluent mutuellement. Mais d'un autre côté, ces trois « parties » sont données ensemble. On a alors la temporalité, où le passé, le présent, l'avenir ne sont plus des parties, mais des moments dans une unité de déploiement. Certes, chaque terme est toujours négateur des deux autres, mais il est aussi en unité avec eux. La temporalité est une structure *a priori* en chaque être humain comme *être ouvert* à un monde. Elle n'est pas choisie. Cependant, à partir de la temporalité comme ouverture au monde et au temps de la nature, chaque homme choisit *son* temps : c'est la temporalisation. Le temps temporalisé est le temps tel qu'il est présupposé par l'action. Trois ans, dit par exemple l'étudiant, est le temps *qu'il me faut* pour finir mes études ; deux ans, dit l'ingénieur, est le temps qu'il me faut pour bâtir ce pont ; deux heures, dit le chirurgien, est le temps qu'il me faut pour mener à bien cette intervention. Trois ans, deux ans, deux heures, ce n'est rien dans le temps immense de la nature, où notre vie même n'est qu'une « éloise » – un éclair –, dit Montaigne. Mais l'homme, pour agir, oublie le temps annihilateur, où il n'est plus que l'« éphémère » (*éphèmeros*), comme disent les Grecs ; il oublie qu'il n'est qu'un fétu dans « l'océan des âges ». Il croit avoir du temps, et il faut qu'il le croie pour penser que son action se déroulera jusqu'à son terme. Sinon, qu'arrive-t-il ? Ce qui arrive à Benjamin Constant : « Le sentiment profond et constant de la brièveté de la vie, dit-il, me fait tomber le livre ou la plume des mains toutes les fois que j'étudie... » (cité dans *Présence de la Nature*, p. 118). À quoi bon faire quoi que ce soit si « tous nos efforts, tout ce que nous tentons, faisons, changeons, ne sont que des jeux de quelques moments » ? L'incapacité d'oublier le temps immense annihilateur de notre vie, l'incapacité de *rétrécir* le temps, a pour résultat, chez B. Constant et ceux qui lui ressemblent, la paralysie de la volonté et l'inaction.

Or, Émilienne n'est pas de ceux-là. Elle n'oublie pas le temps immense, indépendant de nous, dont nul ne peut arrêter le cours, et qu'elle n'est sur cette terre que pour « quelques moments » ; elle ressent, comme Héraclite, la fugitivité de toutes choses, mais loin de s'abîmer alors dans une sorte d'abdication de la volonté et d'atonie, elle s'arme de courage, consciente, puisque l'on a si peu de temps, de l'urgence d'agir. Mais dès lors qu'il n'y a pas une minute à perdre, pas pour agir n'importe comment et faire n'importe quoi. Quoi de plus absurde, par exemple, que de dilapider son temps – dont on a si peu – en voyages touristiques, ou à regarder des séries à la télévision, ou de bavarder avec des gens qui sont comme des noyés dans la bouillie des opinions ? On écartera donc les actions où l'on est en dehors de soi-même, on s'en tiendra aux actions où l'on est soi, qui nous ressemblent, où s'exprime ce qui nous est essentiel, c'est-à-dire une fidélité aux valeurs que nous tenons pour vraies, qui ne sont que des formes du vrai, du beau, du juste.

Or, le choix que fait Émilienne de l'action, dans la conscience de la précarité de tout ce qui est possession, acquisition, résultat, et comme pressée par une perpétuelle urgence, ce choix témoigne d'un sentiment tragique de la vie. Il faut créer, et cependant l'on crée dans le périssable. Il faut créer ce qui est le plus beau et le meilleur quoique ce soit périssable, et non pas ne créer que le moins beau et le moins bon, sous prétexte que c'est périssable. La mentalité tragique manque à notre époque. Elle était l'essence de l'esprit grec. Les artistes grecs ont donné le jour aux réalisations les plus parfaites, telles que les temples, les statues, quoique sachant qu'elles ne seraient pas éternelles. L'esprit d'Émilienne est en affinité avec l'esprit grec ; il est en contraste avec l'esprit de notre époque.

XCVII

11 novembre

Héraclite a été surnommé « l'Obscur », dit Cicéron (*De Finibus*, II, 5, 15), et le mot grec σκοτεινός brille comme un diamant noir au milieu du texte latin. Socrate eut en main le livre d'Héraclite : « Ce que j'ai compris est génial, dit-il ; et le reste, que je n'ai pas compris, l'est sans doute aussi. Mais pour en toucher le fond, il y faudrait, je crois, un plongeur [pêcheur de perles] de Délos » (Diogène Laërce, II, 22).

J'ai lu à Émilienne l'épigramme suivante, dont elle a voulu aussitôt une copie :

« Ne te hâte pas de dérouler jusqu'au bout le livre d'Héraclite d'Éphèse. Car il est bien rude, ce chemin. La nuit et les ténèbres y sont sans lumière aucune. Mais si un initié (μύστης) t'y introduit, elles sont plus brillantes que le soleil resplendissant » (*Anthologie palatine*, IX, 540).

J'ai été ce *myste*, grâce à qui Émilienne, ayant découvert à l'université de Corte mon édition d'Héraclite, a eu accès aux arcanes de la pensée de l'Éphésien.

Car Héraclite n'est obscur que pour les « inintelligents » (ἀξύνετοι) qui, ayant écouté (en apparence), ressemblent à des sourds ; présents, ils sont absents, comme les lâches au combat, dit Euripide.

Qu'est-ce qui déconcerte les inintelligents ? C'est la doctrine elle-même, en tant qu'elle affirme l'unité des opposés. L'inintelligence met les opposés l'un d'un côté, l'autre de l'autre, sans voir leur unité : d'un côté, la vie, de l'autre, la mort ; d'un côté, la justice, de l'autre, l'injustice, etc. Cela se retrouve dans le langage ordinaire des hommes : on pourrait avoir, croit-on, la joie sans la peine, la vie sans la mort, la paix sans le conflit, et l'on rêve d'une harmonie générale, d'une société « juste », d'un bonheur sans mélange... Pour Héraclite, c'est là vouloir le chaud sans le froid, l'été sans l'hiver, le haut sans le bas. Le désir est inintelligent : on désire la joie, non la peine, la justice, non l'injustice, le bonheur, non le malheur, etc. Les éthiques du désir sont des éthiques utopiques et euphoriques. Mais l'éthique d'Héraclite, qui repose sur la vraie intelligence du réel, est une sagesse. C'est une sagesse du vouloir. Car la peine et la joie étant indissociables, par exemple la peine du créateur et sa joie, il faut les associer dans notre vouloir. Le désir désire la joie, non la peine ; la volonté veut la joie et sa condition : la peine. Le négatif et le positif ne sont plus disjoints, mais affirmés ensemble. La sagesse tragique d'Héraclite, essentiellement affirmative, dit « oui » à la nature et au monde, sans jamais, dans l'opposition des contraires, faire le choix exclusif d'un seul côté.

Ainsi le discours d'Héraclite n'est obscur que pour ceux qui, sous l'effet du désir qui refoule la vérité, se veulent sourds à ce qu'il dit. Il n'est pas obscur en lui-même. Lorsqu'on l'explique, il paraît suprêmement clair, au contraire.

XCVIII

12 novembre

On lit, dans l'*Anthologie palatine* (VII, 128 = Diogène Laërce, IX, 16), l'épigramme suivante :

« Je suis Héraclite. Pourquoi me tiraillez-vous en tous sens, gens sans lettres ? Ce n'est pas pour vous que j'ai travaillé, mais pour ceux qui me comprennent. Un seul homme, pour moi, en vaut trente mille, et les nombreux pas un. Voilà ce que je proclame jusque chez Perséphone. »

C'est une épigramme funéraire : Héraclite est aux Enfers. On y trouve l'idée, exprimée par Cicéron (*De Finibus*, II, 5, 16), qu'Héraclite « a traité de la nature (*de natura*) de façon volontairement malaisée à comprendre ». En réalité, si Héraclite est obscur, ce n'est pas qu'il ait cherché à l'être, c'est – sans même parler de la difficulté particulière de sa doctrine, pour autant qu'elle affirme l'unité et l'indissociabilité des contraires – qu'il appartient à la nature même de la philosophie, comme métaphysique, de n'être pas d'emblée accessible à l'entendement des nombreux. Car elle est non science, mais spéculation, et elle est l'œuvre non de l'entendement mais de la raison, dirait Hegel.

Le directeur d'un Centre culturel est venu me demander une conférence. J'ai traité, cette année, pour les francs-maçons de Bourg-en-Bresse et de Genève, de questions d'éthique et de morale. Mais je suis fatigué de ces sujets où les réponses, pour moi, coulent de source et viennent sans effort. La philosophie est comme un arbre, dit Descartes. Je suis las de devoir me borner aux branches. Je voudrais un public qui me permette de m'attaquer au tronc.

Mais les gens de la société civile ne s'intéressent guère qu'à des problèmes de société – surtout à ceux que les médias mettent à l'ordre du jour. Il est difficile de parler de la philosophie première à ceux qui n'ont jamais lu un dialogue de Platon. La philosophie n'est pas pour tout le monde. Elle ne consiste qu'en de vaines abstractions pour ceux dont l'esprit n'a habituellement affaire qu'à des intérêts et des problèmes d'ordre matériel, technique ou professionnel.

Je n'ai pas l'intention de parler de métaphysique, sans préparation, aux « illettrés » (ἄμουσοι, gens qui ignorent les Muses) de l'épigramme. S'ils veulent que j'y mette du mien, qu'ils y mettent du leur.

S'ils ont un intérêt véritable pour la philosophie, cela signifie qu'ils se posent des questions. Qu'ils me posent donc dix questions. J'y répondrai par écrit. Ils réfléchiront sur mes réponses. Alors je les rencontrerai pour leur apporter, par la parole, les éclaircissements dont ils auront senti la nécessité. S'ils m'ont bien compris, ils s'abstiendront, je l'espère, de contestations vaines.

XCIX

13 novembre

Noël est venu à la maison hier soir. Il avait vu à la télévision un documentaire sur Jean-Toussaint Desanti, où celui-ci expliquait que sans doute il avait été conduit à la philosophie par ses longues méditations devant l'immensité marine. Pourquoi pas ? La mer suggère l'infini, cet infini que « Touti » (ainsi l'appelait-on à la Sorbonne) a trouvé dans les nombres. Noël se demandait ce qui pouvait avoir joué, pour moi, le même rôle que la mer pour Desanti. N'était-ce pas le spectacle indéfiniment changeant du cours de la rivière Dordogne, qui me fascinait durant les longues heures d'ennui, lorsque je gardais les vaches dans le pré qui était au bord de l'eau ? J'expliquai à Noël que si la méditation réitérée sur le cours d'une rivière avait pu d'avance me disposer favorablement à l'égard d'un mobilisme comme celui d'Héraclite et de Bergson, la naissance de la philosophie en moi n'avait pas sa cause ailleurs qu'en moi-même. Vivant dans une profonde solitude, sans camarades dans mon enfance, sans amis dans mon adolescence, sans relation tendre avec mon père, je n'avais affaire qu'au fonctionnement naturel de mon esprit. Certes, l'enseignement religieux, qui obstrue l'esprit de réponses toutes faites avant même que l'on se soit posé les questions, aurait pu empêcher l'éveil de ma raison. Il est fait pour cela. Mais il se réduisait au catéchisme et à des leçons données sans explication par un curé maussade, rébarbatif, ennemi du sourire. Surtout, il eût fallu que je fusse un autre. Questionner, aspirer au savoir était ma nature même. Et ma solitude faisait que mes questions ne s'adressaient à nul de mon entourage. Elles ne s'adressaient qu'à moi-même, ce qui signifie que, n'attendant rien des personnes vivantes – instituteur, prêtre, famille –, j'étais destiné à me tourner vers les livres. Si j'ai mis si longtemps à m'extraire du marais de la culture non intelligente, c'est faute de livres, et aussi faute de maîtres. Aucune aide ne me vint (j'ai dit que ma femme est la personne qui « m'a le plus aidé », mais la sorte d'aide qu'elle m'apporta n'est pas celle qui eût pu m'être un secours au plan de la pensée). Ce fut ma chance : n'étant sous l'influence d'aucun maître, je fus moi-même – quelque effort et longueur de temps qu'il m'ait fallu pour le devenir.

C

15 novembre

Cheminant le long de l'Ilissos, Phèdre et Socrate parviennent à un platane qui « couvre autant d'espace qu'il est élevé », et au pied duquel coule une source : « Le charme sans pareil de cette source, s'exclame Socrate, la fraîcheur de son eau : il suffit de mon pied pour me l'attester ! C'est à des Nymphes, c'est à Achèlôos [le dieu des eaux courantes] qu'elle est sans doute consacrée, si j'en jupe par ces figurines, par ces statues de dieux » (*Phèdre*, 230 b) – et Socrate de montrer du doigt des statuettes de terre cuite placées là.

Bientôt après, il les invoque : « Ô mon cher Pan [un dieu agreste qui aimait les nymphes] et vous autres, toutes tant que vous êtes, Divinités d'ici, accordez-moi d'acquérir la beauté intérieure (τὸ καλὸν ἔνδοθεν), et pour les choses extérieures (ἔξωθεν), faites que toutes celles qui m'appartiennent aient de l'amitié pour celles du dedans » (279 b) : qu'aucun avantage extérieur (richesse, beauté physique, etc.) ne fasse tort aux valeurs intérieures.

Celui qui est beau de la beauté du dedans ne peut être que l'homme intérieur. L'expression se trouve dans saint Paul. L'« homme extérieur » (ὁ ἔξω ἄνθρωπος) est celui qui se détruit et meurt, l'« homme intérieur » (ὁ ἔσω ἄνθρωπος) est la réalité non périssable de l'être humain : « Alors même que notre homme extérieur se consume, notre homme intérieur, lui, se renouvelle de jour en jour » (*Seconde Épître aux Corinthiens*, 4, 16). Mais saint Paul, en rupture avec l'esprit grec, introduit l'idée de péché : « Si je ne fais pas ce que je veux, ce n'est plus moi qui le fais, c'est le péché qui demeure en moi. Je me trouve donc devant cette loi : je veux faire le bien, et c'est le mal qui s'impose à moi. À suivre l'homme intérieur, je me complais dans la loi de Dieu ; mais je vois une autre loi dans mes membres, qui s'oppose à la loi de ma raison et qui me soumet à la loi du péché qui est dans mes membres. Qui me délivrera de ce corps de mort ? Je suis soumis, par la raison, à la loi de Dieu, et par la chair à la loi du péché » (Épître aux Romains, 7, 20-25). Après la clarté, l'alacrité et la santé grecques, quelle sombre vision de l'homme ici nous advient ! Et en persuadant l'homme qu'il était sous la loi du péché, qu'a-t-on fait que d'obtenir qu'il se mette sous cette loi !

Clément d'Alexandrie, qui, quoique chrétien, reste fidèle à la tradition qui met l'exemple des héros d'Homère à la base de l'éducation antique, Clément, donc, renoue avec l'insistance grecque sur l'idée de beauté. Les femmes sont promptes à préférer la beauté extérieure. Ici intervient le pédagogue éducateur : « Il est nécessaire que les femmes soient parées intérieurement (ἔνδοθεν), et qu'elles ne montrent que la beauté de la femme intérieure (ἔσω γύναι) ; car c'est dans l'âme seulement que se manifestent la beauté (τὸ κάλλος) et la laideur » (*Le Pédagogue*, 121, 2). Cela vaut pour l'homme aussi bien : « Seul l'homme vertueux (σπουδαῖος) est réellement *kalos kagathos*, et c'est seulement de la beauté morale (τὸ καλόν) qu'on affirme qu'elle est un bien » (121, 3). Explication : la beauté de chaque être – plante, animal, homme – « réside dans sa vertu (ἀρετή) propre ». Or, la justice, la tempérance, le courage, la piété sont ce qui compose la vertu de l'homme : « L'homme qui est beau (καλός), est donc celui qui est juste, tempérant, en un mot moralement bon » (121, 4).

Socrate, mais devant le dieu des sources et les Nymphes, disait la même chose.

CI

16 novembre

J'ai appris hier que mon ami André Doremus était mort. Après qu'il m'eut écrit, « Mon cher, je meurs d'un cancer aux poumons (l'un parti, l'autre m'achevant) – est-ce réellement injuste ? », je lui téléphonai, à sa chambre de l'hôpital Rossini. C'était il y a une quinzaine de jours. Il m'a dit qu'il préférait que l'on s'écrive, car, couché, il tenait l'appareil dans sa main et cela le fatiguait. Vint une lettre de lui. Il s'étonnait que je lui ai dédié mon dernier livre, alors qu'il ne contenait aucune allusion à ses travaux. Je lui ai répondu que j'avais dédié mon *Lucrèce* à Yvon Belaval, mon *Épicure* à Éric Weil, sans qu'il y soit fait allusion à leurs travaux. Mais alors que je leur avais dédié ces livres par déférence ou gratitude, à lui, c'était par pure amitié. Celle-ci fut immédiate et trouvait sa réalisation dans l'échange d'idées, où j'écoutais plus qu'il ne m'écoutait. Carl Schmitt ne m'intéressait pas, mais ce qu'il en disait m'intéressait, comme aussi ce qu'il en écrivait –, des articles et un livre dont je fis un compte rendu. Doremus s'était pris d'affection pour moi dès notre rencontre, en 1970, alors qu'à l'université de Paris I, nous quittions ensemble une réunion d'enseignants. Il me tutoya immédiatement, mais ses lettres débutaient toujours par « mon cher Conche », et non « mon cher Marcel ». Nous n'étions pas portés aux confidences. Durant plus d'une décennie, nous dinâmes ensemble, une fois par an, avec Françoise Dastur. Il vint un jour avec Alix, dont il ne m'avait pas parlé. Très tôt, il vécut en solitaire dans le Jura ou dans son pied-à-terre parisien. Cette solitude n'était d'ailleurs pas celle d'un ermite, car des femmes aimantes, dont il ne m'est pas permis de parler, furent sensibles à son charme. Ma femme et moi allâmes lui rendre visite dans ses « Granges marines », à Giron. Je le revois cheminant sur la route avec Marie-Thérèse. J'étais resté un peu à l'écart, les laissant à une conversation où je sentais un plaisir partagé et une entente parfaite. Ils avaient tous deux « la classe » : élégance de l'esprit, distinction, horreur de la vulgarité. Il vint plusieurs fois nous voir à Treffort, offrant chaque fois quelque chose à Marie-Thérèse : je me souviens, en particulier, d'un très beau livre sur les chamans. Sa courtoisie, sa délicatesse avaient touché ma femme : elle avait grande estime pour lui et plaisir à le voir. Elle pouvait le comprendre, ce qui n'était pas donné à tout le monde, tant il faisait peu d'efforts pour gagner les sympathies. À l'université, les collègues, en général, ne l'aimaient guère, car il se montrait peu disposé à nouer une relation.

Lorsque nous interrogions en licence et qu'il devait m'apporter ses notes, il attendait que Patrice Loraux m'ait donné les siennes et soit parti, afin de n'avoir pas à le rencontrer. Il avait peine à se souvenir de son nom, disait « loriot ». Il travaillait sans cesse, en particulier sur Schmitt. Indifférent à se faire valoir, et surtout découvrant toujours de nouveaux aspects de son sujet – ce qui retardait la mise au point –, il publiait peu. Que vont devenir ses manuscrits ? Il oubliait qu'il était mortel, vivant et travaillant comme s'il ne croyait pas à sa mort. J'ai dit que je l'avais eu au téléphone il y a quinze jours environ. Il comptait voir son notaire « dans une ou deux semaines ». Sartre, l'année de sa mort, pensait vivre encore dix ans. La mort survient de façon inopinée. Dans sa dernière lettre, alors qu'il m'annonçait qu'il allait mourir (mais il ne pensait pas que ce fût si proche), Doremus ne manquait pas de me donner un conseil de lecture : je dois lire, de Carl Schmitt, « Clausewitz, penseur politique », dans *La Guerre civile mondiale*, pages 85-111. J'ai commandé le livre, je suivrai son conseil. Doremus était mon ami. On peut avoir une connaissance très incomplète de son ami. Il était très secret, porté d'ailleurs à la méfiance. Je n'étais pas son confident. Ce qui est certain, c'est que, pour lui, le travail passait avant tout, et que les natures féminines ne devaient, sous prétexte d'amour, être en aucun cas des sources de dérangement. Il rêva toujours d'une femme idéale, épouse, secrétaire et servante, et, sauf une peut-être, n'en eut que des approximations.

CII

19 novembre

Ségolène Royal a dit que certains socialistes – tel le maire de Paris – avaient « perdu le sens de l'honneur » (d'après *Corse-Matin* daté d'aujourd'hui). Cela ne m'étonne pas. J'avais déjà eu cette impression en 1938, lorsque, Blum étant au pouvoir, la France laissa Franco, aidé par les hitlériens et les fascistes italiens, écraser les républicains espagnols ; en 1940, lorsque les trois socialistes que la Corrèze avait élus en 1936 votèrent pour Pétain ; en 1947, lorsque, Ramadier étant président du Conseil, alliés au MRP, ils rejetèrent les communistes dans les ténèbres extérieures ; en 1956, lorsque, avec Guy Mollet, et en dépit de la *vox populi*, ils relancèrent la guerre d'Algérie ; en 1958-1968, lorsque, par la voix de Mitterrand, ils crièrent, contre de Gaulle, au « coup d'État permanent » ; en mai 1968, lorsque, au stade Charléty, Mitterrand et Mendès France intriguèrent contre de Gaulle, se partageant d'avance le pouvoir ; en 1991, lorsque Mitterrand engagea la France dans la guerre « du Golfe » ; en 2003, lorsque le socialiste Kouchner donna son approbation à l'agression américaine contre l'Irak (et j'en passe...).

Certes, que Mitterrand se porte candidat contre de Gaulle en 1965, cela et bien d'autres actions d'inspiration socialiste n'avaient rien qui me parut contraire au sens de l'honneur. Toutefois, mon animadversion contre les socialistes ne fut jamais tempérée par ce qu'ils firent de bon. Lors de l'élection du président de la République en 2002, je votai pour Le Pen uniquement pour empêcher qu'un socialiste – c'était L. Jospin – soit en lice au second tour et ait ainsi des chances de l'emporter contre Chirac. Comment expliquer cette vieille animosité ? Mon père était socialiste (jusqu'en 1940) : est-ce là la raison ? Avant l'âge – vingt-quatre ans, âge de mon mariage – où je me décidai enfin à me comporter de façon vraiment sensée, je me posais volontiers en communiste pour exciter son ire : vainement, du reste, car il faisait toujours comme si ce que je disais ne méritait pas un instant d'écoute. Un visiteur venait. Je disais quelque chose qui devait les choquer, les faire réagir. « Il ne faut pas y faire attention », disait mon père.

CIII

20 novembre

Il y a, à vivre en Corse, un plaisir particulier que l'on n'a pas ailleurs. Je vais dire lequel.

« 23 crimes de sang depuis le début de 2008 », titre *Corse-Matin* : « La liste sanglante s'ouvrait en janvier avec trois morts. Les tirs n'ont pas cessé depuis : février, mars, avril, mai, chaque mois a apporté son lot de drames, sans même une accalmie estivale – quatre personnes abattues en juin, autant en juillet ; une seule victime en août, mais trois morts en septembre et octobre. » Consolation : « On est certes encore loin du triste record de l'année 1993 » ! Le journal met en parallèle les 23 affaires de sang en Région Corse en dix mois avec les 32 crimes perpétrés à Paris en 2007 : « Si l'on songe que la Corse et ses 250 000 habitants pèsent à peine plus au plan démographique qu'un arrondissement de la capitale comme le XIXe qui compte 200 000 âmes, la comparaison est effarante » – même si, ajoute le journal de façon énigmatique, « d'autres critères doivent être pris en considération ».

Quant au plaisir particulier que l'on a à vivre en Corse, c'est celui-ci : on a, chaque matin, la satisfaction de se dire qu'on est encore vivant. Sur le Continent, on trouve naturel, d'un jour à l'autre, sauf maladie, de continuer à vivre ; en Corse, c'est affaire de chance et de faveur des dieux.

CIV

21 novembre

Mon cher Gilbert, après la conférence que, le 26 janvier 1983, je donnai à l'université de Lille III sur « Le *logos* d'Héraclite », tu m'adressas, le lendemain 27 janvier, une lettre que je transcris ici, car elle m'émeut, surtout peut-être à cause de son post-scriptum.

> Mon cher Marcel, je n'ai pas eu l'occasion de te parler de ton livre, *Le Fondement de la morale*, comme je l'espérais, pour t'en remercier d'abord, pour t'en dire ma lecture ensuite. J'ai particulièrement apprécié non seulement qu'aujourd'hui tu oses, comme peu, parler de morale, mais encore de cette manière à la fois courageuse, « naïve » et paradoxale qui fait un style. Bref, tu ne te contentes pas de parcourir à nouveau le calme pays de la loi en sa sereine abstraction, mais tu pratiques le jugement déterminant, le jugement réfléchissant et tu descends dans le concret et le quotidien – non sans prendre de risques sur les questions

de l'avortement, de la peine de mort, par exemple. Que l'on puisse ne pas te suivre en toutes tes conclusions, même le remarquable administrateur éclairé en toi l'admettra. En un mot, la différence entre l'être en puissance et l'être en acte [cf. *Fondement de la morale*, p. 54], et les différents degrés de cette différence, ne font pas une simple identité ! Peut-on dire que l'avortement est un infanticide ?… Ce n'est pas que je veuille défendre une idéologie de la consommation et du plaisir, sans loi, sans interdit, sans sacré, etc.

Par ailleurs – mais, au plus profond, il s'agit toujours du *même* fil d'or : le thème de l'enfant, du faible absolu, de l'*innocent* [oui, si ce n'est que je ne fais pas intervenir cette notion d'« innocence »] –, il me semble que tu tends à atténuer ce que reconnaissaient comme primordial, et l'Augustin des *Confessions*, et Pascal, et Luther, et Kant [les chrétiens, oui, mais non les Grecs !] : que les hommes sont mauvais – pas méchants –, qu'ils font le mal gratuitement, *pour le plaisir* [pas moi, ni ceux que je connais], qu'il n'en est aucun d'innocent – pas même sous la forme de l'enfant ! Je remarque l'absence du diable dans l'horizon de ta pensée ! [Certes !]

Cela me fait sourire, en songeant à quelques conversations d'autrefois, sur Hegel et sa conception du mal – dont ton admirable communication au Congrès de 68 [Congrès Hegel, à l'université de Lille III]. Les rôles seraient-ils échangés ? Nous serions-nous réciproquement convertis ?

Dommage que, lors du repas commun, l'esprit de contrepèterie – dénotant une âme enfantine – de tel éminent et savant collègue [Jean-Paul Dumont, décédé en 1993] ait empêché d'autres échanges. Mais il n'est pas besoin de le dire, n'est-ce pas, ces choses-là se sentent peut-être, ta présence était pour moi une vraie, une rare joie. J'ai été content de te voir, de t'entendre. Salut à toi, Gilbert [Kirscher]

P.S. J'oubliais. Lors de mes visites régulières et annuelles à Nice, Catherine Mendelsohn et Anne Weil [l'épouse et la belle-sœur d'Éric Weil] ne manquent jamais de me demander de tes nouvelles et d'évoquer, avec beaucoup de sympathie, ta figure. Ne penses-tu jamais à Nice ? Tu ferais un grand plaisir.

CV

23 novembre

J'ai reçu, il y a deux jours, la lettre que voici, qui m'a apporté un souffle de bonheur :

> Sans doute vous ne vous souvenez pas de moi, Pierre Maillard, qui, avec Guy Colson, était parmi vos moins mauvais élèves au lycée de Cherbourg, pendant l'année... 1950-51 ! Nous nous sommes retrouvés par hasard en juin 1958, à Évreux. Je faisais mes débuts de journaliste et nous nous sommes rencontrés... au restaurant administratif. Vous m'avez alors expliqué pourquoi le rapport Khrouchtchev avait remué les communistes français beaucoup plus que l'« affaire hongroise » – ce qui m'avait alors beaucoup surpris ! De retour à Évreux en 1962, j'avais remarqué que vous aviez laissé un souvenir très fort parmi vos anciens collègues... J'ai ensuite suivi de très loin votre itinéraire. Une page parue dans « Le Monde des livres » m'avait conduit à parler de vous avec un journaliste du *Monde*, Pierre Lepape, qui m'avait alors – c'était dans les années 80 – donné de vos

nouvelles. Et puis il y a eu le livre de souvenirs, dont *Le Nouvel Observateur* avait alors parlé. Je l'ai lu, j'ai eu envie de vous écrire... de vous dire combien vous m'aviez marqué, peut-être moins par le contenu de vos cours que par votre attitude globale vis-à-vis des choses et des gens : une certaine distance, marquée par la volonté de comprendre ; une certaine distanciation, sans doute teintée d'ironie, qui, à sa façon, dynamite le réel – une arme précieuse face aux obstacles, aux opacités du monde qui nous assaille.

C'est de cela que nous avons parlé lorsque, l'été dernier, de retour à Cherbourg pour quelques jours, j'ai passé quelques heures avec Guy Colson. Au terme d'une existence qui, contrairement à la mienne, avait été très sédentaire, il avait conquis une solide réputation comme peintre et professeur de dessin. Attiré par une exposition de ses œuvres, je lui avais téléphoné. De là cette rencontre. Et l'une des premières choses que nous nous sommes dites, en évoquant de très lointains souvenirs, a été la forte marque que vous nous aviez laissée. Guy aussi avait lu votre livre ; lui aussi avait eu envie de vous écrire. Nous nous sommes séparés, fort émus de ces retrouvailles avec un passé à la fois si lointain et si riche. Et nous nous sommes promis de nous retrouver quelques semaines plus tard.

Ce rendez-vous n'a pas eu lieu et n'aura jamais lieu. Guy est en effet décédé quelques jours après notre rencontre. Avec sa disparition s'éloignait de nouveau une sorte de Continent perdu, qui, grâce à lui, était soudainement réapparu à mes yeux. Mais de ces trop courtes retrouvailles, j'ai conservé la mémoire de quelques moments très forts – parmi lesquels vous avez occupé une grande place. Il m'avait offert une de ses œuvres avec cette dédicace : « En souvenir de notre folle jeunesse. » Folle ? Je ne le crois vraiment pas, mais riche, certainement et, en partie, grâce à vous. Je voulais vous le dire. Guy et moi voulions vous le dire... Avec toute ma gratitude, Pierre Maillard.

Guy Colson écrit « folle » par antiphrase (mon esprit ironique l'a marqué). Maillard et Colson n'étaient pas de bons élèves quelconques. Excellents, ils l'étaient, mais aussi vivants – de la vie de la jeunesse jointe à celle de l'intelligence. Je me souviens d'eux parfaitement (comme de Jaubert et Grimbert, l'année suivante). Sérieux, ils avaient un professeur sérieux et angoissé (car j'avais ce décollement de rétine dont j'ai parlé dans *Avec des « si »*, chap. VI).

CVI

24 novembre

On trouve, dans le *Petit Larousse*, l'expression « toilette intime ». Il est clair que je ne pourrais songer à parler, dans mon *Journal*, de ce que cette expression signifie et englobe. Cela, pour deux raisons. D'abord, la pudeur s'y oppose. S'il m'était arrivé de connaître quelque chose qui ressemblât à des ébats amoureux (ce dont je n'ai, du reste, qu'une idée fort vague), on peut être certain que je n'en dirais rien. Le lecteur pourrait espérer le contraire, s'attendre à des détails croustillants. En vain. Pourquoi ? D'abord parce que je suis plus pudique qu'une femme, et puis pour une seconde raison. Celle-ci : l'intime, en l'occurrence, n'est pas l'essentiel. L'on trouve, dans mon *Journal*, ce qui m'a paru digne d'intérêt et surtout ce qui m'est essentiel. Qu'est-ce qui m'est essentiel ? Ce qui m'appartient dans ma singularité, ce qui fait que l'on ne peut me confondre avec un autre. L'« essence » dont il s'agit est l'essence singulière affirmative. Or, les soins de toilette, les ébats amoureux, cela, qui n'a rien d'original, est à peu près la même chose chez tous les humains, sauf la différence du masculin et du féminin. Ce qui est banal ne peut singulariser, ne distingue pas, n'est pas essentiel.

Toutefois, Littré écrit : « Intime : qui est le plus au-dedans et le plus essentiel. » Il y a donc un intime qui, loin de n'être pas essentiel, est, au contraire, ce qui est « le plus essentiel ». Le premier concerne le corps, le second concerne l'âme. Les Cyniques voulaient que leurs soins corporels et leurs comportements amoureux soient publics. Ils blessaient la pudeur, mais ils n'apprenaient rien à personne. Ce n'est pas parce qu'on les voyait faire leurs besoins ou s'accoupler que l'on savait *qui* ils étaient. « Impudiques », certes, mais ce n'est là qu'une épithète. S'il s'agit maintenant de l'âme, pour connaître véritablement Diogène, il eût fallu savoir qui il aimait. « Celui qui ne sait pas qui j'aime ne sait pas qui je suis, ai-je écrit. Qui lira un récit de ma vie expurgé de mes amours n'aura qu'une idée incomplète et fausse de moi-même » (*De l'amour*, 1). Dans mon *Journal*, j'ai parlé et je parle de mes amours : d'abord et avant tout de mon amour de la philosophie et de la vérité, ensuite – l'amour pour mes proches étant implicite –, de mes amours ou tentatives d'amour pour des humaines ; je parle donc de ce qui est « le plus au-dedans et le plus essentiel ». Toutefois, l'amour de la philosophie et les amours ou amitiés féminines ne sont pas relatifs à la même singularité. L'amour de la philosophie définit ma singularité de toujours, les amours féminines sont relatives à des singularités variables. Car les objets de ces amours ont été divers et changeants. Il y a donc ce qui m'est « le plus essentiel » à tel moment et ce qui m'est le plus essentiel à tout moment. Et c'est ce dernier qui est le plus digne de représenter véritablement mon essence. Si maintenant mon *Journal* exprime mon intimité pour autant qu'elle m'est essentielle, en laissant de côté l'intimité inessentielle du corps, il ne l'exprime pas complètement. Quelle est, en effet, la source radicale de mon amour de la philosophie ? Et d'où vient le caractère général de ma vie amoureuse ? Au-dessous de l'intime qui trouve son expression dans mon *Journal*, il y a un plus intime, un plus intérieur encore, ordinairement caché à moi-même, qui ne se révèle qu'à l'analyse, celle-ci prenant en compte les événements déterminants de ma vie, avant tout, pour moi, non d'avoir perdu ma mère à ma naissance, mais d'avoir été cause, en naissant, de la mort de ma mère.

CVII

25 novembre

André Doremus est décédé le 10 novembre. Quinze jours après, son corps est toujours dans une chambre mortuaire. Comme il n'avait pas de famille, il y a de la difficulté à obtenir le permis d'inhumer ; les choses traînent.

Le vendredi 20 novembre, dans la chapelle du couvent des Dominicains, à Paris, une messe a été célébrée à sa mémoire par le père Bernard Bourdin, qui était son ami. Étaient présents Helmtrud von Herrath, amie de longue date de A.D., sa sœur Herlinde Lecompt, veuve de Jacques Lecompt, ami de jeunesse de A.D., qui fut ambassadeur de France en Hongrie, une dame, belle-sœur de Herlinde, puis Violetta Compain, Anne-Marie Fourcade, Mme Arnault, des éditions Vrin, mon neveu Bertrand Renouvin, mes amis Danielle et le docteur Georges Mazelié, qui me représentaient, soit, avec le père Bourdin, dix personnes. La cérémonie ayant été annoncée dans les journaux, j'espérais que quelques anciens étudiants ou collègues de Doremus à l'université de Paris I feraient l'effort de venir, voire que l'université comme telle, plus précisément l'UER de philosophie, se ferait représenter. Vains espoirs.

Anne-Marie Fourcade, qui fut proche d'André, m'a écrit ceci :

> Violetta Compain est la dernière amitié féminine intense de A.D., amitié qui s'est développée surtout durant les deux derniers mois qui ont précédé sa mort. C'est en février 2008 que je lui avais présenté Violetta. Je l'avais rencontrée à un cours du soir d'informatique de la Ville de Paris. Violetta est peintre. Elle était au chômage et était susceptible de faire pour André des travaux de secrétariat. Elle l'aida à faire du classement, à installer sa bibliothèque rue Scipion dans les deux pièces adjacentes à son studio, louées fin 2007 et destinées exclusivement à sa bibliothèque. Ses livres avaient été placés provisoirement chez une amie habitant un château près d'Angoulême, après qu'ils eussent été déménagés de sa maison de Giron (01130), qu'il avait décidé de vendre, l'ayant, du reste, beaucoup aimée. Au printemps 2008, les livres furent rapatriés à Paris, presque en totalité. Violetta aida à vider les caisses et à disposer les milliers de volumes sur les étagères, selon les indications du philosophe.
>
> Violetta fit quelques travaux de typographie. A.D. en était peu satisfait : elle ne réagit pas, elle ne participe pas, me disait-il. Il l'appelait Vieta, les consonances de son prénom, qui évoquaient sans doute pour lui des arias d'opéra, divertissement qu'il détestait, lui semblant peu dignes d'un prénom féminin. Vieta, donc, lui devint, semble-t-il, indis-

pensable les huit dernières semaines de sa vie. Elle lui fit des visites régulières, apporta le courrier, prit sans doute sur son ordinateur les dernières notes qu'il a dictées dans sa chambre de Sainte-Périne, l'accompagna en ambulance (avec ses valises) lors de son arrivée le 29 octobre rue Scipion, le raccompagna quelques jours plus tard, le mardi 4 novembre, alors qu'il retournait extrêmement affaibli à Sainte-Périne. – Enfin, moment émouvant, elle était présente lorsque A.D., quittant définitivement son studio, demanda à voir une dernière fois sa bibliothèque avant de retourner à l'hôpital. Ce qui s'est dit ou le silence de ce moment, restera sans doute un secret entre André Doremus et sa dernière amie. Une amitié intense, une sincère affection, semblent s'être développées au cours de ces dernières semaines entre eux.

J'aimerais beaucoup parler à Violetta Compain.

CVIII

27 novembre

Yvon Quiniou m'a écrit la lettre suivante :

Ces quelques mots à propos de votre dernier livre [*Noms. Journal étrange III*], que je lis peu à peu, avec un bonheur constant. Ils ne concernent qu'un point, dont j'hésitais à vous parler, mais que la lecture, hier soir, de votre chapitre sur la sexualité, m'a décidé d'aborder : votre rapport à Marie-Noële... couplé avec celui que vous avez eu avec votre femme. Voilà donc comment je vous comprends, dans ce domaine, à la lumière de ma culture psychanalytique.

J'ai un aphorisme qui est le suivant : *il n'y a pas d'amour impossible, il n'y a qu'un amour de l'impossible.* Je crois qu'il s'applique parfaitement à vous, pour autant que vous reproduisez votre situation infantile dans une relation amoureuse, comme tout homme d'ailleurs, sauf que votre situation infantile est particulière, marquée qu'elle a été par la mort et l'absence de votre mère. 1. D'une part, vous avez aimé et épousé en quelque sorte votre mère, en aimant et épousant une femme plus âgée que vous, fonctionnant par rapport à vous *comme une mère* – ce premier objet d'amour enfoui en nous. Mais il ne s'agissait là que de la composante *affective* de votre premier amour, celle que nous nous autorisons à éprouver. 2. D'autre part, il y a la composante sexuelle ou érotique de cet amour (au sens que Freud donne à ce terme), que nous nous interdisons d'éprouver à un moment donné – au moment de la sortie de l'Œdipe –, que nous *refoulons* donc, et que nous allons transposer sur un objet imaginaire, *impossible par définition à conquérir et que pourtant nous désirons* : c'est exactement ce qui s'est passé dans votre rapport à Marie-Noële, projection partielle de votre rapport à votre mère, cette femme impossible à rejoindre. En aimant Marie-Noële d'un amour érotique (vous en faites l'aveu dans le chapitre en question), vous aimiez ce qu'il est impossible d'aimer (d'amour érotique), parce que cela est « interdit ». C'est donc bien un amour *de* l'impossible plus qu'un amour impossible, cet impossible étant l'objet d'amour le plus profond (la mère), auquel on reste fantasmatiquement attaché, et qu'on rejoint donc dans la situation même qui nous le rend « impossible » ou « inatteignable » parce qu'interdit. Il y a d'ailleurs une phrase de votre texte qui le dit un peu comme ça, mais en plus bref !

J'espère que vous accueillerez cette analyse comme une preuve d'attention à ce que vous écrivez et d'affection à votre égard.

Bien amicalement, Y.Q.

Voici ma réponse, qui est plutôt une réplique (je la reconstitue, n'en ayant pas gardé une photocopie) :

J'ai plaisir à répondre à votre lettre, qui me donne occasion de mettre les points sur les i, à l'intention de ceux qui me disent – vous n'êtes pas le premier – que j'ai épousé ma mère. C'est, entre autres, ce que me disait Claire – qui n'avait, et n'a, aucune culture psychanalytique (et qui ne pardonnait pas à Marie-Thérèse de m'avoir épousé...). Vous avez cette culture, mais votre explication, toute psychanalytique qu'elle soit, n'en est pas moins totalement fausse. Cela parce qu'elle ne prend pas en compte le réel effectif, lui substituant un réel fantasmatique (issu de la fabrique freudienne). « Amour de la mère » ? Comment aurais-je pu aimer une personne que je n'avais pas connue et dont on ne me parlait jamais ? C'est seulement en avançant en âge que je l'ai découverte, d'après quelques lettres, et qu'elle m'a manqué.

Le fait essentiel de mon enfance n'a pas été l'amour, ou l'absence, ou le manque de ma mère, mais l'amour/ressentiment de mon père. Je ne me disais pas que j'avais tué la femme qu'il aimait (on ne m'avait informé de rien), je n'avais pas conscience que je l'avais privé du bonheur d'amour (ne sachant pas qu'il avait aimé ma mère d'un amour fou). Mais dans mon enfance, je vivais dans une sorte de crainte, et dans mon adolescence, je sentais que je n'avais pas droit au bonheur que pourraient me donner les jeunes filles. Je m'interdisais, et j'ai continué à m'interdire, ce bonheur, interdit qui n'était que l'interdiction de mon père intériorisée (parlez de « sur-moi », si vous voulez). Mon père eût été contrarié que je fisse un mariage d'amour, où j'aurais eu ce dont je l'avais privé, mais il a grandement apprécié ma femme, très intelligente et très charmante, mais qui ne me donnerait pas le bonheur d'amour. Toute ma vie amoureuse a été sans doute sous le gouvernement de mon père (sans qu'il s'en rende compte, car si on lui avait demandé : souhaitez-vous que Marcel soit heureux en amour, il aurait répondu « oui », évidemment). Émilienne m'a fait observer qu'un cas analogue au mien était celui d'Amir, dans le roman de Khaled Hosseini, *Les Cerfs-volants de Kaboul*. Quant à votre « explication », c'est de la pure fantaisie psychanalytique. Elle ne m'a pas choqué, mais il faut voir les choses autrement. Très amicalement, M.C.

CIX

28 novembre

Le soufisme est un courant mystique de l'islam qui met l'accent sur l'expérience intérieure du divin. L'un des grands maîtres du soufisme est Djalal al-Din Rûmi (1207-1273). Lorsqu'elle était au Tadjikistan, Émilienne s'est enflammée pour les poèmes mystiques de Rûmi. Émilienne est-elle soufie ? À certains égards, elle est proche du soufisme, mais elle n'est pas une soufie.

Voici d'abord les points de convergence : l'amour désintéressé de dieu – lequel est aimé pour lui-même, dans l'oubli de soi ; le détachement à l'égard des pseudo-valeurs de ce monde, des fausses valeurs sociales (Émilienne est indifférente aux honneurs décernés par les hommes) ; l'esprit de pauvreté, les biens matériels (à part ceux qui sont sanctifiés par l'esprit divin, comme ses oliviers) n'étant que de simples « nécessités », sans intérêt en eux-mêmes : Émilienne apprécie les belles choses, mais ne tient pas à *en avoir* chez elle – peut-être même, se méfiant de l'avoir qui attache, préfère-t-elle ne pas en avoir qu'en avoir ; le caractère purement intérieur et intime du chemin vers dieu ou en la compagnie de dieu ; l'expérience mystique du divin, qui peut aller jusqu'à la fusion mystique et à l'extase.

Voici maintenant les points de divergence : chez Émilienne, pas de sacralisation du Coran, lequel n'est qu'un livre fait par les hommes ; pas de pratique de la danse rituelle, le *sama*, à l'issue de laquelle le soufi laisse tomber son vêtement, que l'on ramasse, tandis qu'il accède à la contemplation mystique ; pas de dépendance absolue à l'égard du « maître » (*cheikh*) à qui l'« aspirant » doit l'initiation : Émilienne pense par elle-même ; pas d'ascèse volontaire (jeûne, etc.), bien qu'Émilienne pratique une sorte d'ascèse spontanée ; pas de caractère *exclusif* de l'amour : pour certains soufis, dieu seul doit rester dans le cœur – pour Émilienne, l'amour de dieu n'exclut pas l'amour humain, mais est le principe d'une sorte de purification de l'amour humain ; pas d'insertion dans une communauté de croyants : Émilienne n'est pas membre d'une confrérie ; pas de prière rituelle, laquelle ne va pas sans un certain manque : Émilienne ne manque pas de dieu, elle se sent proche de lui ou lui proche d'elle, jouit de sa présence.

Parce qu'elle pense par elle-même, à partir de ses propres expériences et d'un enracinement en raison, Émilienne, en dépit de son expérience mystique, est plus philosophe que mystique. En cela, elle est grecque. Disons qu'elle l'est essentiellement, non pourtant dans tous les domaines (dans son rapport à la sexualité, elle est loin de la liberté grecque, ou de la liberté gauloise de Montaigne : elle paraît marquée par le puritanisme anglo-saxon).

CX

29 novembre

« Par Beauté, m'écrit Michel Migot, j'entends celle qui est toujours déjà là, sans que main ou conception humaines y soient pour quelque chose » (lettre du 23 novembre), mais cette Beauté, « trop vue, trop connue », est tellement sous nos yeux qu'on ne la voit plus. Pour Émilienne aussi, le Beau est déjà là, en soi, indépendant de l'homme, comme le côté divin de toute la Nature. Aristote ajoute l'idée de finalité : « La finalité qui règne dans les œuvres de la nature, régissant la constitution et la production des êtres, est ce qui donne lieu à la beauté » (*Des parties des animaux*, 645 a 24-26). Or, dit Émilienne, si maintenant la Beauté est considérée non en soi, mais relativement à l'homme, elle est le Bien. L'opposé du Beau, le laid, relativement à l'homme, est le Mal. L'on ne peut décider arbitrairement de ce que signifie être homme ; l'on ne peut être homme arbitrairement. Car le Beau est déjà là, qui fixe le sens de l'homme :

rejeter le laid et le mal, suivre la voie du Bien et du meilleur. L'artiste et l'homme moral, ou l'homme en tant que moral, œuvrent selon une même visée, sous un même horizon. « Quel chemin suivre dans la vie ? », demande une épigramme de l'*Anthologie grecque* (*Anth. palat.*, 359) : « Sur la place publique ? luttes et affaires difficiles nous attendent ; à la maison ? des soucis ; aux champs ? des fatigues ; sur mer ? la peur ; à l'étranger, avec quelque bien ? la crainte ; sans ressources ? la vie dure ; marié ? l'inquiétude ; célibataire ? la solitude ; des enfants ? que de peines ! pas d'enfants ? une vie mutilée. » Quelque chemin que l'on choisisse, l'on aura des tracas, l'on rencontrera des obstacles. Mais l'on a, dans chaque situation, une boussole pour s'orienter. Il faut ne pas aller dans le sens de ce qui est laid, mais dans le sens contraire. Pour l'artiste, cela va de soi ; pour l'homme en tant qu'être moral, cela signifie refuser le mal, et sans doute aller vers le bien, mais il est plus facile de voir le mal et de s'en garder que de bien voir le bien. Le mal se reconnaît lorsqu'on a le sentiment d'un *écart* – par rapport à une voie que l'on ressentait comme étant la voie naturelle. On reçoit alors un avertissement. Ceux qui commettent le mal ont reçu cet avertissement intérieur, mais ont été sourds à cette voix du dedans, ont voulu l'ignorer. Le mal est beaucoup plus près de nous que le bien, car il est proche du présent, tandis que le bien est à venir. On va à reculons vers le bien. On suit la voie juste en évitant les mauvais chemins. Cela est vrai pour l'homme dans la conduite ordinaire de la vie. Cela est vrai aussi pour l'artiste créateur. Le beau et le bien, à venir dans l'action et la création, sont là comme résultats lorsque la fin est atteinte. Alors, on peut dire : « C'est bien », ou « C'est beau », et l'on ne demande pas : « en vue de quoi le bien ? », ou « pourquoi le beau ? », car ils sont le but recherché. Avec la Nature, le Beau est déjà là ; mais il appartient à l'homme d'ajouter de la beauté au monde.

CXI

2 décembre

De Nice, le 13 février 1888, Nietzsche écrit à son ami Peter Gast, qui est à Venise où il compose un opéra : « Je reproche surtout à Venise de vous *circonscrire* par trop ; je croirais volontiers qu'on a de temps en temps besoin d'une *cure* pour se dégager de l'influence de Venise… Pourquoi pas un saut dans les Alpes vénitiennes ? C'est étonnant ce que la *variatio sanat.* »

Mais quelques jours plus tôt, le 1er février, Nietzsche a écrit : « Un séjour en Corse ? On m'a parlé de Bastia, où il y aurait de petits hôtels avec pension à 3-4 frs par jour. Nombreux sont les transfuges de tous pays qui ont vécu en Corse (notamment des savants italiens, etc.). On vient d'inaugurer le *chemin de fer* entre Bastia et Corte (1er fév. 1888). Nous trouverions notre compte à la grande modestie des coutumes corses, à la simplicité des mœurs. Et – comme on y serait *loin* de la "modernité" ! Peut-être l'âme s'épure-t-elle et se fortifie-t-elle là-bas, devient-elle plus fière... (car je conçois clairement que l'on *souffrirait* moins, si l'on avait plus de fierté : vous et moi *ne sommes pas assez fiers...*) » (*Lettres à Peter Gast*, Éd. du Rocher, II, p. 295).

Ainsi Nietzsche suggère à son ami d'aller se ressourcer au pays de la fierté, la Corse. Ils manquent de fierté et de la force qu'elle donne. La fierté fait taire la souffrance ; prêtant moins d'attention à la souffrance, on souffre moins.

Mais qu'est-ce que la fierté ? « La fierté suprême s'incline paternellement et avec bienveillance sur autrui ; elle ne saurait se concevoir elle-même autre que dominante et bienveillante » (cité *ibid.*, I, p. 15-16). Est-ce là la fierté corse ? Émilienne reconnaît avec moi, dans cette description, la fierté de notre ami Noël, Corse de souche et de fidélité, au reste indépendantiste. Noël préfère donner, accorder, que recevoir et devoir ; il transpose cela à sa patrie corse, qui doit se passer de l'État français, se suffire à elle-même, fût-ce dans la pauvreté, ne pas être redevable, la vraie liberté étant à ce prix. Reste la générosité, le côté « grand seigneur » de Noël, que la patrie corse serait quelque peu en peine de pratiquer.

À la fierté de Noël, faut-il joindre la sagesse ? Cette pensée de Nietzsche donnerait à le penser : « Il me paraît, dit-il, que la sagesse et la fierté sont étroitement associées... Leur point commun est le regard froid et sûr qui, dans les deux cas, sait apprécier » (cité par Heidegger, *Essais et conférences*, p. 144). Noël sait apprécier...

Après avoir lu cette page, Noël (Natale) m'a écrit la lettre suivante, riche de sens, d'émotion, de vérité :

Cher Marcel,

J'ai lu le chapitre relatant la lettre que Nietzsche envoya à son ami Peter Gast. Il parle en termes élogieux des gens de Corse (du peuple corse) et de leur fierté. Je suis agréablement surpris, et je te remercie, car sans toi jamais je n'aurais su que le grand philosophe avait exprimé le désir de venir se « fortifier » parmi nous.

Oui, il y a une fierté corse – la fierté d'être un peuple héritier d'une culture et d'une histoire aussi riche que tourmentée. Cette fierté est aussi une armure nous protégeant des souffrances, car où la fierté s'affirme et s'élève, la souffrance recule et s'amenuise. Elle nous permet de rester debout envers et contre tout, et agit en exemple pour les générations futures. Elle nous rassure et nous apaise, permettant aussi de faire les choix raisonnables qui conditionnent notre vie de la façon la plus sûre.

Tu l'as bien compris et tu l'expliques très bien avec tes mots – et tu connais bien les mots –, mais tu ne fais pas qu'expliquer : tu nous honores, Marcel, et à travers moi tu honores mes ancêtres, bergers et montagnards, femmes et hommes, qui, grâce à cette fierté, ont surmonté les épreuves de la vie (de ces épreuves, peu de gens peuvent en soupçonner la dureté). Tu honores aussi mes camarades, qui, depuis trente ans, luttent au quotidien pour une Corse meilleure, apaisée, et libérée des chaînes de la dépendance.

Pour cette place dans ton prochain livre, pour cette place dans ton cœur et ton esprit, en leur nom et au nom de mon père, je te rends grâces et je t'assure de mon dévouement fraternel, Natale.

CXII

3 décembre

« Si on me demandait, écrit Montaigne, le chois de tous les hommes qui sont venus à ma connaissance, il me semble en trouver trois excellens au dessus de tous les autres. L'un Homère [...] L'autre, Alexandre le Grand [...] Le tiers et le plus excellent, à mon gré, c'est Épaminondas » (*Essais*, II, XXXVI, p. 751 PUF).

Épaminondas, l'homme moral *quoique* guerrier et homme d'État, est « le plus excellent » de tous les humains. Mais Homère est « quasi au dessus de l'humaine condition ». Il a créé des dieux. Et « je m'estonne souvent, dit Montaigne, que luy, qui a produit et mis en credit au monde plusieurs deitez par son auctorité, n'a gaigné reng de Dieu luy mesme ». Que Montaigne se rassure : Homère a bien été divinisé : une épigramme grecque parle du « divin Homère », puis : « Non, Homère n'est pas un produit de la terre : ce sont les Muses qui, du ciel, l'ont envoyé aux éphémères » (*Anth. de Planude*, 295) ;

une autre en fait un produit de la nature, qui, ayant concentré sur Homère toute sa capacité, après lui ne peut rien produire de meilleur (ép. 302) ; une autre veut que l'auteur de l'*Iliade* et de l'*Odyssée*, qu'il soit ou non un dieu, ait, en tout cas, les honneurs divins : « Si Homère est un dieu, qu'il reçoive les honneurs dus aux Immortels, mais s'il n'est pas un dieu, qu'on le considère comme un dieu » (ép. 301). Les Platoniciens ont divinisé Homère. Montaigne est sur la même ligne.

Or, la question que je me pose aujourd'hui est celle-ci : si Nietzsche avait fait, comme Montaigne, un « choix » des « plus excellents hommes », quels auraient-ils été ? Il m'est difficile d'en nommer trois. Sans risque d'erreur, je ne puis en nommer que deux. Le premier nom est celui d'Homère (si ce n'est que Nietzsche n'en fait pas un dieu, n'étant guère porté à diviniser qui que ce soit). Comment en serait-il autrement ? La main d'Homère a opéré une transvaluation de valeurs sinistres. Qu'en est-il de l'univers pré-homérique ? « Nos yeux ne plongent que dans la nuit et l'horreur, et se tournent vers les produits d'une imagination coutumière de l'atroce. Quelle image de la vie sur terre nous renvoient ces épouvantables et rebutantes légendes des théogonies ! » (« La joute chez Homère », in *Œuvres*, éd. Gallimard, I, 2, p. 193). L'*Eris*, la « Discorde », est maîtresse, mais il y a deux *Eris* : la mauvaise *Eris*, la plus ancienne, principe de la lutte haineuse, a mis au monde la noire Nuit ; mais le Zeus tout-puissant d'Homère a placé « aux racines de la terre et parmi les hommes » la bonne *Eris*, principe de la guerre noble, de la compétition (*agôn*), de l'émulation féconde et heureuse. Ainsi Homère, par une transvaluation des anciens instincts de cruauté, a rendu *légitimes* le combat et la joie de vaincre, fondant ainsi le génie grec. Sa place ne peut être que la première.

Quant au second nom des « plus excellents hommes », je n'ai pas d'hésitation à le choisir. Dire, avec Nietzsche : Montaigne, « cette âme, la plus libre et la plus vigoureuse qui fût », c'est bien le mettre au premier rang. Il le place toujours aux côtés des meilleurs : aux côtés de Machiavel pour l'« honnêteté » (*Œuvres*, X, 40), de Descartes, Pascal, Leibniz, pour la « souveraine hardiesse de l'esprit » (*Volonté de puissance*, II, 299), de Chamfort et de Stendhal, comme « connaisseurs d'hommes, qui ont eu par surcroît leur caractère et leur volonté propres » (*Œuvres*, XI, 334). En pleine sympathie avec « le scepticisme hardi et joyeux d'un Montaigne », il prend en pitié ce triste Luther avec ses « écœurants problèmes pour rustres arriérés » (XI, 284). Aux natures médiocres ou qui ont « quelque chose de vulgaire », Montaigne reste étranger : Sainte-Beuve n'a pas la « sûreté de goût » qu'il faut pour comprendre son « côté fort » (X, 285) ; même incapacité chez Michelet (XI, 336), les Goncourt.

Nietzsche se sent être, à certains égards, un autre Montaigne. « Montaigne m'a toujours ravi, dit-il, peut-être par affinité de tempérament : nous avons tous deux beaucoup de pétulance dans l'esprit, et, qui sait, peut-être dans le corps » (VIII, 535). On reconnaît, chez l'un et l'autre, « un cœur grand ouvert à toute compréhension, à toute intellection, à toute *approbation* » (VIII, 87) – ce que Éric Weil nomme l'« intelligence » –, mais aussi une morale dite « aristocratique », qui « a ses racines dans une acceptation triomphante du *moi*, qui est auto-affirmation, autocélébration de la vie » (VIII, 54). D'un côté (chrétien) : « Le moi est haïssable » ; de l'autre : « C'est moy que je peins. » N'est-ce pas aussi ce que fait Nietzsche ?

CXIII

4 décembre

Si semblables qu'ils soient par leur « tempérament », comme le veut Nietzsche, mais aussi par leur manière de penser – car, à l'encontre de tout esprit systématique, chacun pense et écrit indépendamment de ce qu'il a déjà pensé et écrit –, Montaigne et Nietzsche n'en diffèrent pas moins de façon radicale, comme l'équilibre diffère de son contraire ou la santé de la maladie. Car, lorsque Nietzsche écrit à Franz Overbeck : « Je crains de faire éclater l'histoire de l'humanité en deux » (18 octobre 1888), ou, à Peter Gast : « Il m'arrive parfois de regarder ma main avec une certaine méfiance, car il me semble que j'ai le destin de l'humanité "en main" » (30 octobre 1888), cela inquiète et est signe de délire. Lettres de la dernière année (de vie normale) sans doute, mais qui viennent dans la continuité d'une idiosyncrasie portant à l'inflation du moi. Montaigne est mort dans des conditions extrêmement douloureuses, victime non de lui mais de la nature et de l'ordre des choses, et sa fin m'attriste extrêmement ; Nietzsche a achevé sa vie victime de lui-même, et sa fin me désole sans m'attrister.

L'un et l'autre ont été des solitaires, mais l'un l'a été en société, se bornant à se retirer en sa Tour et en lui-même, l'autre hors de la société, fuyant les lieux mêmes où il se trouvait bien, dès lors qu'une société autour de lui se formait. L'un avait besoin de rentrer en lui-même pour, libre à l'égard des pensées convenues, retrouver le ton et les pensées justes ; l'autre se mettait à l'écart des hommes pour déblayer le terrain de tout ce qui avait été admis jusque-là dans l'ordre des valeurs, car il se sentait voué à nourrir des pensées extrêmes.

L'un et l'autre avaient leur ami. Pour l'un, l'ami, La Boétie, était celui pour qui l'on est tel qu'en soi-même, qui vit en vous et vous en lui, grâce à qui l'on n'est jamais vraiment seul, mais qui, mort, vous fait crier « Ô un amy ! ». Pour l'autre, l'ami Peter Gast est le secrétaire, dévoué aux dépens de son temps et de son œuvre (il était musicien), qui écrit sous la dictée, vous fait la lecture, revoit les brouillons, sans qui certaines œuvres n'auraient sans doute pas été publiées, et qui mérite et obtient une immense gratitude.

L'un et l'autre ont pour les natures féminines un certain goût, et sans doute Montaigne eût-il approuvé ce mot de Nietzsche : « Il faut sentir jusqu'au tréfonds de l'être *à quel point* la femme est un bienfait. » Oui : comme la vie elle-même. Cependant, du côté de Montaigne, l'on voit beaucoup de femmes et, en même temps, l'on n'en voit aucune (sa flamme pour Marie le Jars de Gournay n'ayant été qu'un feu de paille) ; et, du côté de Nietzsche, l'on ne voit qu'une seule femme et c'est comme si l'on disait aucune. Au château de Montaigne, vers 1580, il y avait cinq femmes autour du maître, lequel, dans ses relations, avait de nombreuses dames nobles, ses « belles amies » – mais en somme aucune, parmi elles, qui fasse oublier les autres. Et Nietzsche a sans doute aimé Lou Salomé durant quelques semaines, mais elle lui préférait Paul Rée, et lorsqu'elle lui annonça ses fiançailles (non avec Rée, mais avec un autre), il ne lui répondit pas.

L'un et l'autre eurent un profond intérêt pour la politique. Mais la politique de Nietzsche est d'un visionnaire et d'un prophète, celle de Montaigne, qui, lui, a mis les mains à la pâte, d'un réaliste et d'un moraliste : et de la conciliation des deux côtés – réalisme mais respect des valeurs morales – par la limitation des ambitions (Montaigne fut maire de Bordeaux...), le conservatisme (toute grande innovation est plus périlleuse qu'utile), le compromis entre les partis, la tolérance – mot ignoré de Nietzsche. Montaigne est près de nous et nous parle ; Nietzsche parle à des hommes non encore venus, et qui ne viendront jamais.

CXIV

5 décembre

Qui est Émilienne ? L'aventure qu'elle m'a contée hier soir peut en donner une idée. Elle avait vingt-cinq ans, était à Marseille, au repos entre deux missions pour l'humanitaire, au Caucase, au Moyen-Orient ou en Afrique. Sa sœur Sophie, après l'un de ces accidents qu'ont les sportifs et l'intervention chirurgicale à la jambe, attendait, immobilisée, que les ligaments se reforment et trouvait le temps long. « Tu as de la chance, disait-elle à sa sœur. Tu peux aller et venir, faire ce que tu veux, aller à la plage avec tes si beaux cheveux. » Ce dernier trait mit Émilienne en colère. Elle alla chez la coiffeuse, lui demanda de lui raser la tête. La coiffeuse refusa. Malgré les supplications de sa mère, Vân, qui pleurait, Émilienne insistait. Même refus ; mais un jeune homme qui se trouvait là accepta de couper les cheveux d'Émilienne, laquelle revint trouver sa sœur la tête rasée. Sophie ne dit plus rien. Émilienne lui avait « cloué le bec ». Elle était très bronzée, mais la tête était blanche. Qu'importe ! Le bonheur n'a rien à voir avec la beauté physique, selon elle. S'enveloppant dans la draperie idoine, elle jouait parfois au moine bouddhiste. Au bout d'un an, les cheveux avaient repoussé assez pour qu'on pût les tailler en brosse. Aujourd'hui, ils ont retrouvé toute leur magnificence.

Émilienne a des colères homériques, qui rappellent les orages sur la mer Ionienne que décrit Lucrèce et sont de toute beauté. J'en ai essuyé quelques-unes. Alors je fais le gros dos, souffrant pour moi – mais cela n'a pas d'importance –, souffrant surtout pour Émilienne, attendant que le calme revienne – simple question de temps. Les colères d'Émilienne surviennent lorsqu'elle se trouve devant une attitude, un mot, un geste, un changement de physionomie dont elle n'a pas l'explication – laquelle on est souvent en peine de lui donner, car on n'a pas, en général, la même sensibilité aux variations, aux nuances dans les manières d'être des humains.

Le geste d'Émilienne, d'ailleurs sublime – et dont ni Marie le Jars de Gournay, ni Lou Salomé, ni aucune des jeunes filles ou jeunes femmes dont les noms se trouvent dans mon *Journal* n'eût été capable, pas même Catherine –, ce geste eût ravi Sigmund Freud. Qu'eût-il pu imaginer ? J'y vois surtout une protestation, le signe d'une indignation : « J'ai de beaux cheveux, et puis ? Pourquoi parler comme si j'étais quelqu'un d'autre ? Où vas-tu chercher que je ne suis pas toi ? Si tu es allongée, c'est moi aussi ; et si je suis sur la plage à plaire aux hommes stupides, c'est toi aussi. Mais si tu veux, tiens, voilà mes cheveux. Tu es contente ? » Un geste d'amour, mais de quelle noblesse ! de quelle beauté !

CXV

6 décembre

L'histoire de la princesse et du petit pois permet de mesurer la susceptibilité d'Émilienne. Je n'entends pas ici par « susceptibilité » la disposition à se vexer trop aisément, mais la sensibilité aux menues influences ou événements, comme on l'entend en médecine. Les menus détails de la vie, qui n'ont pas d'effet sur les êtres grossiers, peuvent faire des bleus sur l'âme d'Émilienne. Ainsi en alla-t-il pour la princesse. Elle habitait un château au bord d'une grande forêt. Elle avait l'habitude de se promener dans des sentiers qui lui étaient devenus familiers. Or, un jour, sous l'effet de la rêverie conjuguée avec le chant des oiseaux, elle fut distraite et s'engagea dans un sentier inconnu. La nuit tombait. Elle voulut rentrer. Mais elle tournait en rond. Bientôt, elle ne vit plus le sentier. Elle avait peur. Des bruits étranges venaient des bois. Toutefois, elle aperçut une loupiote qui brillait entre les arbres. Elle se dirigea vers elle, vit une maison de bois, frappa à la porte. Une vieille femme, qui pouvait avoir cent ans, la reçut. Mais la vieille, méfiante, hésitait à croire que cette personne affolée, aux vêtements déchirés, était une princesse. Elle résolut d'en avoir le cœur net. Pour cela, après qu'elles eurent dîné, en la compagnie du reste d'un jeune homme qui pouvait être l'arrière-petit-fils de la vieille dame, celle-ci, ayant préparé un lit ultra-douillet avec neuf matelas, mit sous celui du fond un petit pois. Le lendemain : « Avez-vous bien dormi ? », demanda la vieille dame à la princesse. Celle-ci répondit : « Non, pas du tout ! Je n'ai fait que me retourner dans tous les sens et j'ai des bleus partout. J'ai eu une très mauvaise nuit. » Une personne dont la peau prenait des bleus à cause d'un petit pois ne pouvait être qu'une princesse, car seules les princesses ont la peau fine et délicate à ce point. La vieille femme, ayant reconnu à qui elle avait affaire, la fit raccompagner au château. Ce fut l'office du jeune homme. Les deux jeunes gens s'entendirent fort bien. Ils se revirent par la suite.

Émilienne est cette princesse. Le moindre petit pois la trouble, la fâche, lui met des bleus. Par petit pois, il faut entendre ici tout ce qui est vulgarité, mauvaise foi, vilaine arrière-pensée, zeste de bassesse, incongruité, plaisanterie de mauvais goût, soupçon de méchanceté, pointe de jalousie, bavardage distillant l'ennui, impertinence, etc., tout cela s'entendant dans la forme ou en l'état quasiment insensibles pour les humains communs, mais pouvant suffire à mettre Émilienne en colère, à lui donner envie de fuir les humains et de chercher refuge auprès de ses oliviers. J'ai moi aussi une sensibilité délicate – quoique pas autant qu'Émilienne – aux menus faits déplaisants, aux menus accrocs de la vie de relation avec autrui, mais je résiste autrement : je me fais une peau de crocodile, et je me terre en moi-même.

CXVI

8 décembre

1870-1871 : la guerre franco-allemande, criminellement provoquée par Bismarck, sottement déclarée par la France le 16 juillet 1870. Le Nietzsche de ce temps-là n'est pas encore celui que nous connaissons. C'est un être banal, qui se conforme à l'esprit allemand du moment historique et aux pensées de ses maîtres et amis. Faire comme tout le monde, voilà qui est bien peu « nietzschéen ». En réponse à « l'immense appel de l'Allemagne pour que chacun remplisse son devoir », il s'engage, à l'exemple des étudiants de Kiel qui « prennent les armes d'un seul cœur ! » (*Correspondance*, éd. Gallimard, II, 125). Friedrich Ritschl est le maître qui lui a reconnu un génie philologique, et à la recommandation de qui il doit sa nomination de professeur à l'université de Bâle. Ritschl vibre aux victoires prussiennes. Quand Nietzsche, infirmier, soigne des blessés, y compris des *turcos* (indigènes algériens incorporés dans l'armée française), il conseille à son élève de « ne pas avoir trop de pitié pour la bête fauve d'Afrique » (II, 593). Philologue et raciste ! Nietzsche lui écrit, après la chute de l'Empire français : « En quel temps aurons-nous jamais marché plus fièrement qu'aujourd'hui ? » (p. 136). Fierté d'Allemand ! Après quelques semaines à l'armée, de retour à Bâle, il y trouve une ville très profrançaise. Aussi écrit-il à Ritschl : « L'atmosphère politique est tout à fait répugnante ; il y a des gens qui manifestent ouvertement leur enthousiasme pour la trahison de Laon [un sous-officier du génie avait fait sauter la poudrière de la citadelle au moment où les vainqueurs y pénétraient : il n'y avait pas de "trahison"] » (p. 142). Friedrich, élève surdoué et bon Allemand ! Cosima Wagner, la femme d'un autre « maître vénéré », déteste les Français, leur « arrogance ». Elle cherche à enthousiasmer Nietzsche pour « les bonnes raisons allemandes des Prussiens » (p. 590). Et puis : « Les Français sont *incurables* ; je m'imagine que, si on leur prend l'Alsace et la Lorraine [!], ils seront encore, dans les cafés parisiens, persuadés de leur *gloire*. Si du moins ils *n'*étaient *que* ridicules ! » (p. 595) ; du reste, « ils manquent d'esprit tragique et cette guerre pour eux est plutôt une honte qu'un malheur » (p. 598). Vous avez tort de nous sous-estimer, madame ! Il n'est pas jusqu'à l'ami et sous-lieutenant Carl von Gersdorff qui oppose l'Achille allemand au Thersite français (mais après la bataille de Saint-Privat, il a protégé de la fureur des soldats l'église du village, pleine de centaines de Français blessés). [Thersite, dans l'*Iliade*, est un soldat achéen issu du peuple, « le plus laid qui soit venu sous Ilion », qui criaille sans cesse, s'en prend aux rois à tort et à travers, cherche querelle aux héros et se fait châtier par Ulysse.]

En 1869, Nietzsche, pour être nommé professeur à Bâle, a dû obtenir de n'être plus un sujet prussien. Il n'est pas devenu pour autant citoyen suisse ; il fut *heimatlos*, « sans patrie », et le resta. Toutefois, en 1870, il se sent allemand, et il entend accomplir son « devoir *allemand* » (p. 126). Le sénat de l'université lui accorde un congé et l'autorisation de participer à la guerre « dans le service de santé » (p. 592). Aussi, écrivant à Wilhelm Vischer, administrateur de l'université, il dira sa satisfaction « d'avoir apporté quelque contribution, fût-elle minime, à cette grande cause qu'est l'assistance générale aux malades » (p. 133). Nietzsche engagé dans l'humanitaire… Après sa démobilisation, redevenu simple spectateur, il dira : « Je dois me contenter de regarder de loin et de *compatir* » (p. 140). Ce n'est pas encore le contempteur de la pitié !

Cependant Nietzsche, jusque-là en phase avec le mouvement général, se ressaisit dès qu'il voit la guerre, après Sedan, prendre un tour différent : « L'actuelle guerre *de conquête* que mène la Prusse m'est de moins en moins sympathique », avoue-t-il – à sa mère et à sa sœur (p. 153). La Prusse « actuelle » lui semble « une puissance au plus haut point dangereuse pour la culture », dit-il à l'ami Gersdorff. Ritschl, très proprussien, devient « le vieux Ritschl », qui « déblatère » – contre Wagner écrivain, contre les Français (p. 460), lui-même « passe pour admirateur des Français ». Cosima savait qu'elle lui ferait plaisir en lui offrant pour Noël, en 1870, « une superbe édition complète de Montaigne [celle de Coste], que je révère grandement » (p. 159).

CXVII

12 décembre

J'ai réduit au maximum la part de l'inutile et du seulement plaisant : pas de télévision, pas de journaux sauf *Corse-Matin*, que je parcours et lis parfois, pas d'écoute des émissions culturelles, aucun intérêt pour les « débats d'idées », les cafés-philo, etc. ; restent les lettres de courtoisie, obligées quoique inutiles (elles remplissent la correspondance de Bergson), et celles qui distillent l'ennui, auxquelles pourtant il faut répondre, et les heures passées dans une compagnie qui ne donne qu'un maigre plaisir. À la différence de la part de l'inutile, la part de l'utile ne peut guère être réduite : « commissions » à faire si l'on veut manger, loyer à régler, impôts, assurances ou factures à acquitter, médecins à voir, et l'entretien de la maison, de la voiture, etc. Tout cela définit, dans ma vie, une moitié inessentielle, à laquelle je n'accorde, au fur et à mesure des nécessités, qu'une attention purement pratique et qui oublie vite.

S'il n'y avait rien d'autre, j'aurais le sentiment d'une vie irréelle. Mais il y a le réel et ses degrés. Lorsque je converse par téléphone avec mes proches ou tels de mes amis, j'atteins un certain degré de réalité ; de même lorsque j'ai un échange d'idées avec Noël, même si Noël apporte plus que moi, qui, surtout, écoute (car j'ai peu à dire sur le destin de la Corse !). Les lettres sont inégalement réelles. Certaines ont trop de rhétorique, ou trop de convenu, ou trop d'affectation. Elles me semblent réelles à mesure de leur sincérité. Ainsi de Mireille, de Zahra, et d'amis que je ne me risque pas à citer, car j'en oublierais. Par exemple, lorsque Marie-Noële m'écrit : « Il me semble qu'avec Émilienne vous êtes bien près du bonheur », je sais que son cœur parle et que ce bonheur, elle me le souhaite ; et puis le mot « Émilienne » est, par lui-même, un élément de réalité.

En définitive, c'est seulement lorsque je suis et existe dans la constellation émilienne, surtout lorsque je parle avec Émilienne – que ce soit au téléphone, chez moi ou ailleurs –, mais déjà lorsque je l'attends, que j'ai le sentiment de vivre une vie pleinement réelle. « Savez-vous ce que c'est que d'attendre un ami, d'attendre qu'il vienne, et de le voir tarder ? » (Newman, *Sermons*, t. IV, 22). Hier, Émilienne devait venir « en fin d'après-midi ». Je pensais qu'elle prendrait le thé. Je me suis préparé, avec l'aide de gâteaux de pâtissier. Elle n'est pas venue. Mais l'attendant, je *vivais*. Lorsqu'elle vient et est là, alors je peux dire : « Savez-vous ce que c'est de vivre pour quelqu'un qui est près de vous à tel point que vos yeux suivent les siens, que vous lisez dans son âme, que vous voyez tous les changements de sa physionomie, que vous prévoyez ses désirs, que vous souriez de son sourire et vous attristez de sa tristesse, que vous êtes abattu lorsqu'il est ennuyé, et que vous vous réjouissez de ses succès ? » (Newman, *ibid.*). Hier, Émilienne n'est pas venue. Qu'elle vienne ou ne vienne pas, cela fait pour moi une différence, celle entre la joie et la déception, mais non dans mon amour pour elle. Mon amour est sans variation, car Émilienne est parfaite dans tout ce qu'elle fait ou ne fait pas, et toujours tout entière elle-même. Elle n'est pas moins Émilienne en ne venant pas qu'en venant. Elle est un être parfait. Seul mon bonheur varie, non elle. Or, mon bonheur ne mérite pas mon attention, mais seulement elle. C'est en n'ayant aucun souci de moi que j'obtiens la pleine réalité.

C'est de cette façon aussi que je trouve le site et l'état, la façon d'être où je suis le mieux pour philosopher comme jamais. Car, libéré de soi, on n'est pas libre seulement pour Émilienne, mais libre est le regard que l'on a sur toutes choses, une fois la subjectivité éteinte.

CXVIII

13 décembre

Si l'on considère seulement l'art d'écrire, et non l'intérêt pour l'acquisition des connaissances et la communication entre les peuples, y a-t-il avantage à ce que l'enfant apprenne, en même temps que sa langue maternelle, une deuxième langue ? La réponse dépend de ce qu'est sa langue maternelle, dit Nietzsche. Ce serait une bonne chose pour l'enfant allemand d'apprendre le français, mais il ne serait d'aucune utilité pour l'enfant français d'apprendre l'allemand.

Nietzsche répond à une question de Malwida von Meysenbug. Dans une lettre du 7 janvier 1873, elle demandait : « Tenez-vous ou non pour recommandable l'apprentissage simultané de plusieurs langues dans la petite enfance ? Car j'ai vécu autrefois parmi des partisans zélés de ce système, qu'ils considéraient comme d'un inappréciable profit. Pendant un certain temps, j'ai partagé cette vue [...] Mais depuis j'en suis revenue [...] »

De Bâle, vers la fin février, Nietzsche répond ceci : « Je ne crois pas qu'on puisse donner une réponse générale à votre question. Il importe de savoir quelle est la langue maternelle. Je ne dispose pas d'expériences, mais j'ai l'impression que, par exemple, ce serait une vraie chance pour un enfant allemand d'être élevé dans une langue de culture rigoureuse et méthodique, le français ou le latin, de telle sorte que se développe fortement en lui le *sens du style* dont bénéficierait, apprise ensuite, sa langue maternelle, quelque peu barbare. En revanche pour les Grecs autrefois, pour les Français maintenant, il aurait été, il serait certainement inutile d'apprendre une quelconque deuxième langue ; des peuples comme ceux-là, qui possèdent à un pareil degré un sens propre du style, peuvent se contenter de leur propre langue » (*Correspondance*, Gallimard, t. II, p. 407).

Ainsi les Français, qui acquièrent avec leur langue le « sens du style », peuvent se dispenser d'apprendre l'allemand. Vaut-il mieux qu'ils ne l'apprennent pas ? Je le crois. Il me suffit, pour m'en convaincre, de lire certains philosophes français adeptes de philosophie allemande, et qui, dans leur langage, se sont peu ou prou germanisés. Leur style est lourd. J'ai senti que la pratique des langues étrangères nuirait à mon style. Aussi me suis-je gardé de l'acquérir. Je me suis contenté de savoir les lire, pour autant que cela m'était utile.

CXIX

14 décembre

Diogène de Sinope était un « cynique », du mot κύων, « chien ». « Je suis Diogène le Chien », disait-il, et il expliquait : « Ceux qui donnent, je les caresse de la queue ; ceux qui ne donnent pas, je les poursuis de mes aboiements ; quant aux méchants, je les mords » (Diogène Laërce, VI, 60). Il s'appliquait à être un « vrai Chien », *aplokuôn*, bien qu'en fait ce soit là plutôt le sobriquet d'Antisthène (VI, 13). Platon le traitait de « chien » ; les enfants disaient : « Attention qu'il ne nous morde pas » ; lorsqu'il déjeunait sur la place publique, les gens faisaient cercle autour de lui, regardant manger le « Chien ». Il arriva qu'on lui lança des os comme à un chien ; « lui, avec désinvolture, leur pissa dessus comme un chien » (VI, 46). Il avait l'habitude de « tout faire en public, aussi bien les œuvres d'Aphrodite que celles de Déméter » (VI, 69) – je laisse à deviner. Il argumentait que si ce qui est naturel n'a rien de déplacé, il n'y a rien de déplacé à le faire sur la place publique aussi bien que chez soi : le *nomos*, la loi, n'est que convention, il faut revenir à la nature, *phusis*. Une seule chose compte : n'être pas esclave, et on l'est si l'on se soumet aux conventions, lesquelles sont irrationnelles, variant d'un peuple, ou même d'une cité, à l'autre. La liberté à l'égard des conventions, des préjugés et des tabous (par exemple, il ne voyait rien d'impie à manger de la chair humaine) est la vraie liberté du sage, et il « mettait cette liberté (ἐλευθερία) au-dessus de tout » (VI, 71). Le chien était l'exemple de l'animal qui ne fait que suivre sa propre nature. Et Diogène célébrait tous les jours à sa façon l'*Éleuthérie*, la fête de la liberté – par exemple, en se masturbant devant tout le monde.

Or, lisons les *Lois de Manou* (Garnier, s.d.). Le livre quatrième énonce les préceptes touchant les moyens de subsistance du brahmane. Il peut vivre par le secours du *rita* (action de ramasser des grains de riz ou de glaner), de l'*amrita* (ce qu'on vous donne et qui n'est pas demandé), du *mrita* (l'aumône mendiée), du *pramrita* (le labourage), ou même du *satyânrita* (le commerce), mais jamais par la *swavritti*, la servitude, où l'on dépend d'un maître, car c'est là la vie des chiens. Ainsi le Cynique s'applique à ressembler à un chien, alors que le Brahmane doit « éviter avec le plus grand soin » (IV, 6) de ressembler à cet animal.

Cette différence s'explique par le fait que le Cynique songe au chien errant et Manou au chien domestiqué, tenu en laisse, lâché de temps en temps, le premier étant sans maître, le second soumis au bon vouloir d'un maître et ayant, dans un honteux esclavage, abdiqué toute dignité.

Mais le sage grec et le sage hindou se rejoignent dans l'affirmation de la liberté, de l'indépendance, le rejet et le mépris de la servitude.

CXX

15 décembre

Chère Émilienne, faisons le point de notre amitié. Il y a cinq mois, le 15 juillet, tu me disais que tu n'avais ni souhaité que je vienne en Corse, ni souhaité que je n'y vienne pas : indifférence pyrrhonienne. Tu m'as dit hier que tu étais heureuse que j'y sois venu et que j'y sois. De plus, alors qu'il y a cinq mois, tu me disais que celui que tu aimais n'était pas l'homme mais le philosophe, hier, tu m'as dit que tu m'aimais : que tu as une amitié forte pour l'homme que je suis. Tes paroles m'ont rendu heureux, même si elles ne m'ont pas beaucoup surpris, quoique ne m'y attendant pas, car depuis quelque temps je les sentais venir.

De mon côté, tu sais que je t'aime : je te l'ai dit et répété – et même trop souvent, d'après Marie-Ange (elle ne m'a pas expliqué ce « trop souvent »). Il ne s'agit pas seulement d'amitié, mais de quelque chose de plus. « Un tantinet » est une expression que je t'ai vue employer, avec admiration, je dois le dire, pour les progrès que tu fais dans les finesses du français. Or, je crois bien, et même j'en suis sûr, que je suis un tantinet amoureux de toi. Mais hier, alors que tu dégustais la troisième des clémentines que je t'avais épluchées, je t'ai expliqué que cet amour amoureux ne devait pas être pensé comme quelque chose à côté de mon amitié, mais plutôt comme une nuance ou une coloration de celle-ci. Or, comme mon amitié est infinie et que quoi que ce soit s'ajoutant à l'infini ne l'augmente de rien, je pourrais, si tu le croyais préférable, faire en sorte que cet epsilon, qui est toutefois bien plus qu'un epsilon, s'exténue et au bout d'un certain temps, grâce à l'empire que je puis avoir sur mes pensées, disparaisse. Resterait l'amitié n'ayant plus sa coloration de rêve, mais entière et forte.

Serait-elle alors semblable aux autres amitiés fortes qui, sur le fond de l'enchantement que tu es, enchantent aussi ma vie ? Non, pas tout à fait, car dans notre amitié, il n'y a que toi et moi. Or, si Georges est un grand ami, il y a aussi Danielle (et je m'en réjouis) ; et avec Zahra, il y a Jérémie ; avec Élodie, Valéri – pour m'en tenir à des amis récents. Si je songe à des amis plus anciens, il en va de même : avec Françoise, il y a Sarosh ; avec Danièle, Christian ; avec Sébastien, Syliane (à égalité), etc. Si enfin je remonte à mes amis corréziens, je puis dire qu'avec chacun d'eux, il y a non seulement un ou une autre, mais tous les autres.

Ainsi, j'ai mes amis et tu as les tiens ; tu as tes parents et j'ai les miens, mais cependant, disais-je, dans notre amitié, il n'y a que toi et moi. Et pour moi, tu es un monde ; et pour toi, que suis-je ? un monde aussi, peut-être. Et plus mon amitié insiste vers toi, dans une attention à toi toujours plus détachée de moi et libre pour toi, plus ainsi je te découvre et plus je vois qu'il y a à découvrir encore, et à l'infini. Or, l'amour amoureux, bien qu'il ne soit qu'une nuance de mon amitié, m'aide à te connaître, car il augmente ma sensibilité aux menus faits – paroles, gestes, jeux de physionomie – par lesquels tu te manifestes, et me rend plus réceptif à ton harmonie intérieure. Car c'est un amour non d'appropriation, mais de respect, d'effusion, d'effacement devant toi, et où il y a de la dévotion – ou quelque chose qui y ressemble. C'est pourquoi, il ne me paraît ni nécessaire ni bon de l'extirper. N'as-tu pas dit qu'aimer était, en soi, une bonne chose ?

CXXI

16 décembre

Cela se passait il y a cinquante ans. La pilule contraceptive n'existait pas. C'est pourquoi Annie avait attendu d'être mariée pour me proposer d'être ma maîtresse (elle s'était d'ailleurs mariée à cette fin). Rien ne s'opposait à ce que nous ayons des échanges dont chacun n'aurait qu'à se louer. Car j'étais beau comme la jeunesse et bien fait, et Annie également : je pense qu'elle eût satisfait au « canon » de Polyclète, s'il en eût prévu un pour les corps féminins. Je n'étais pas amoureux d'elle, mais elle me tentait. Pourquoi ne pas accueillir le plaisir d'amour lorsqu'il est innocent, surtout si l'on en est frustré ? Dès lors que deux êtres se plaisent et qu'il n'en résulte aucun mal pour autrui, nos conjoints ne sachant rien de nos rencontres, la morale n'y a que voir. « Alors pourquoi, m'a demandé Émilienne, n'as-tu pas voulu avoir une maîtresse et que ce soit Annie ? » Voici ce que je lui ai répondu : « La philosophie comptait pour moi plus que tout. C'était ma vie. J'ai craint que la relation avec Annie, outre qu'elle me prendrait du temps aux dépens du travail, ait pour effet de me déconcentrer : des pensées érotico-forestières (Annie avait prévu que, lorsqu'il ferait beau, l'on se rencontrerait dans la forêt de Bernay, en son endroit le plus épais) pouvaient, par exemple, venir contrarier mon étude de la déduction transcendantale chez Kant (je lisais le livre de Vleeschauver – trois volumes pour tenter d'expliquer quelques pages confuses). » Or, je ne fus pas satisfait de cette réponse. Certes, je voulais réserver à l'étude de la philosophie mon temps et mes efforts (et qui sait si je n'appréhendais pas, chez Annie, une certaine voracité ?). Mais il y avait surtout autre chose. Que ce soit par mes élèves de lycée ou par mes étudiants de faculté, j'étais un professeur respecté. Je pensais que s'ils savaient que j'étais infidèle à ma femme, ils n'auraient plus pour moi le même respect. En imagination, j'avais honte devant eux – devant tel ou tel, particulièrement. Certes, nul ne saurait rien de ma mauvaise conduite. « Nul », sauf moi. Je sentais que je n'aurais plus droit au respect que l'on me portait. Je n'irais pas donner mon cours sans un certain mépris pour moi-même. Bref, si je me suis abstenu de céder à la tentation, ce fut non par l'effet de quelque préoccupation morale, encore moins religieuse, mais simplement pour continuer à me sentir digne de l'estime d'autrui, et, corrélativement, de ma propre estime. Ce n'est pas la peine, pensais-je, de prétendre être de la race des philosophes, de ceux qui vivent de la vie de l'esprit, et ce n'est pas la peine d'être *moi*, si je m'abîme dans des choix vulgaires, si je suis comme les humains quelconques, faibles et menteurs. Telle est la seconde réponse que je fis à Émilienne. « Je reconnais tout à fait Marcel dans cette réponse », me dit-elle. Je suis finalement heureux de n'avoir apporté aucun dérangement aux jeux des petits oiseaux dans la forêt de Bernay.

CXXII

18 décembre

« Rares sont les gens qui se sacrifient sans broncher à une juste cause », écrivait Sophie Scholl en juin 1940, alors qu'elle n'avait encore aucun lieu de penser qu'elle serait de ceux-là. Rares furent les membres de ce cercle, « la Rose blanche ». Il y a « notre cercle et les autres », observe Sophie (Hans et Sophie Scholl, *Lettres et carnets*, Tallandier, 2008, p. 253). Avec la famille Scholl et les amis autour, c'était un souffle d'air pur dans l'air empesté de l'Allemagne. Grâce au père, Robert, pacifiste, qui avait refusé, en 14-18, de servir sous les drapeaux, qui traitait Hitler de « fléau de Dieu » et fut emprisonné pour cela, enfants et amis voyaient juste, tout simplement. Ils savaient que la doctrine nazie de l'inégalité foncière des humains était fausse, que la guerre en elle-même est un mal, que la guerre totale était le dernier mot du nihilisme européen, que la cause de l'Allemagne était injuste : « Je voudrais être hors d'Allemagne », dit Hans (p. 83). Il faudrait que dans un conflit les gens puissent prendre le parti qu'ils estiment juste, dit Sophie : « Il n'est pas bien que l'on défende sa nation envers et contre tout, pour la seule raison que c'est sa nation » (p. 246). Partout où vont les nazis, le crime les accompagne. « Pourquoi tant de citoyens, en face de leurs crimes, restent-ils indifférents ? On préfère ne pas y penser. Notre peuple continue de dormir, d'un sommeil épais, et il laisse à ces fascistes criminels l'occasion de sévir » (deuxième tract de la Rose blanche, été 1942). Hans, Sophie Scholl et leurs amis crurent pouvoir, par la seule force des mots dès lors qu'ils étaient vrais, amener leurs compatriotes à s'éveiller, à prendre conscience, à se soulever contre le régime. Leur sacrifice ne fut pas sans écho, ni sans quelque effet, on le sait aujourd'hui.

Dans l'air empesté de l'Allemagne, un être libre se sentait étouffer. Sophie écrit plusieurs fois qu'elle « désire cesser d'exister, ou n'être qu'un arbre ou, mieux encore, un fragment d'écorce » (p. 227, 342). Heureusement, l'Allemagne n'est pas tout : il y a la nature, la musique, la littérature étrangère, et il y a Dieu. J'étais un fils de paysan. Les champs, les prés, les bois étaient pour moi des lieux de travail. Je n'ai jamais songé, dans ma jeunesse, à trouver la nature « belle ». Aujourd'hui, je la découvre, en Corse, en partie avec les yeux d'Émilienne. Hans et Sophie étaient d'un milieu aisé. Leur père était, je crois, conseiller fiscal. Ils pouvaient *regarder* la nature. Un paysan ne regarde pas la nature. Sophie s'extasie devant la « beauté des bois », la « beauté "indescriptible" des montagnes »

(p. 300), et « je m'émerveille, dit-elle, de la beauté inouïe de tout ce qui n'a pas été créé par l'homme » (p. 326). Un paysan n'écoute pas non plus la musique. Il a toujours autre chose à faire. En tout cas, chez moi, on ne l'écoutait pas, et il n'y avait ni disque, ni piano ou autre instrument. Les enfants Scholl doivent à la musique de grandes joies ; ils ont la frénésie des concerts, leur goût va à Jean-Sébastien Bach, à Beethoven, plutôt qu'à Saint-Saëns, et ils ignorent Wagner. Si l'on sait écouter la musique avec abandon, « la récompense en est un cœur détaché, un cœur ingénu, un cœur qui est devenu réceptif à l'harmonie et à l'harmonieux » (p. 302).

En littérature, le souffle d'air pur venait de Russie, avec Dostoïevski, ou de France, avec des auteurs chrétiens comme Bernanos, Léon Bloy, Claudel et *Le Soulier de satin*, Maritain, Gilson, avant tout Pascal ; mais aussi Baudelaire, Gide, Cocteau : « Je vénère ces deux grands Français, Pascal et Baudelaire », écrit Hans, et « Pascal est incroyablement sévère. Mais indispensable » (p. 101). En 1940-1943, j'avais à peu près l'âge de Hans et de Sophie. Je ne me séparais guère de Pascal. Nous avons médité sur les mêmes pensées, mais je refusais le pari. Quant à Bernanos ou Léon Bloy, je ne les lisais pas et ne les ai toujours pas lus. Hans faisait des études de médecine, Sophie suivait une formation de puéricultrice. Ils ignorent les philosophes : grande différence avec moi, au même âge. Hans a lu quelque peu Nietzsche, mais il écrit : « Il n'y a pas de philosophie actuellement » (p. 181). Ainsi la renommée de Heidegger ou de Jaspers n'était pas allée jusqu'à Ulm (résidence des Scholl). Il fait un énorme contresens sur Kant : « Quel mal Kant n'a-t-il pas fait avec son impératif catégorique ! » (p. 131) ; il a été induit en erreur par son maître Theodor Haecker, converti au catholicisme sous l'influence du cardinal Newman, qui écrivait : « Faire des phrases sur le devoir, c'est véritablement déshumaniser l'homme » (p. 131, n. 2). J'ai lu les *Fondements de la métaphysique des mœurs* à l'âge de seize ans : je ne me suis pas senti déshumanisé, au contraire. Pour les nazis, l'« impératif catégorique » était d'obéir au Führer ; mais Kant n'est pour rien dans cette dérive.

Si la nature, la musique, la littérature permettaient à Hans et à Sophie de respirer, la source essentielle de leur force et de leur engagement était Dieu incarné en Jésus-Christ, qu'ils invoquaient dans leurs prières. Quelle différence avec les jeunes qu'alors, en Corrèze, je connaissais, qui, disciples d'Auguste Comte sans le savoir, considéraient la religion comme « dépassée », ce qui en restait n'étant qu'une survivance des temps obscurs ! Car, désormais, régnaient les Lumières. « Je vis pour la première fois en fervent chrétien », écrit Hans en décembre 1941 ; « en chrétien clairement convaincu », ajoute-t-il (p. 128), et : « Je prie. Cette année, Christ est né de nouveau en moi » (*ibid.*). « Toute seule, je n'arrive à rien », dit Sophie, mais : « J'aimerais tant croire que je peux acquérir des forces à travers la prière » (p. 287). Elle prend la résolution de « prier chaque jour à l'église » (p. 303). Mais elle songe à son engagement, et elle a peur : « J'ai la peur en moi et rien que la peur, et j'ai soif de celui qui peut me délivrer de cette peur » (p. 333). Mais Dieu est si loin : « Parfois, quand j'articule le nom de Dieu, j'ai envie de m'abîmer dans le néant » (*ibid.*).

Les monstres, eux, sont tout près. Pour avoir, le 16 février 1943, déposé des tracts imprimés à la sortie des salles de cours et lancé les derniers exemplaires par-dessus la balustrade, Hans et Sophie Scholl furent arrêtés à l'université de Munich le 18 février, et guillotinés le 22.

CXXIII

20 décembre

Élodie m'a écrit la lettre suivante, pleine de désarroi, de révolte et de force qui s'essaie :

Les jours défilent et je me replie. Le monde m'échappe. Mélancolique orgueilleuse, je cherche dans les livres des femmes pour modèles, prostituées ou saintes, folles en tous genres dont les destins me consolent de mon obéissance au rôle maternel. Je m'efforce d'être sage, de ne pas hurler, d'enchanter ma maison aussi, pour que les enfants sachent le faire à leur tour, et s'émancipent de la médiocrité ambiante. Mon autorité est vide de sens et je ne sais pas les faire rêver. Mon sentiment de la disparition du monde tient au fait que plus rien, de là où je suis, ne fait autorité. Le sens a déserté la place publique. Plus d'amour dans cette république.

Je m'exile, me coupe et me tord. Je pleure aussi beaucoup et travaille ma souffrance comme une matière. J'écris mes chansons, m'enivre de musique. Je pense à toi, à Isabelle Bonté, une de mes amies, qui fut jadis ton élève et l'amoureuse d'Armand Mimar, lui aussi ton élève. Te souviens-tu d'eux ? Je sais qu'Armand est très attaché à toi. Il vit à New York et songe à rentrer en France, parce qu'il a tout perdu dans le krach boursier.

Les SDF s'amoncellent sous mon abri-bus, et s'alcoolisent… Le monde décroît, il s'efface peu à peu ; se transforme peut-être ? Mais rien ne vient, pour l'instant, compenser les manques : pas de pensée, pas de sens, pas de politique. Valéri, devenu depuis peu chef de service, se confronte à la folie des gestionnaires de l'hôpital plus qu'il ne se consacre à l'accueil de celle de ses patients. Une économie absurde croit pouvoir comprimer la réalité des êtres et des souffrances en supprimant des lits, des infirmières et des médecins. Moins de structure = moins de malades !

Demain, je retrouve un ami, Brice, assistant, autrefois, de Jean Rouch. Je vais lui parler du documentaire que je prépare : un film sur la Fête, sorte de captation ethnographique de mes concerts. Je veux saisir la vitalité et l'énergie de ces instants bruyants, la joie, l'ivresse, la contrepartie de la solitude, les forces vives du corps pris dans la musique. As-tu déjà dansé à corps perdu ? [Certes non, et je hais cette idée.].

La suite de la lettre est sur papier rouge, le grand ennemi de mes yeux fatigués. Je ne puis la lire. J'en devine le ton : le monde se disloque, le sens s'en va à vau-l'eau.

Que faut-il entendre, ici, par « monde » ? Je songe à ce que j'ai écrit dans *La Mort et la pensée* : « Nous entendons par "monde", au sens plein du terme (*cosmos*), un ensemble organisé, sensé, *où l'homme trouve sa place sans problème*, ou plutôt où il surgit comme *y ayant déjà sa place*. Il n'a pas à "donner un sens" aux choses, car les choses sont déjà pleines de sens. Dans un "monde", le sens ne va pas de moi aux choses : le monde est le lieu d'où vient le sens, il est donateur de sens. On n'a pas à "chercher autre chose", à "créer", etc., on est comme investi par le sens, on n'a qu'à vivre » (2e éd., p. 106).

*

* *

Pour aider Élodie, j'ai mieux même que les mots de l'amitié. C'est une photo d'Émilienne due à Pascal Dolemieux, à propos de laquelle Armelle Hubert m'a écrit ceci :

> Belle, Émilienne est belle, d'une vraie beauté parce qu'habitée d'une force qui irradie, rayonne. Elle est resplendissante de santé, de vie, de bonheur ou de joie – j'hésite entre les deux mots –, et d'une telle présence que, même en photo, elle est là vivante, avec son beau sourire. Authentique, c'est un mot qui me vient tout de suite, chaleureuse, sans apprêt, comme j'aime ! Bien sûr, j'ai fait circuler cette photo parmi mes amis ; tous sont unanimes pour la trouver magnifique et partagent mon enthousiasme. Si je la rencontrais, je lui dirais tout simplement « Émilienne », et je l'embrasserais. Comme je comprends votre « ravissement », le bonheur d'être près d'elle : d'une certaine manière, vous retrouvez vos racines qui ont fait de vous un philosophe, avec cet amour partagé pour le vrai, le beau, le simple, le

bon, la nature. Vous deviez vous rencontrer. Comme vous avez eu raison de venir la rejoindre en Corse !

Cette photo, je l'envoie à Élodie, comme étant par elle-même une leçon de vie. Il est impossible, quand on voit ce visage, de se plaindre d'être au monde, tant la preuve est là que la joie est consubstantielle à la vie. Car la joie ou, si l'on veut, le bonheur d'Émilienne, telle qu'on la voit ici, sont sans cause ; ils viennent du dedans. C'est ce qui fait que cette photo est extraordinaire : tout ce que l'on voit au-dehors vient du dedans. Telle cette sublime fierté de soi : voyez, c'est moi ! Aucun orgueil, une tranquillité souveraine dans la possession de soi, mais sans égoïsme, car jointe à une évidence de bonté. Très différente est cette photo que j'ai prise d'Émilienne, alors qu'elle venait d'apprendre qu'elle avait le permis pour construire sa maison de bois, au sommet de la colline des oliviers. Elle est contente. Elle tient contre elle, avec le bras droit, la bouteille de champagne que je lui ai donnée. Elle a un sourire de joie. Mais cette joie a une cause extérieure : une bonne chose est arrivée. Dans la photo Dolemieux, c'est autre chose : la joie vient de l'intérieur, de la vie même – joie bien plus profonde, plus essentielle.

CXXIV

21 décembre

Émilienne n'a pas grand-chose à voir avec Antée. Si je les compare, c'est seulement sur un point.

Antée est un géant de cent pieds de hauteur, fils de Poséidon (Neptune) et de Gaia (la Terre). Il se mettait en embuscade dans les sables de la Libye, provoquait les voyageurs à lutter avec lui, les écrasait sous le poids de son corps. Il avait fait vœu d'élever à Poséidon un temple avec les crânes des vaincus. Héraclès, provoqué par ce géant, le terrassa mais en vain. Antée reprenait des forces nouvelles toutes les fois qu'il touchait la Terre, sa mère. Si finalement Héraclès eut raison de lui, ce ne fut qu'en le soulevant en l'air, de façon à pouvoir l'étouffer dans ses bras.

Or, Émilienne est semblable à Antée dans la façon dont elle restaure ses forces, si ce n'est que la « Terre », pour elle, c'est son dieu. Elle se ressource en revenant *en lui*. Si je lui téléphone en fin d'après-midi, après une journée passée à l'hôtel, aux oliviers, aux chevaux, aux plans du chalet, la voix est fatiguée, la fatigue se sent. Or, quelques heures plus tard, c'est comme si je ne sais quoi d'heureux, ou une bonne nouvelle, lui étaient arrivés. La voix, les paroles respirent la paix retrouvée, la joie calme. Aucun événement extérieur, pourtant, n'est survenu. Mais les humains, leurs problèmes et les siens étant remis au lendemain, elle n'est plus alors en compagnie qu'avec elle-même dans la solitude, mais en même temps aussitôt en communion avec son dieu, dans le mystère du pur fait de vivre, se sentant en lui comme dans un océan de béatitude.

CXXV

22 décembre

J'ai remis à Émilienne un écrit où je fixe mes dernières volontés relatives à mes obsèques (incinération du corps, cendre répandue sur le terrain d'Émilienne, messe en latin ou en langue corse, beaux chants corses). Or, j'ai ajouté la phrase suivante : « Toute parole d'Émilienne devra être considérée comme ma propre parole. »

Cela m'amène à une palinodie. J'ai écrit (*Diversités. Journal étrange IV*, chap. XLV) que Montaigne avait tort, à certains égards, sur le sujet de l'amitié « parfaicte ». Je me rétracte. « En l'amitié dequoy je parle, écrivait Montaigne, les ames se meslent et confondent l'une en l'autre, d'un melange si universel, qu'elles effacent et ne retrouvent plus la couture qui les a jointes » (*Essais*, I, XXVIII, p. 188 PUF). Je contestais cela. Je disais ne pas croire à la fusion des âmes. Mais c'était *avant Émilienne.* Aujourd'hui, j'expérimente que ma volonté est indiscernable de la sienne : ce qu'elle veut, je le veux, et je suis certain qu'après ma mort, ce qu'elle voudra sera ce que j'aurais voulu.

Parlant du « meslange » de leurs volontés, la sienne et celle de La Boétie, Montaigne écrivait : « Je ne sçay quelle quinte essence de tout ce meslange, qui, ayant saisi toute ma volonté, l'amena se plonger et se perdre dans la sienne » (p. 189). Or, j'avais l'audace de m'exprimer ainsi : « Cela peut s'écrire, mais cela ne correspond, me semble-t-il, à aucune réalité. » J'introduisais même une suspicion : « Montaigne écrit cela treize ans au moins après la mort de son ami. » Je suis excusable ; tout cela, c'était *avant Émilienne.*

On dira : la passion vous égare. Quelle passion ? Dans ma jeunesse, j'ai connu la passion. Elle m'a quelque peu égaré, soit ! Mais mon amour pour Émilienne n'a rien à voir avec la passion, pas plus que celui de Montaigne pour La Boétie. Ce n'est « que » de l'amitié, mais absolue, sans aucun arbitraire, fondée en vérité et en raison. Elle n'est qu'âme et esprit, en participation d'une âme et d'un esprit.

CXXVI

23 décembre

Les événements de la France et du monde surviennent, défilent, disparaissent. Journaux, radios, émissions de « télé » les rapportent, les montrent. Ce ne sont, pour nous, que des images. La souffrance est en eux, non en nous, en moi. Crise financière, escroquerie de cinquante milliards, plans de sauvegarde, paroles d'hommes politiques se mêlent aux attentats, inondations, pannes d'électricité, grèves, manifestations d'étudiants en Grèce, de lycéens en France, et puis l'Afghanistan, l'Irak, Gaza : images de catastrophes, d'injustices, de désespoirs, de souffrances. Mais je suis comme dans un compartiment de chemin de fer, et ces événements sont comme les paysages que je vois par les fenêtres. Ce n'est pas un TGV, où ce que l'on voit passe trop vite, ni un tortillard où le paysage bouge lentement, mais plutôt un TER où les choses qui passent laissent l'attention s'y attarder un moment. Dans mon « compartiment », il y a ce qui m'accompagne : des êtres qui vivent avec moi, souffrent avec moi, ne sont pas de simples images, sont réels. Venant en Corse, c'est comme si, dans une gare, j'avais changé de train. Mes proches sont toujours avec moi, au moins par la pensée, mais mon entourage est différent : la voisine qui m'offre clémentines, cakes, confitures, a pris avantageusement la place de mes voisins de Treffort. Avec moi, il y a surtout Émilienne : ses soucis et ses espérances, sa confiance, sa peine de la séparation d'avec Noël, qu'elle parvient peu à peu à surmonter, sa vie d'un jour à l'autre, d'une heure à l'autre, c'est cela qui a en moi un vrai retentissement. Un attentat en Irak fait de nombreux morts : entre mon ressentir de la souffrance d'Émilienne et celui de ces souffrances d'Irak, comme d'ailleurs entre la souffrance d'Émilienne et ces souffrances mêmes, il y a disproportion. J'ai un cœur dur – dur et tendre. C'est la vie qui veut cela, dit Émilienne. Que d'événements se sont succédé, ont défilé depuis ma jeunesse ! Je les ai suivis longtemps, gardant coupures de journaux, etc., et puis je me suis lassé : toujours autres, ils étaient toujours les mêmes – guerres, atrocités, abus de pouvoir, mensonges d'État, attentats, famines, etc. Que puis-je pour changer cela ? Rien, sinon dire à ceux qui m'écoutent : avant tout, ne faites jamais que ce qui est juste.

À quoi ai-je affaire quand j'ouvre les yeux ou tends l'oreille ? se demande Bergson. Il répond : à des images. « Me voici, écrit-il, en présence d'images, images perçues quand j'ouvre mes sens, inaperçues quand je les ferme » (*Matière et mémoire*, p. 11). Mais il y a une grande différence entre voir et entendre Émilienne près de moi ou non loin, et voir dans un journal les photos des dégâts causés par les inondations à Haïti, par la guerre et la famine au Soudan, ou entendre à la radio les gémissements et les cris de colère des femmes d'Irak ou d'Afghanistan après une bavure des forces américaines ; tout comme si nous étions, elle et moi, dans le même compartiment du train et voyions par les fenêtres, par exemple un fleuve en crue, des embouteillages de voitures, des gens qui attendent, etc. Car, dans l'un et l'autre cas, ce sont d'un côté des images bientôt remplacées par d'autres et que j'oublie, de l'autre un et des êtres réels qui m'entourent, tout en changeant restent eux-mêmes et ne se laissent pas oublier.

Ainsi, mon expérience se scinde en deux côtés : dans l'un, d'innombrables choses se passent, mêlées les unes aux autres dans un grand désordre, dans l'autre, peu de choses, mais qui forment le monde cohérent où je vis. Je puis vivre en faisant abstraction des premières – vivre en les ignorant –, mais non des secondes, car elles sont ma vie dans sa substance et sa réalité. Pourquoi se mêler des affaires du monde si, après une longue expérience de la vie, on est amené à constater que rien ne change ?

CXXVII

25 décembre

La « Grande Année » est celle au bout de laquelle les astres (soleil, lune, planètes) reprennent la position qu'ils avaient au début (Platon, *Timée*, 29 d). Telle est la Grande Année dite *platonicienne* ou *astronomique*. Selon les Stoïciens, pour qui le monde (avec tout ce qu'il contient, y compris les dieux – sauf Zeus) termine sa vie en s'absorbant dans le feu divin – c'est ce qu'ils nomment « conflagration » (ἐκπύρωσις) –, la Grande Année a une signification *cosmique* : « L'Hiver suprême de cette Grande Année est le *cataclysmos* [le déluge], que les Latins appellent *diluvium*, son Été est l'*ecpyrôsis*, c'est-à-dire l'incendie du monde, car le monde paraît se changer tantôt en feu, tantôt en eau, alternativement » (Censorinus, *De die natali*, 18, 11). Chez Héraclite, on a aussi un Grand Hiver et un Grand Été, mais comme il n'admet ni l'*ecpyrôsis*, l'incendie du monde, ni son corrélat, la *palingénésie* (παλιγγενεσία), la renaissance du monde, la Grande Année n'a chez lui qu'une signification *météorologique*. La Grande Année d'Héraclite vaut, selon Censorinus, 10 800 ans, soit 360 × 30 ou 360 « jours », chaque « jour » ayant la durée d'une génération humaine (30 ans). Selon Diogène de Babylone, Stoïcien, la Grande Année vaut 365 fois l'année d'Héraclite (Aétius, II, 32), et il semble que pour les Stoïciens, ou la plupart d'entre eux, chaque période cosmique (chaque durée de vie du monde) coïncide avec la Grande Année.

Que le monde qui renaît du feu divin soit *identique* à ce qu'il était avant de s'abîmer dans le feu, c'est là la position maximaliste de certains Stoïciens : « Il ne se produira, disent-ils, rien d'étranger à ce qui s'était passé auparavant, mais tout arrivera de la même façon et sans changements jusque dans les moindres détails (ἄχρι τῶν ἐλάχιστων) » (Némésius, *De natura hominis*, ch. 38). Les individus reviendront identiques à eux-mêmes : véritable renaissance ou résurrection. « Socrate de nouveau sera fils de Sophronisque et athénien, et Phénarète, femme de Sophronisque, de nouveau l'enfantera. Il s'adonnera à la philosophie, qui sera toute semblable à celle d'avant. Anytos et Mélètos renaîtront eux aussi de nouveau comme accusateurs de Socrate, et le conseil de l'Aréopage le condamnera. Socrate revêtira des habits tout semblables à ceux de la période précédente, et sera de la même pauvreté, dans la ville d'Athènes toute semblable à celle d'avant » (Origène, *Contre Celse*, V, 20).

À l'encontre de cette façon de voir, des Stoïciens soutiennent que, d'une période cosmique à une autre, ce n'est pas à nouveau Socrate, Anytos ou Mélètos qui renaîtront, mais leurs sosies : « Ils disent que tous les êtres d'une période sont pareils à ceux des périodes précédentes, de telle sorte que ce n'est pas Socrate qui existe à nouveau, mais un homme pareil à Socrate, qui épousera quelqu'un de pareil à Xanthippe et sera accusé par des gens pareils à Anytos et Mélètos » (Origène, *ibid.*, IV, 68).

D'autres Stoïciens pensent qu'il y a non pas identité, mais « une légère différence, très petite (ὀλίγη παραλλαγή), entre les faits d'une période et ceux de la précédente » (Origène, *ibid.*, V, 20). Plus précisément, « il n'y a de différence qu'en ce qui concerne certains accidents extrinsèques (ἔξωθεν), différences analogues à celles qui arrivent à Dion durant sa vie et qui ne le transforment pas. Car Dion ne devient pas un autre homme si, après avoir eu des verrues sur le visage, il n'en a plus par la suite. Ce sont des différences de cette sorte qui se produisent entre les individus d'un monde et ceux d'un autre » (Alexandre d'Aphrodise, in *Arist. Analytica priora*, I, 15, p. 181, 25-31).

La conception maximaliste, d'après laquelle les mondes successifs se répètent identiquement, aboutit à ceci qu'ils se confondent en un et qu'il n'y a pas une infinité de périodes de temps. Pour qu'il y ait retour éternel, il faut que le temps ait une réalité. Mais il n'en a, dans le stoïcisme, que par les événements. Il faut donc que, d'une période à l'autre, le cours des événements subisse quelque variation. Un individu, tel Socrate, reste le même par son *idiôs poion*, sa caractéristique individualisante (notion forgée par Chrysippe), mais ce qui est de l'ordre de l'accident peut varier.

Le retour éternel du même (du même à quelque chose près) permet d'espérer renaître : « Chrysippe, dans les livres qu'il a écrits *Sur la Providence*, dit en parlant du renouvellement du monde, qu'il n'y a évidemment rien d'impossible à ce que nous aussi, après notre mort, nous soyons à nouveau, à un certain moment, rétablis dans l'état où nous sommes maintenant » (Lactance, *Institutions divines*, VII, 23, 3). Mais si une période cosmique a la même durée que la Grande Année, comme le veut Diogène de Babylone, soit 10 800 × 365 = 3 942 000 années, et si un homme vit, par exemple, 80 ans, il y a tout de même 3 941 920 années au cours desquelles il ne vivra pas, à moins d'admettre une survie de l'âme.

Mais pour être assurée d'une vraie immortalité, quoique discontinue, il faudrait que l'âme survive jusqu'à la conflagration. Alors, elle rentrerait, comme toutes choses du monde, dans la substance divine, mais ensuite, avec la palingénésie, elle renaîtrait dans un corps d'homme. Or, pour Chrysippe, seules les âmes des sages survivent jusqu'à l'*ecpyrôsis*, les âmes des « insensés » survivent un temps plus ou moins long.

L'opinion de Chrysippe est généralement partagée par les Stoïciens : « Les Stoïciens disent que l'âme est engendrée et périssable (φθαρτή), qu'elle ne périt pas aussitôt qu'elle a été délivrée du corps, mais qu'elle subsiste un certain temps par elle-même : celle des sages jusqu'à la conflagration, celle des insensés (ἀφρόνων) pendant un certain temps » (Arius Didyme, dans Eusèbe, *Prép. évang.*, XV, 20, 6).

Cette différence tient à ce que les âmes des sages ont plus de force que celles des insensés : « Selon les Stoïciens, quand l'âme, à la mort, se sépare du corps, elle ne périt pas encore ; quand elle est faible, elle subsiste peu de temps : il s'agit de celles des hommes incultes (τῶν ἀπαιδεύτων) ; quand elle est forte, comme elle l'est chez les sages, elle dure jusqu'à la conflagration » (Aétius, IV, 7, 3).

L'âme faible est l'âme en proie aux passions, donc divisée d'avec elle-même (par le désaccord entre la raison et les passions) et sujette à l'autodestruction. L'âme forte, celle du sage, est saine (sans ces maladies que sont les passions), en accord avec elle-même, unifiée. Ce n'est pas tant que les sages méritent de survivre longtemps et même jusqu'à la dissolution du monde dans le feu (embrasement ou conflagration). C'est surtout qu'ils en ont la force, la capacité.

CXXVIII

27 décembre

J'ai décidé de considérer Émilienne comme un être parfait. Tel est le sage selon Zénon. « Le sage fait bien tout ce qu'il fait », tout comme un joueur de flûte, tel Isménias, qui joue toujours parfaitement (Diogène Laërce, VII, 125). Il est totalement sage, jusques et y compris dans ses actes les plus insignifiants. C'est l'homme parfait. Lui seul est libre, si être libre c'est agir toujours à partir de soi-même : « Le sage, dit Cicéron, est celui qui ne dit rien, ne fait rien, enfin ne pense rien que de son propre mouvement et de son propre gré (*nisi libenter ac libere*), dont toutes les décisions et tous les actes trouvent en lui-même leur principe et leur fin, qui ne laisse rien prévaloir sur sa volonté et sur son jugement » (*Paradoxes des Stoïciens*, V, 34). En est-il ainsi pour Émilienne ? Ne laisse-t-elle jamais rien prévaloir sur sa volonté ou son jugement ? Je n'affirme pas que cela ne se puisse, mais j'entends que lorsqu'elle cède, consent une concession, admet un compromis, ou lorsqu'elle reconnaît qu'il lui arrive d'oublier, ou de se tromper, elle est toujours à mes yeux parfaitement elle-même, sans fausse note dans son intégrité. J'entends par « fausse note » ce que l'on nomme mauvaise intention, mauvaise pensée, bassesse, mesquinerie, rouerie, malice, bref tout ce qui est de l'ordre du laid. Rien de laid n'affleure jamais l'âme d'Émilienne. La beauté est en elle et ne la quitte pas. Comme le sage, Émilienne est toujours elle-même et toujours également digne de l'estime de soi.

Or, les Grecs associaient la beauté au divin. Pourquoi, en ce cas, ne pas considérer Émilienne comme un être divin ? Le jeune Habrocomès était un « chef-d'œuvre de beauté ». Aussi lui marquait-on « les mêmes respects qu'à un dieu, et quelques-uns allaient jusqu'à se prosterner à sa vue, jusqu'à l'adorer avec des prières » (Xénophon d'Éphèse, *Éphésiaques*, I, 3). Anthia était « belle entre toutes les vierges ». Plus d'une fois, les Éphésiens « l'avaient adorée, la prenant pour Artémis », et ils lui adressaient des prières (I, 7). La beauté peut être celle non du corps, mais de l'esprit. Belle est la sagesse, et les sages sont comme des dieux. Antagoras chante « les divins Cratès et Polémon », philosophes de l'Académie : « De leur bouche inspirée se sont envolées des paroles sacrées ; une vie pure, fondée sur de fermes doctrines, ornait une existence divine de sagesse » (D.L., IV, 21). Et Arcésilas, qui avait abandonné Théophraste pour venir dans leur école, « disait qu'ils étaient des dieux ou des survivants des hommes de la Race d'or » (IV, 22).

Un Grec n'aurait donc aucune peine à voir dans Émilienne une déesse, d'autant que par le caractère, on ne peut nier qu'elle ait quelque ressemblance avec Artémis ou Athéna. Ses colères sont tout à fait dignes d'être comparées à la colère d'Artémis, qui, outrée qu'Œnée ne lui ait pas offert de prémices sur les pentes de son vignoble, déchaîna, dans son courroux, un sanglier sauvage, un solitaire aux dents blanches, dans les vignes d'Œnée, y faisant de grands ravages, détruisant de nombreux pieds de vigne avec leurs racines. Que l'on m'entende : les colères d'Émilienne ne sont pas destructrices. Mais elles sont comparables à celle d'Artémis par leur beauté.

J'ai écrit qu'il fallait, pour philosopher conformément à la vraie nature de la philosophie, « devenir grec ». Devenu grec, rien ne s'oppose à ce que je voie Émilienne comme un dieu – une déesse si l'on préfère. Je m'en abstiendrai cependant. Pour l'un de mes petits-neveux, je suis « oncle Marcel ». Je préférerais qu'il dise tout simplement « Marcel ». Je n'apprécie pas d'être rangé dans la catégorie des « oncles ». Pourquoi ranger Émilienne dans une catégorie quelconque, fût-ce celle des dieux ? Qu'est-ce que cela ajoute à la qualité d'Émilienne d'être Émilienne ? Émilienne est Émilienne : que demander de plus ?

CXXIX

29 décembre

Présentant mes vœux de bonne année 2009 à mes correspondants, je leur ai souhaité d'être de bons alchimistes, c'est-à-dire de savoir transmuter leurs soucis, leurs peines, leurs déceptions, en force, sérénité et joie. La transmutation est une conversion. Descartes admire la « transmutation de cendres en verre » sous l'effet du feu (*Discours de la méthode*, V) ; il observe que le feu peut « *convertir* toutes sortes de cendres et de chaux en verre » (*Principes de la philosophie*, IV, 124). « Se convertir », que ce soit de l'incroyance à la foi, ou d'une foi et d'une religion à une autre, c'est se transmuter, ou – comme M. Littré préfère dire – se transmuer. Les valeurs de ce monde, ou les valeurs liées aux rites anciens, perdent leur valeur, deviennent des non-valeurs. Le bonheur qu'Émilienne trouve dans l'approche de son dieu et vivant en lui, a pour corrélat le sentiment du dérisoire lorsqu'elle songe aux choses de ce monde et à leur caractère éphémère. L'« inversion de toutes les valeurs », dont parle Nietzsche, est une transmutation. Il s'agit de renoncer aux valeurs de la décadence – les valeurs chrétiennes – et de se convertir à une nouvelle évaluation suscitée par les instincts contraires à la décadence, les « instincts de vie » (lettre à G. Brandes, 20 novembre 1888). Des termes proches de « transmuter » sont « transformer » et « transfigurer » : « J'arrive tel le Dionysos vainqueur qui va *transformer* la terre en jour de fête » (à Cosima Wagner, 3 janvier 1889) ; « Chante-moi un chant nouveau : le monde est *transfiguré* et tous les cieux se réjouissent » (à Peter Gast, 5 janvier 1889). Au Moyen Âge, l'alchimie visait la transmutation des métaux vulgaires en métaux nobles, notamment en or. Transmutation : « changement d'une chose en une autre », dit Littré. Cela n'est pas suffisant : 1) il s'agit d'un changement du moins bon au meilleur, 2) d'un changement qui contredit l'aphorisme leibnizien *Natura non facit saltus* (*Nouveaux Essais*, IV, 16). La transmutation est un changement brusque, qui a le caractère d'un saut. On parle du « saut de la conversion ».

On ne peut demander à un traité alchimique grec de nous décrire la transmutation de métaux vils en or – puisqu'elle n'a pas été réalisée. Du reste, aucun ne nous est parvenu au complet. Les papyrus de Leyde et de Stockholm, par exemple, nous donnent des recettes pour obtenir des alliages. Il s'agit de carnets d'artisans, simples imitateurs ou faussaires. C'est ainsi que l'on fabriquera, à partir d'une certaine quantité de vrai or, une plus grande quantité d'or apparent : « Mêlez misy [pyrite de fer] et terre de Sinope [oxyde ferrique], en quantité égale à celle de l'or. Quand l'or sera mis au four et qu'il aura bel œil, saupoudrez de chacun, enlevez et laissez refroidir, et l'or devient double » (Leyde, 16, in *Les Alchimistes grecs*, Les Belles Lettres, trad. R. Halleux). Le fer que contiennent les ingrédients ajoutés s'unit à l'or et en augmente le poids. Cette recette s'intitule « Fraude de l'or », *Xrusoû dolos*. Mais l'artisan peut travailler pour un bijoutier qui propose des bijoux en simili. Il y a falsification s'il y a intention de tromper l'acheteur sur la nature de la marchandise ; sinon, il y a imitation. Quant à la transmutation, c'est quelque chose que l'artisan, se prenant au jeu, a pu finir par croire pouvoir réaliser, grâce à quelque rite mystérieux ou formule magique. Mais ce que l'on a, non seulement ce n'est pas la transmutation, mais c'en est le contraire, puisque l'on passe du meilleur au moins bon.

La transmutation est réalisée par la nature, puisque l'on y trouve de l'or et des métaux précieux. L'alchimie passait pour un art « divin » ou « sacré », puisque visant à imiter l'action de Dieu dans la nature. Elle pensait combler le défaut de rationalité par la magie et la mystique. Elle n'a pas réussi, mais la technique moderne et ce qu'elle sera permet, ou permettra, de réaliser les buts de l'alchimie. Lorsque je souhaite à mes correspondants d'être de bons alchimistes, je n'entends pas leur suggérer de faire appel à une quelconque technique. Ils peuvent cependant opérer une transmutation de tout ce qui en eux est mauvais ou moins bon – soucis, haines, déceptions, souffrances – en ce qui en est le contraire : amour, sérénité, joie, cela parce qu'ils disposent de la liberté, qui est une puissance de transmutation. Celui qui a dit : « Aime ton ennemi », c'est-à-dire : « Aime celui que tu hais », a cru cette transmutation possible.

CXXX

31 décembre

André Lichnerowicz (1915-1998) fut un partisan et un artisan de l'introduction des « mathématiques modernes » (*New Maths*) dans les écoles, les collèges et les lycées, dans les années 1970. C'était une mode suscitée par la publication des *Éléments* de Bourbaki.

Ce qui m'intéresse aujourd'hui est la description que donne ce mathématicien créateur de l'« univers mathématique », et la comparaison qu'il fait avec l'« univers mystique », ce qui me fait songer à Émilienne. Voici d'abord cette description :

> « Le comportement du mathématicien, au cours de son travail de recherche, est profondément différent de celui des autres savants. Il est d'abord largement voué à la solitude ; il passe d'innombrables heures de sa vie, seul, à faire jouer les délicats mécanismes mathématiques qu'il lui faut dominer. C'est ainsi qu'il peut parvenir laborieusement, sur un sujet

de recherche déterminé, à cet état de saturation, d'obsession que nous connaissons bien et qui est un état presque schizophrénique. Dès lors, il peut réfléchir à ce sujet en toutes circonstances : il peut effectivement travailler au sein d'une foule, sur une plate-forme d'autobus, ou même à travers, si j'ose dire, une conversation banale avec un interlocuteur qui l'ennuie. Il vit solitaire dix ou quinze heures par jour, jour après jour, dans un univers mathématique où tout est simultanément présent, un univers où les êtres mathématiques auxquels il s'adonne existent, tout chargés parfois d'affectivité, mais où ne règnent pas encore les démonstrations contraignantes qui ne viendront qu'après. Il se parle beaucoup à lui-même, mais son autodiscours est aux antipodes du discours mathématique de communication et se veut porteur et générateur d'intuitions. Cet état fatigant dure quelques semaines et bien souvent n'aboutit pas, ou dans une hypothèse meilleure, aboutit à quelque chose de profondément différent du but de sa quête, quelque chose qui est intéressant et qu'il saisit » (*Bulletin de la Société française de philosophie*, oct.-déc. 1965, p. 195-196).

Cet univers mathématique, qui n'est pas encore l'univers formalisé de la démonstration, de la reconstruction logique, est, ajoute A. Lichnerowicz, « un univers singulier, qui, comme l'univers mystique, est assez difficile à décrire quand on ne l'a pas expérimenté » (p. 208). Toutefois, comme ce qui en émerge est quelque chose de rationnel, il ne doit pas être en soi étranger à toute rationalité. Avant la rationalité toute faite et communicable, il y a la rationalité se faisant. Contrairement au mathématicien, Émilienne n'aboutit pas à des évidences contraignantes. Néanmoins, elle a le sentiment que son univers n'est nullement antinomique à la raison, et qu'au contraire se déploie en lui une raison vivante. Qu'en est-il de cette raison ? La raison mathématicienne des moments créatifs et la raison émilienne diffèrent de la raison cartésienne. Descartes prend exemple, en effet, non sur la mathématique en gestation, mais sur la mathématique constituée et les « longues chaînes de raisons toutes simples et faciles dont les géomètres ont coutume de se servir ». Il définit une raison atomique, qui procède élément par élément. La seconde règle de la méthode précise : « Diviser chacune des difficultés en autant de parcelles qu'il se pourrait et qu'il serait requis pour les mieux résoudre. » La raison mathématicienne et la raison émilienne sont, au contraire, des raisons globales. Dans ses moments de création, le mathématicien a affaire à un ensemble, non fixé et bien défini mais aléatoire, d'êtres mathématiques. Émilienne a affaire à la fois à tous les aspects de son monde et à leur corrélation. Le bien et le mal ne sont pas l'un d'un côté, l'autre de l'autre, ils sont pensés ensemble, puisque le monde ne contient pas seulement l'un ou l'autre, mais les deux. La rationalité émilienne est la rationalité héraclitéenne ou cosmique : « Dieu est jour nuit, hiver été, guerre paix, satiété faim. » Émilienne vit en ce monde où toutes choses sont réconciliées, qui est le monde moins pensé avec objectivité et détachement que vécu comme *son* monde.

Ainsi, observons, avec le R.P. François Russo, qu'il y a dans les cheminements tant du mathématicien que du mystique « une intelligibilité qui mériterait d'être prise en considération. Les cheminements du créateur ne sont qu'apparemment désordonnés et arbitraires. Ils ont une "raison" qu'il serait hautement utile de connaître » (*loc. cit.*, p. 219).

Cette raison est la raison globalisante, qui ne pense pas l'ensemble à partir des éléments et des détails, mais les éléments et les détails à partir de l'ensemble, et, de ce point de vue, appréhende la corrélation, la complémentarité ou l'interaction des éléments, et les nouveaux jours sous lesquels ils apparaissent par l'effet d'un éclairage réciproque et multilatéral.

J'écris cela le jour de la Saint-Sylvestre. Je réveillonnerai ce soir avec Émilienne. Ce n'est pas que j'aie fait la « conquête » d'Émilienne. César a conquis la Gaule et a achevé cette conquête. La conquête d'Émilienne ne peut être achevée. C'est une tâche infinie et toujours recommencée, car Émilienne est, chaque jour, une nouvelle Émilienne.

CXXXI

2 janvier

Distinguons les différentes sortes d'univers.

Définition du *Petit Larousse*. Univers : « l'ensemble de ce qui existe ». Cette définition est valable pour l'Univers d'Aristote : l'Univers, pour le Stagirite, est le Tout absolu, unique et éternel ; il n'y a rien d'autre. Aujourd'hui, où existe la croyance en un Dieu transcendant, la définition n'est plus valable : de quel droit impliquer que Dieu n'existe pas ?

Définition du *Littré* : « Système illimité des corps célestes disséminés dans l'espace. » Comme par « illimité », Littré entend « infini », il eût dû dire « infini », car l'illimité est compatible avec le fini. L'Univers d'Aristote a la forme sphérique et est fini. Cependant, comme il n'y a que lui, il n'est pas limité par autre chose : il est illimité. L'univers d'Einstein, dépendant de la géométrie sphérique de Riemann, est également fini, et, comme il englobe la totalité de l'univers observé, illimité. Toutefois, l'univers réel est sans doute, comme le veut Pascal, non seulement illimité mais infini.

Le modèle standard. C'est un univers en évolution, plus précisément en expansion avec décroissance constante de la densité. Il est issu d'une singularité, le *big-bang*, lequel eut lieu il y a environ quinze milliards d'années. Primitivement très chaud et très condensé, l'univers n'a cessé depuis de se dilater et de se refroidir.

L'univers observé. C'est une notion en devenir. Avant Galilée, l'univers n'était pas homogène : il y avait les corps célestes et le monde sublunaire. En 1609, Galilée construisit sa lunette, la braqua sur le ciel, fit apparaître un univers encore jamais vu : Jupiter avait des satellites, Saturne avait des anneaux, la Lune avait du relief, la Voie lactée se décomposait en millions d'étoiles. Avec les progrès des instruments, l'univers alla s'agrandissant. Une révolution dans les moyens d'observation eut lieu lorsque, vers 1930, les lunettes cèdent la place à des miroirs que l'on sut munir d'antennes paraboliques. Ce furent le télescope du mont Wilson, celui du mont Palomar, le télescope européen du Chili (2000), le télescope d'Hawaï, avec des miroirs de dimensions croissantes (2,50 m, 5 m, 8,2 m, 10 m). Les progrès dans les télescopes s'accompagnent de progrès dans les récepteurs de lumière. Puis, aux instruments classiques pour ondes électromagnétiques, sont venus s'ajouter les télescopes pour ondes gravitationnelles. Les prochaines générations d'instruments au sol et dans l'espace permettront d'entrer toujours davantage dans la profondeur de l'univers, et cela ne peut qu'aller, semble-t-il, à l'infini.

L'univers observable. C'est encore une notion en devenir. Un potentiel technologique donné implique la capacité d'observations impossibles pour un potentiel moindre. L'univers observable est le corrélat d'un certain potentiel technologique. Avec le *Very Large Telescope* européen, l'on peut voir beaucoup plus d'étoiles dans un secteur défini du ciel qu'avec le télescope du mont Wilson (par exemple) : ce n'est qu'une possibilité, car on ne braquera peut-être pas le télescope vers ce secteur. Les quasars ont été découverts avec les moyens de la radioastronomie. Dès lors que ces moyens existaient, ils faisaient partie de l'univers observable, lors même qu'ils n'eussent pas été observés. Au temps de Galilée, étaient-ils observables ? Ils l'étaient, puisqu'ils ont été observés. Mais ils ne faisaient pas partie de l'univers observable, car les moyens de les observer n'existaient pas.

Les univers observés/observables s'agrandissent et s'approfondissent indéfiniment, tendant à coïncider, à la limite, avec l'Univers réel. L'univers du big-bang n'est qu'un modèle sur le chemin de l'Univers infini. Tout modèle d'univers fini sera dépassé, car le fini implique toujours qu'il y a autre chose. L'Univers réel s'égale à la Nature infinie, dont il représente l'aspect traduisible en nombres.

CXXXII

5 janvier

Regard (Marie Morel 01260 Le Petit Abergement) a posé diverses questions à Michel Onfray. Voici ces questions, les réponses de Michel Onfray et ce que j'aurais répondu :

Questions	*Michel Onfray*	*Marcel Conche*
Qui êtes-vous ?	Un philosophe hédoniste	Un philosophe naturaliste
Comment aimez-vous vivre ?	Sans patron, sans supérieur hiérarchique, sans dépendre de rien ni de personne, sans gêner, en évitant autant que faire se peut les fâcheux	En philosophe

Que préférez-vous dans votre être ?	Ma vitalité	Ma créativité
Quel est votre lieu de vie idéal ?	N'importe où pourvu que ce soit avec des gens que j'aime	Celui où j'écris
Avez-vous assez de temps ?	Non, jamais assez…	Oui, toujours plus qu'il ne m'en faut
Qu'est-ce qui vous rend heureux ?	Mille petites choses dans une journée	Les traités de paix
Qu'est-ce qui vous rend triste ?	La peine des gens que j'aime	La peine des gens
Comment dormez-vous ?	Sur le côté droit et comme un loir	Mal
Aimez-vous boire et manger ?	J'adore…	Je m'y résous
Avez-vous peur de mourir ?	Non, mais j'ai peur de la mort des gens que j'aime	De mourir, non ; du mourir, oui
Comment écrivez-vous ?	Dès que je peux, de façon compulsive et jubilatoire, chez moi, à ma table de travail	En état d'apesanteur et au stylo
D'où vient votre savoir, votre culture ?	De mon seul travail	De ma capacité de capter l'essentiel

Qu'aimez-vous faire ?	Tout ce qui me donne la sensation de vivre	Réfuter
C'est quoi un être idéal ?	Une fiction	Un être vraiment bon
Qu'est-ce qui vous étonne ?	Le ressentiment hargneux des gens à qui l'on a donné	L'impuissance volontaire de l'ONU, de l'UE
Quels sont vos livres préférés ?	La *Lettre à Ménécée* d'Épicure, les *Essais* de Montaigne, le *Zarathoustra* de Nietzsche	Les *Essais* de Montaigne, les *Fragments* d'Héraclite
Qu'est-ce qui vous plaît le plus dans ce que vous avez fait dans votre vie ?	Que je n'aie pas eu à solliciter pour être ce que je suis devenu	D'avoir échappé aux militaires
Quels sont vos mots favoris ?	Un seul : « Viens… »	Vérité, Nature, Temps, devenir
Quelles sont vos idées favorites ?	Celles qui donnent du plaisir	L'idée de la Nature comme le Poète universel
Comment travaillez-vous ?	Tout le temps, à la manière d'un coureur de fond	Je joue à travailler

Pourquoi aimez-vous faire des livres ?	Par ce qu'ils me font en retour	Pour faire connaître ce qui me semble vrai
Que pensez-vous de l'art ?	Qu'il est le laboratoire où se pensent et se formulent les choses avant leur heure véritable	Qu'il ne vaut pas la nature
Pourquoi créer ?	Parce qu'on ne peut pas faire autrement, parce qu'on est requis par cette tâche qui nous consomme et nous consume	C'est une condition de l'estime de soi
Quelle est votre idée sur la musique, le cinéma ?	La musique me transporte, le cinéma m'ennuie	J'aime la musique des sphères, et le cinéma s'il m'émeut
Que pensez-vous de la vie ?	Il n'y a rien de plus beau quand la mort n'y est pas	Elle est ce qui attend qu'on lui donne un sens
Y a-t-il des êtres qui vous fascinent ?	J'ai passé l'âge de la fascination	Oui, Émilienne
Que gardez-vous ?	Peu de choses, mais tout en mémoire	Les lettres émouvantes

Que jetez-vous ?	Beaucoup de choses, mais rien de ce qui se trouve dans ma mémoire	Sauf exception, les lettres qui ont des fautes de français
Aimez-vous faire l'amour ? Comment ?	Toujours et n'importe comment – pourvu que ce soit vraiment faire l'amour, autrement dit composer, pour et par l'autre	J'ai oublié
Qu'est-ce qui vous excite ?	La perspective d'un plaisir	Une pensée de Pascal
Qu'est-ce qui vous fait peur ?	La mort des gens que j'aime, leur déchéance, ma déchéance aussi	La démocratie jointe à la barbarie
Quels sont vos plus beaux souvenirs ?	Des émotions, des sensations, des perceptions d'enfance dans mon village natal	La vue du Parthénon, Émilienne à Treffort
Que préférez-vous chez les autres ?	Leur rectitude	La bonté

Quels sont les cadeaux que vous préférez recevoir ?	Tous les cadeaux, car leur forme importe peu, seul compte le désir du plaisir qui le motive	Une lettre venue du cœur
C'est quoi une belle vie pour un homme ?	Une vie droite, debout, une vie dans laquelle la théorie nourrit la pratique et vice versa, une vie dans laquelle on aura donné du bonheur	Une vie où l'on mérite l'amitié d'un sage
Qu'aimez-vous ?	La vie, plus que tout	Un beau visage où se lit une belle âme nourrie de belles pensées
Êtes-vous heureux ?	Pas tant que près de moi il y a, comme tout de suite, des occasions de peine	Je suis toujours heureux sans jamais l'être vraiment

CXXXIII

7 janvier

Dans les *Fragments posthumes* de Nietzsche (*Œuvres*, Gallimard, tome XIII, p. 37), se trouve le passage suivant, erroné, au sujet d'Épicure :

« La philosophie comme art de découvrir la vérité : ainsi selon Aristote. *À l'opposé*, les Épicuriens qui surent mettre à profit la théorie sensualiste de la connaissance d'Aristote : contre la recherche de la vérité, s'y refusant, pleins d'ironie ; "la philosophie comme art de la vie". »

Il est vrai que la philosophie vise au bonheur : elle est « une activité (*energeia*) qui, par des discours et des raisonnements, nous procure la vie heureuse » (Sextus Emp., *Adv. Math.* XI, 169, dans mon édition d'Épicure, p. 41) – mais par des discours et des raisonnements *vrais*. Si le sage goûte le bonheur, c'est d'abord parce qu'il voit la vérité. La vérité est le Tout. La philosophie apporte la vérité au sujet du Tout (*omne immensum*, Lucrèce, I, 74). Lucrèce décrit la « volupté divine » (*divina voluptas*, III,

28) dont le sage est saisi à voir, à travers le vide tout entier, les choses s'accomplir (III, 17).

La *Lettre à Ménécée* expose la méthode du bonheur : si tu veux être heureux, que dois-tu faire à l'égard de tes opinions, de tes craintes, de tes désirs, de tes plaisirs et de tes douleurs ? Mais si la *Lettre* analyse les conditions du bonheur, une condition est constamment présupposée : la condition sans laquelle les autres conditions ne peuvent être remplies : l'étude et la science de la nature (*phusiologia*, discours de la *Phusis*) exposée dans la *Lettre à Hérodote*.

L'ironie d'Épicure ne porte pas sur le fait de rechercher la vérité, mais sur la recherche de la vérité à la façon de Platon, c'est-à-dire en prenant le « long circuit » de la *paideia* – de l'étude des sciences, notamment des mathématiques. « Fuis à voile déployée toute *paideia* », dit Épicure (Diogène Laërce, X, 6), ce qui signifie : le temps du bonheur a sonné, n'allonge pas les délais – tu peux mourir demain –, mets-toi au bonheur, et pour cela, d'abord, dans mon *Peri Phuseôs*, apprends la vérité.

L'homme n'est pas heureux parce qu'il craint les dieux, il craint la mort, il pense que pour être heureux il faut obtenir les objets de désirs infinis, et enfin que la douleur est un obstacle au bonheur. De la connaissance vraie de la nature des choses, il résulte que les dieux ne sont pas à craindre – car ils ne se soucient pas des humains –, mais seulement à contempler comme offrant des modèles de vie heureuse ; que la mort n'est pas à craindre : ni après le moment de la mort, car l'âme est mortelle et qu'alors il n'y a plus de sensibilité, ni avant car tant que l'on est là, la mort n'est pas là ; qu'il faut renoncer aux désirs qui comportent l'illimité car ils nous engagent dans une poursuite sans fin, et s'en tenir aux désirs naturels (vie simple et frugale, désir de l'amitié – car il appartient à la nature du bonheur d'être vécu en commun –, désir du plaisir que donne la beauté des œuvres de la nature ou de l'art) ; que la capacité d'endurer la douleur se fortifie par la réflexion, la mémoire des souvenirs heureux, la sagesse.

Qu'il y ait, chez Épicure, une certaine indifférence à la vérité, cela est juste. Mais Nietzsche a confondu deux niveaux dans l'explication philosophique du monde : le niveau des thèses fondamentales, où l'on a tout le contraire d'une telle indifférence, et le niveau des explications multiples, où il est indifférent d'expliquer un phénomène de telle façon ou de telle autre, pourvu que ce soit en compatibilité avec l'hypothèse atomistique.

La *Lettre à Hérodote* met en œuvre la méthode de l'explication unique. Admettre que « rien ne naît de rien », que « rien ne se réduit à rien », que le Tout est corps et vide, que les corps sont composés d'atomes insécables, que le Tout est infini ainsi que le vide et le nombre des atomes, qu'il y a un nombre inconcevablement grand mais non infini des variétés de formes atomiques, que le nombre des atomes de chaque forme est infini, que le mouvement des atomes est sans interruption et éternel, que le nombre des mondes est infini, que des corps composés s'écoulent et se répandent en tout sens des émanations et que, en particulier, des corps visibles se détachent des simulacres, que les atomes n'ont aucune qualité changeante, que leur grandeur admet une limite, qu'ils ont tous la même vitesse dans le vide, que l'âme est corporelle, qu'elle est une partie du corps, tout cela est *vrai* parce que, si on le nie, on encourt, par les conséquences observables de cette négation, le démenti de l'évidence (*enargeia*) sensible, qui est « la base et le fondement de tout ».

En revanche, s'agissant, en particulier, des causes des phénomènes d'en haut (*ta meteôra*) ou de ce qui se passe sous la terre (*ta hupo gês*), Épicure accepte n'importe quelle hypothèse qui, dans le cadre de l'explication atomistique, ne se heurte pas au démenti des phénomènes. Les éclipses de Soleil ou de Lune peuvent être dues à une extinction passagère de ces astres. Rien dans les phénomènes n'y contredit. Mais en est-il ainsi ? Si l'on suppose qu'il *n'y a pas* extinction passagère de ces astres, on n'entre nullement en conflit avec l'évidence sensible, c'est-à-dire avec le phénomène de l'éclipse, car il se peut que celle-ci soit due à l'occultation du Soleil ou de la Lune par quelque corps opaque. Mais en est-il ainsi ? Si l'on suppose qu'il *n'y a pas* occultation de ces astres par un corps interposé, on ne contredit nullement au phénomène de l'éclipse, car il se peut, etc. Épicure ne clôt jamais ses listes d'explications possibles des phénomènes célestes ou souterrains, mais il réserve la possibilité qu'ils se produisent « encore de beaucoup d'autres manières ». On sait seulement qu'un phénomène donné : l'éclipse que l'on voit, le coup de tonnerre que l'on entend, s'explique par une hypothèse entre plusieurs – *ou* A, *ou* B, *ou* C, etc. –, sans que l'on puisse savoir laquelle. Mais peu importe : pour le bonheur, il est indifférent que ce soit l'une ou l'autre qui soit vraie, dès lors que toutes s'accordent avec l'explication unique, dont la vérité apodictique *fonde* pour l'homme la possibilité du bonheur.

CXXXIV

10 janvier

Je me propose de répondre aux « huit questions cardinales » que pose Nietzsche (*Fragments posthumes* 1888-1889, in *Œuvres*, XIV, p. 227) :

1. *Veut-on être plus complexe ou plus simple ?* Réponse : toujours plus simple extérieurement, toujours plus complexe intérieurement. Je vis très simplement. Il me serait difficile d'arriver à plus de simplicité : ma nourriture n'excède guère le minimum vital, mes habits me servent jusqu'à l'usure, la villa que j'occupe est commode mais sans luxe, je fuis les occasions de me distraire, n'y trouvant que l'ennui, je ne cherche pas à avoir une existence sociale, je reste à l'écart. J'admets cependant que mon choix de la simplicité est tempéré par mon goût de la qualité : je préfère le flétan, poisson le plus cher, et mes habits, qui sont de la meilleure étoffe, semblent neufs longtemps. Simplicité ne signifie pas inélégance ou rusticité ; bien qu'issu du peuple, j'ai horreur de faire « peuple ». Lorsque j'achète,

mon choix se porte volontiers sur ce qui est cher. Au reste, je ne me soucie pas du prix, ne le discute jamais. Je méprise les misérables avantages accordés aux « fidèles clients ». La préoccupation d'économie, qui ne fut jamais la mienne, m'est antipathique ; j'aurais horreur d'être pingre. Je suis généreux, mais sans mérite, car c'est par indifférence à l'argent.

Quant à la complexité, comment l'entendre ? Nietzsche l'explique à propos d'Henri IV : « Le caractère complexe d'Henri IV : royal et sérieux et derechef d'une humeur de bouffon, ingrat et fidèle, magnanime et rusé, plein d'esprit, d'héroïsme et d'absurdité » (*Fragments posthumes* 1887-1888, in *Œuvres*, XIII, p. 44). Je suis sérieux, certes, mais aussi « facétieux » : c'est du moins ce que Dominique Reymond a écrit dans *Savoir* n° 31 (p. 9). À dire vrai, elle eut, de ma part, une lettre de protestation, cette appellation ne me paraissant pas justifiée. J'ai eu tort apparemment : Émilienne me confirme qu'elle est dans mon caractère, Georges Mazelié et Danielle également. Admettons que j'aime assez les stratagèmes, les « surprises », qui touchent à la plaisanterie, s'ils ne vont pas jusqu'à la bouffonnerie – dont j'ai horreur. Au reste, depuis que j'ai lu, sous la plume d'André Schaeffner (Introduction aux *Lettres à Peter Gast*, Éd. du Rocher, I, p. 24), que la dernière période de Nietzsche fut « assez fertile en inventions facétieuses », je regimbe moins devant le mot « facétieux ». Disons que mon esprit a une tournure ironique, de sorte qu'il est porté à inscrire toute détermination fixe dans un mouvement qui la relativise. Par exemple, « c'est un honnête homme », dit par moi, signifie que « honnête », il ne l'est pas tant que cela. « On peut se fier à lui » signifie : puisqu'il faut que je le dise, c'est que le doute est permis. Et pourtant, je fais facilement confiance aux promesses d'autrui, par exemple prêtant de l'argent sans exiger une reconnaissance de dette, ou prêtant des livres ; et l'argent n'est pas rendu, ni les livres. Je suis alors tout étonné. J'ai dit « Cette personne *est* honnête » en niant sans le nier le mot « est », mais le doute n'était pas dans mon cœur. Cependant, c'est mon esprit et mon langage qui avaient raison. Car *être* quoi que ce soit sans qu'il y ait aussi le non-être est impossible. Il y a l'être et le non-être dès qu'il y a le devenir. Et l'ironie de mon langage ne fait que correspondre avec l'ironie même des choses. Mon langage est en phase avec l'ironie du devenir. Mais mon cœur veut croire qu'un être peut ne pas changer, et que le « je vous aime » qu'il vous a dit peut résister au devenir et au temps, et valoir pour toujours. Ainsi mon esprit est dialectique, va d'un terme à son contraire, maintenant chacun d'eux en allant au-delà de chacun. Et ma nature est ainsi faite que je n'éprouve rien absolument : la gaieté, la joie, le bonheur, le contentement ne sont jamais purs, et pas non plus le chagrin, la tristesse, l'ennui, la souffrance morale, la déception. Ma bonne humeur, mon enjouement peuvent être sur fond de mélancolie et de désespoir. Et ma maussaderie n'est que de façade, peut-être. Mon esprit en sait long sur le mouvement des choses. Mais mon cœur est naïf, il croit en l'amitié, il croit même à l'amour. Mon esprit, bien sûr, ne croit à rien ni en rien ; il est le refuge des déceptions de mon cœur. Mon esprit est philosophe, mon cœur ne l'est pas.

2. *Veut-on devenir plus heureux, ou plus indifférent au bonheur et au malheur ?* Devenir plus heureux est tout ce que souhaite l'homme du commun, mais Nietzsche demande « que l'on contredise constamment le grand nombre » (XIV, p. 228). Nietzsche n'a pas visé à être « plus heureux », mais à être toujours plus indifférent au bonheur et au malheur. Et moi ? J'ai expliqué qu'en tant que philosophe, je n'ai jamais cherché que la vérité, même si cette recherche même a présupposé que j'eusse déjà un certain bonheur, et même si un certain bonheur m'a été donné par surcroît de par cette recherche même. Quant à la différence du bonheur et du malheur, elle ne me laisse pas indifférent : je préfère le bonheur. Je suis indifférent seulement à la *recherche* du bonheur – et à l'appréhension du malheur –, car il n'y a pas de sens à rechercher ce qui n'est pas définissable à l'avance. Le bonheur n'est pas programmable, anticipable, il *survient*. Bonheur, malheur : il faut avancer dans la vie sans souci de l'un ou de l'autre.

3. *Veut-on être plus satisfait de soi ou plus exigeant et impitoyable ?* Nietzsche choisit évidemment le second terme de l'alternative, moi seulement le premier élément, « plus exigeant », de ce second terme. Être « satisfait de soi » est quelque chose que j'ignore, et « vouloir être plus satisfait de soi » m'est totalement étranger. Car le « souci de soi » n'est justement pas mon souci. Je ne pense jamais à « moi », à mes fautes, à mes mérites, à mes vertus ; je ne fais pas d'examen de conscience. Bien sûr, je dis « je »

– dans ces phrases mêmes que j'écris – et « je », c'est moi, mais sujet, non objet. On me dira : si vous voulez être « plus exigeant », cela n'implique-t-il pas un jugement sur vous-même ? Non, mais seulement une attention redoublée à agir du mieux possible, jusque dans les menus détails de la vie, un refus de tout laisser-aller. Mais il ne s'agit pas de comparer celui que je suis à celui que j'étais pour constater ou non un « plus ». – Quant à la question « Veut-on être plus impitoyable ? », elle est singulièrement décalée. Aujourd'hui, l'on apprend que les Israéliens, dans le « camp de concentration »[1] de Gaza (pour parler comme le cardinal romain Renato Martino, *Le Monde*, 9 janvier 2009, p. 6), ont tué huit cents Palestiniens, dont un tiers d'enfants, eux-mêmes ayant eu treize victimes. Or, la communauté internationale, qui s'incarne dans des institutions comme l'ONU, l'UE, etc., se garde de prendre la moindre décision concrète qui serait gênante pour Israël (comme une rupture générale des relations diplomatiques), lui faisant ainsi savoir qu'il peut continuer à être assuré de l'impunité. Lorsque l'absence de pitié est érigée en institution, que demander de plus ? Et pourquoi d'ailleurs vouloir la non-pitié, alors qu'il faut justement vouloir le contraire ? On dira que l'absence de pitié est un effet général qui n'exclut pas les pitiés particulières. Sans doute, mais ce qui n'est que particulier et se traduit par

1. Anthony Cordesman, ex-conseiller à la sécurité nationale du sénateur John McCain, parle seulement d'un « immense camp de prisonniers » (*Le Monde*, 9 janvier 2009, p. 17).

des aides aux populations, est désarmé devant la puissance d'un État.

4. *Veut-on devenir plus mou, plus accommodant, plus humain, ou bien « plus inhumain » ?* Devenir plus mou est une chose qu'aucun homme ne peut vouloir ni souhaiter (ni aucune femme), car « mollesse » signifie léthargie, paresse, manque de force, de puissance, de virilité. En revanche, l'on peut vouloir être plus accommodant, plus souple, si ce n'est pas par crainte d'une menace, mais par stratégie – à moins que ce soit par les deux à la fois : il m'arrive d'être accommodant envers Émilienne aussi bien par crainte de l'une de ses colères que pour l'éviter. Être accommodant doit être un comportement, non un trait de caractère, ce qui signifierait mollesse intérieure, absence de conviction ferme. – Devenir « plus inhumain » ! comme si les humains ne l'étaient pas déjà suffisamment ! Comme s'ils ne le devenaient pas chaque jour davantage, aujourd'hui en se technicisant à tout va par l'informatique ! Les sentiments ont besoin de temps. Celui qui n'envoie plus que des e-mails ne leur laisse pas le temps de mûrir. Il convient d'aller à contre-courant du délire informatique, de prendre le temps de souffrir, de revenir à la lenteur.

5. *Veut-on devenir plus avisé, ou moins scrupuleux ?* Devenir plus avisé dans la vie pratique ou sociale ne m'est pas nécessaire (j'ai usé, à des moments critiques de ma vie, de toute l'habileté qu'il fallait), mais dans mes relations avec Émilienne, je le voudrais bien. On m'a dit que j'étais un « séducteur ». Hélas ! en ce cas, c'est un séduc-

teur qui ne sait pas séduire. Séduire, je ne l'ai su qu'une fois – n'est-ce pas, Laurence ? Encore ma réserve l'a-t-elle emporté ! Non que je veuille séduire Émilienne. Seul m'intéresserait de *pouvoir* la séduire – et de m'en abstenir. Elle n'aurait pas alors cette cuirasse qu'elle a. Je voudrais que son amitié ne soit pas une amitié armée, qu'il y ait en elle plus d'abandon. Mais peut-être ne peut-on devenir « plus avisé » qu'en étant « moins scrupuleux ». Alors, mon cas est désespéré. Être scrupuleux est ma seconde nature, celle due à l'éducation. S'il m'est arrivé de faire taire mes scrupules, ce ne fut qu'à mon corps défendant. Et ici, j'ai le souvenir d'une faute que je n'ai jamais avouée, bien qu'elle dût paraître sans doute bien vénielle. Ma nature, ou si l'on veut mon caractère, est mon destin. Je dois vivre comme d'ordinaire, sans le forcer. « *Veut-on* ? », demande Nietzsche. Soit ! mais « *peut*-on ? ».

6. *Veut-on atteindre un but, ou éviter tous les buts ?* Nietzsche écrit avec raison : « Le philosophe en tout but flaire une limite, un cul-de-sac, une prison, une sottise… » (XIV, 227). Si l'on ne compte pas les buts-étapes, comme passer l'agrégation, soutenir sa thèse, je puis dire n'avoir jamais visé aucun but, car tout but, au sens où l'entend Nietzsche, est *fini*, est un arrêt, alors que la recherche de la vérité est un mouvement infini, excluant tout arrêt. Certes, les auteurs de systèmes voient les choses autrement. Un moment vient où ils sont, pensent-ils, en possession de LA Vérité. Le but est atteint. Mais ils s'illusionnent, car « LA » Vérité qu'ils exposent n'est autre que *leur* vérité. Mais vous-même, objectera-t-on, ne

vous êtes-vous pas arrêté à une métaphysique naturaliste ? Réponse : il faut distinguer le fait et le droit. Je me suis arrêté au naturalisme. Il me semble vrai. Mais aucune preuve ne peut me permettre d'arrêter l'interrogation. Le chemin reste ouvert, tandis que pour les philosophes dogmatiques, il n'y a plus de chemin – car il n'y avait pas d'autre chemin que le leur. Où Montaigne se montre particulièrement philosophe, c'est lorsqu'il écrit : « Qui ne voit que j'ay pris une route par laquelle, sans cesse et sans travail, j'iray autant qu'il y aura d'encre et de papier au monde ? » (*Essais*, III, IX, p. 945 PUF). Car tout arrêt de l'interrogation a quelque chose d'arbitraire et de forcé.

7. *Veut-on être plus estimé ou plus craint ? Ou bien plus méprisé !* Être méprisé, cela signifie être incompris. Mais il est bon d'être incompris : « Il y a quelque chose d'offensant à être compris, dit Nietzsche – Être compris, vous savez bien ce que cela signifie : comprendre, c'est égaler. » C'est la condition du philosophe que de susciter, chez les nombreux, l'incompréhension, et, parce qu'il ne se plie pas aux lois du groupe, l'agressivité : « Les chiens aboient contre celui qu'ils ne reconnaissent pas » (Héraclite, fr. 8 Conche = 97 DK). Aussi doit-il vivre ignoré, comme Nietzsche, ou comme moi en Corse – jusqu'à présent –, ou « caché », comme le recommande Épicure.

Mais à la différence de Nietzsche, cela ne me gêne en rien d'être « égalé ». J'écris pour faire connaître ce qui me semble vrai, pour être compris, d'où il suivra sans doute que je serai estimé, mais ce n'est pas mon but. Quant à être « craint », pourquoi pas ? si cela signifie que l'on n'aime pas trop être en discussion ou en controverse avec moi, sachant que je suis un « roide jousteur », comme disait Montaigne. En bref, si je suis compris, je ne suis pas offensé mais ravi ; si je suis estimé, c'est la cerise sur le gâteau ; si je suis craint, c'est d'une crainte bonne et salutaire. Il ne faut plus dire alors « estimé *ou* craint » : la crainte que l'on a de moi est le signe de l'estime que l'on me porte, en tant qu'adversaire dans le débat ou la discussion.

8. *Veut-on devenir un tyran ou un séducteur, un pasteur, ou une bête de troupeau ?* Le philosophe n'est ni un tyran, car il use non de la force mais de la raison et de l'argumentation, ni un séducteur, car il ne cherche pas à attirer par un charme quelconque, ni un pasteur, car s'il enseigne et fait connaître la vérité, ce n'est pas à partir d'une Révélation, ni une bête de troupeau, car la vérité qu'il recherche a un caractère universel, en rupture avec les idées toutes faites de tout groupe ou « troupeau » particulier. Je détesterais tyranniser, car cela me rendrait dépendant de la foule et des sondages. Séduire ne m'intéresse pas, car mon pouvoir est sans objet, puisque je n'aime qu'Émilienne, laquelle est réfractaire à mon charme. Être pasteur, comment le pourrais-je, puisque je ne crois à aucune Révélation et n'ai rien du mage ou du prophète ? Quant au troupeau, c'est toujours ce que j'ai laissé aller de son côté, moi allant du mien, « hors des sentiers battus » (Parménide, fr. I, 27).

CXXXV

11 janvier

Ce qu'Yvette m'a dit hier soir est un aliment pour l'éternelle nostalgie que j'ai de celle que je n'ai pas connue. Je lui avais envoyé la photo où Émilienne, au premier plan, crève l'écran, moi-même en arrière retenant de la main mon chapeau « panama » contre le vent, ce même vent qui se joue dans les cheveux noirs d'Émilienne. Or, admirant le beau visage d'Émilienne où se lisent force, vitalité, santé, résolution, confiance et son sourire qui nous dit : voyez ma joie, vivre est merveilleux, aimer est merveilleux, applaudissez en vous à la joie d'être vivants, admirant, dis-je, cette invitation à la valse de la vie, Yvette a songé à ma mère. C'est ainsi qu'elle était, dit-elle, toujours gaie, enjouée, heureuse, mieux : comme explosant de bonheur. Non qu'Yvette, bien sûr, ait connu ma mère, mais sa mère, Marthe, l'a bien connue, lui en parlait comme d'une personne dont le rayonnement et le charme étaient une joie pour tous, qui avait du reste beaucoup d'amis féminins et masculins. Or, chez moi, de ma mère, on ne me parlait pas. J'aurais longuement interrogé Marthe si j'avais su, ou réalisé, qu'elle l'avait connue. J'aurais eu d'elle une description plus vivante que par ouï-dire. Ma tante Alice, mon père avaient dans l'esprit maint souvenir, mainte image de scènes où ma mère était avec eux, qu'ils eussent pu me faire partager. Mais non ! comme si l'image d'elle sur son lit de mort, elle quelques jours avant si vivante, fière et comblée de l'enfant qu'elle attendait et dont elle ne saurait jamais qu'on le nommerait Marcel, comme si cette image insoutenable, véritable honte pour la Création, avait, dans l'esprit de ma tante et de mon père, effacé les autres. Mais ce n'était pas le cas. Pour moi, ils eussent dû les rappeler à la vie, ne reculant pas devant la souffrance. Et voici que maintenant Yvette me dit qu'Émilienne, par la joie qui émane d'elle, lui rappelle ma mère, telle du moins qu'elle se la représentait d'après les propos de Mme Fort, sa mère. Et il n'y a rien d'étonnant après tout, que la merveilleuse vie donne à des jeunes femmes également belles des joies qui se ressemblent. Quant à mon rapport à Émilienne, une telle révélation ne le rend pas plus simple, certes, mais il est déjà si compliqué qu'il ne saurait guère l'être davantage – je parle ici de ma propre complexité intérieure, dont Émilienne est innocente. « Tu pouvais te douter, me dit Yvette, que, venant en Corse, ce serait pour souffrir. » Oui, il ne se passe donc rien d'autre que ce qui était prévisible. Mais la souffrance n'est pas tout. Il y a cette joie qu'est Émilienne, et il y a la joie de cette joie. Et quand Émilienne vient chez moi, elle apporte avec elle la joie. Somme toute, ma souffrance est mon affaire. Les dieux n'y sont pour rien.

CXXXVI

12 janvier

Voyant Émilienne en photo, Yvette, ma cousine, a songé à ma mère. Bien qu'elle les ait comparées avec raison, elle ne les a pas saisies sous tous leurs aspects. Si je les considère d'une manière plus complète, je les vois très semblables mais aussi très différentes, et si mon cœur entre elles hésite, mon esprit, qui analyse, penche vers Marcelle, que ses amis et Romain, mon père, nommaient Marceau. Lorsque ma mère travaille dans les champs de ceux qui seront ses beaux-parents, Joseph et Françoise, je la vois aussi acharnée à l'ouvrage, qu'il s'agisse de sarcler, de faner ou d'arracher les pommes de terre, qu'Émilienne sulfatant ses oliviers ou, dans la boue due aux énormes pluies de cet automne, nourrissant et pansant ses chevaux. Certes, la paresse n'est pas leur lot, et mon père a, me semble-t-il, quelque audace, d'écrire du front à sa fiancée, que, si elle mettait « plus de cœur » à la tâche, celle-ci lui serait moins pénible. Ne comprenait-il pas que ma mère était une demoiselle, née du reste à Paris, excellente à coudre, à faire ses robes et celles de ses sœurs d'après *Le Petit Écho de la mode*, comme à jouer de l'harmonium à l'église et à chanter, et nullement destinée à devenir une paysanne, à quoi elle s'était résignée par pur amour pour lui ? Et Émilienne aussi s'est faite agricultrice. Non cependant par une passion allant au-delà de son champ vers un humain, mais au contraire portée sur ce champ même et les fruits de ses oliviers. Et dans leur champ, Émilienne et Marceau songent à la maison, mais Marceau à ce que sera la maison quand Romain sera revenu de la guerre, maison pleine d'un tel bonheur qu'il serait comme à couper au couteau, et Émilienne à la maison de bois qu'elle va construire au haut de la colline des oliviers, dont elle voit en pensée le plan et les détails et la vie qu'elle y mènera, toute seule diront les humains, mais non seule car tout près de son dieu. Le Dieu de Marceau est le Dieu de sa première communion, celui de l'église d'Altillac et le Dieu que l'on a invoqué lorsqu'on l'a portée, mise dans une boîte, au cimetière près de l'église. C'est le Dieu de tous et de chacun, que l'on priait en famille avant 1936 et que tous les paroissiens priaient ensemble à la messe du dimanche. Le dieu d'Émilienne n'est pas le Dieu des cérémonies, des baptêmes, des enterrements, des prières collectives. Émilienne ne l'invoque pas pour faire cesser la pluie. C'est un dieu infiniment discret, qui se révèle ou peut se révéler à chacun, mais qui ne fait aucun effort pour aller vers nous si, de notre côté, l'on ne fait pas un effort égal pour aller vers lui. Le Dieu de Marceau promet que l'on aura le bonheur éternel que l'on aura mérité par sa vertu. Le dieu d'Émilienne ne donne pas le bonheur comme une récompense séparée de lui. Il est lui-même le bonheur. Marceau avait la foi. Cela signifie qu'elle croyait à ce que l'Église dit de son Dieu. La foi d'Émilienne ne suppose pas l'intermédiaire du discours humain. Dieu se donne à elle par la voie immédiate de l'expérience intime, sans intermédiaire humain. Émilienne est beaucoup plus libre à l'égard de l'humain, des règles et conventions humaines, sociales, que ne l'était Marceau. Elle est plus sauvage, Marceau plus civilisée, prise dans les rets de la civilisation, rets qui sont souvent un étau. Mais cependant il y a chez Marceau tellement de bonté qu'elle pourrait, à l'occasion, faire fi des règles, comme de donner asile à un insoumis. Émilienne de même, évidemment, car bien qu'elle n'en fasse pas un principe, son cœur la porte spontanément à aider les autres. Pourquoi ai-je dit que mon esprit penchait du côté de Marceau ? N'aurais-je pas dû plutôt dire « mon cœur », puisqu'elle est ma mère ? Mais mon esprit, grec, aime la clarté, et il y a plus de clarté du côté de Marceau, plus de mystère du côté d'Émilienne. Marceau vivait à « la Maisonneuve », d'où l'on voit le clocher de l'église d'Altillac ; elle était en union parfaite avec sa mère, Marie, ses sœurs Alice et Pauline. Elle suivait les cours de l'école supérieure de jeunes filles de Saint-Céré. Les trois sœurs gagnaient un peu d'argent à noisiller, mais la pension du père, mort en 1916, était insuffisante. La pauvreté était grande. Cependant la joie régnait à la maison, une maison que les trois sœurs – ma mère étant l'aînée – enchantaient, que jeunes filles et jeunes gens aimaient. Ainsi du côté de Marceau, une vie transparente. J'ajoute : l'ignorance du monde, la mer jamais vue, ni les montagnes, ni l'étranger. Du côté d'Émilienne, dont le père était ambassadeur, c'est tout le contraire : enfance en Bolivie, à Vientiane, en Tunisie, études au Guatemala, au Costa Rica, à Rome, à Brighton, à Londres, puis missions en Angola, au Tadjikistan, au Pakistan, en Bosnie, en Géorgie, cela avant sa venue en Corse où elle s'est fixée. Et du côté de Marceau, ignorance des langues, du côté d'Émilienne, connaissance de plusieurs langues, expérience vécue de nombreuses cultures fort différentes ; et puis Marceau fort peu sportive, Émilienne sportive accomplie, titulaire de titres divers. De plus, Émilienne a à son actif une expérience de la vie de couple à laquelle celle qu'eut ma mère, par sa brève durée, ne peut se comparer. Ainsi si j'entre dans l'esprit de Marceau et sa mémoire, j'y suis chez moi. J'ai vu le printemps sur les collines où elle gardait la chèvre, j'ai entendu à l'église les chants qu'elle a chantés, je suis allé comme elle à la fête des Corps-Saints à Beaulieu et en suis revenu avec une bouteille de mousseux gagnée à la loterie. Au contraire, si j'entre dans l'esprit et la mémoire d'Émilienne, je suis en pays inconnu. C'est pourquoi Émilienne me fascine ; je veux dire qu'elle laisse mon esprit, qui n'aime pas le trouble, quelque peu troublé et sans repères, mais que, pour cette raison même, il demeure captivé par elle, avec une espérance d'y voir plus clair, c'est-à-dire de mieux la comprendre. Où je n'exclus pas d'ailleurs de la comprendre mieux qu'elle ne se comprend elle-même, si du moins l'amour est un secours pour comprendre. Marceau, plus civilisée, et respectueuse des codes de la vie sociale, est plus prévisible qu'Émilienne, moins surprenante. La vie avec elle est un long fleuve tranquille. C'est la femme d'un seul amour. Elle donne son cœur, sous l'onction du sacrement du mariage, pour l'éternité. Il en eût peut-être été de même pour Émilienne si elle eût rencontré celui qu'elle nomme son « Hector ». Marceau avait rencontré son Hector. Car il n'y a jamais eu d'homme plus *vrai* que ne le fut mon père. Si Émilienne n'a pas – pas encore – rencontré son Hector, cela tient sans doute à ce qu'elle a eu sa prime jeunesse non avant les deux guerres mondiales, mais bien après, alors que la confiance en l'avenir ayant décru, s'est installée la hâte de vivre. Si l'on choisissait d'aimer, c'est de Marceau que j'eusse choisi d'être amoureux. Mais l'on ne choisit pas d'aimer. L'on découvre un jour que l'on est amoureux, sans que l'on sache comment cela s'est fait. Je serais certainement amoureux d'Émilienne si cela n'était fort inconvenant à mon âge. Mais étant civilisé comme Marceau et respectueux de ce qui est convenable, c'est une chose que, bien sûr, je m'interdis. Les hommes qui réfléchissent préféreront toujours les Marceau, et ceux qui ne réfléchissent pas les Émilienne, étant entendu que, quand *Eros* s'en mêle, plus personne ne réfléchit. Le dieu malin rend sensible aux promesses de plaisir. Marceau ne promet que des voluptés classiques, mais Émilienne des voluptés de tempête. Alors, disons qu'il y a des cas où l'on aime se noyer, s'oublier dans une extase proche de l'extase mystique. Que celui qui sait de quoi je parle me contredise ou m'approuve, puisque j'invente. Car je suis assez ignorant de la volupté – quoique pas autant que Kant, bien sûr. Pour un humain de notre époque, je fais exception. C'est pourquoi Émilienne me fascine. Car l'on ne peut imaginer l'inimaginable. Il faut d'abord le vivre. L'on ne peut savoir ce que c'est qu'après.

CXXXVII

17 janvier

Pierre Maillard a été mon élève au lycée Victor Grignard à Cherbourg, en 1950, alors que je débutais comme professeur agrégé (auparavant, j'avais été professeur au lycée d'Aurillac comme délégué rectoral, et plus avant encore, j'avais été instituteur...). Le journalisme fut son métier. Il m'a écrit le 3 janvier. Il a lu *Noms. Journal étrange III*. Or, voici une phrase qui m'étonne : « Sur la sexualité, vous faites, me semble-t-il, la part un peu trop belle au domaine de l'esprit : je crois qu'il y a, au plus profond des individus, une cohabitation homme-animal qui est irrémédiable – et parfois tout à fait heureuse... » Or, pas plus tard qu'hier, j'ai reçu d'André Comte-Sponville son nouveau livre, *Du Corps*, et, page 189, j'ai lu ceci : « Nous pouvons jouir comme des animaux, et être heureux comme des dieux. » Ainsi, nous pouvons jouir comme des animaux. A.C.-S. le dit ! Qui plus est, Simone Weil – mais est-elle une autorité en la matière ? – semble le dire aussi : « Le bas et le superficiel sont au même niveau. Il aime violemment mais bassement : phrase possible » (cité par A.C.-S., p. 287). Différence avec P. Maillard (« au plus *profond* des individus ») : le bas, l'animal, est le violent, mais n'est que le superficiel et non le profond – « Il aime profondément mais bassement : phrase impossible », ajoute S. Weil. La différence entre le bas, le violent et le superficiel d'une part, le profond d'autre part, est celle-ci : le violent est ce qui ne dure pas, le profond est ce qui dure – et c'est l'amour. Ce qui est superficiel dans une personnalité est ce qui est l'effet d'un désir impérieux, ce qui est profond est ce qui dure et nourrit une volonté. Car une personnalité s'exprime non par ce qu'elle désire, qui est banal, mais par ce qu'elle veut.

André Comte-Sponville parle de notre « nature animale » qui nous fait « jouir comme des animaux ». Cette « nature animale », je ne la reconnais pas chez moi. Jouir « comme un animal », qu'est-ce que cela peut bien être ? Je n'en ai aucune idée. Certes, j'ai une nature, mais c'est une seconde nature, résultat de mon éducation. Cela signifie que je ne peux jouir sans *me le permettre*, et aucun animal n'a besoin de cette permission. On me dira : de cette permission, nombre d'humains se passent fort bien. Faux. Nombre d'humains se la donnent très facilement sous la pression du désir, mais tous ont *à se la donner*. Il m'est arrivé de me la donner assez facilement, mais très souvent, la volonté prenant le pas sur le désir, je me la suis retirée. Car le désir ne connaît que le présent, mais la volonté, tournée vers l'avenir, raisonne et calcule.

Les moments de volupté s'effacent. La vie ne se construit pas avec des moments de volupté. Ce n'est pas eux qui peuvent donner un sens, puisqu'ils se répètent. L'amour s'adresse à la personne et demeure si le sexe est mort.

CXXXVIII

18 janvier

La différence entre celui qui fut jeune au temps de Sartre et celui qui fut jeune au temps d'Althusser se voit lorsqu'ils abordent le problème de la liberté.

Car ce qu'écrit André Comte-Sponville dans *Du Corps*, 2009 (mais ce fut rédigé il y a plus de trente ans !), m'est insupportable. Voici :

> « Être libre, ce n'est pas faire ce que je veux. Car "ce que je veux" est toujours déterminé : par mon corps (spécialement par mon cerveau), par mon éducation, ma société, mon inconscient, bref : par "moi", c'est-à-dire par ce *moi* que mes parents et la société, l'histoire ou les chromosomes, peu importe, m'ont donné en me faisant être [...] Ce "je" que je suis, je ne l'ai pas choisi. Voyez les nouveau-nés... Et que sommes-nous d'autre qu'un nouveau-né qui a grandi ? Si j'avais eu le choix, je serais bien plus beau, bien plus fort, plus intelligent, plus volontaire, et meilleur, mais oui, bien

> meilleur que je ne le suis. Alors oui : faire ce que je veux, ce serait vraiment être libre. Mais ce n'est pas le cas, bien sûr : on ne se choisit pas, jamais. On se subit » (p. 219-220).

C'est là traiter le « moi » comme une chose, alors qu'il est une liberté. Mes parents attendaient un enfant. Ils ne savaient pas, et nul au monde ou hors du monde ne pouvait savoir que cet enfant serait moi. Et moi-même, lorsque je n'étais qu'un nouveau-né, ne le savais pas encore : je ne l'ai appris que peu à peu, car je ne me suis fait que peu à peu. Je me suis fait dans des conditions données, non choisies, soit ! mais ces conditions, qui limitent mes choix possibles, ne limitent pas la liberté, car on ne limite pas l'infini. Si j'avais eu le choix des conditions, je me serais peut-être choisi avec des ailes. J'accorde à A.C.-S. que ma liberté est une liberté d'homme, non une liberté d'ange, mais que la liberté soit celle d'un homme, d'un ange ou d'un dieu, il appartient à la liberté d'être infinie. Car, comme pouvoir infini de dire « non » à tout, elle n'a ni degrés ni limites. Elle est ou elle n'est pas.

Il est vrai que la liberté peut dire « oui » ou « non » sous certaines influences. Les hommes se figurent être libres alors qu'ils ne le sont pas, dit Spinoza. Cela est juste, à la condition de ne pas l'entendre universellement, et de distinguer le fait et le droit, ce qu'il ne fait pas. En droit, tout homme est libre de la liberté que j'ai dite, mais qui n'existe chez la plupart des humains que comme une capacité de libération, leur liberté s'étant en fait aliénée sous diverses influences. L'éducation par son caractère collectif, non universel, la religion par ses dogmes irrationnels, les médias par leurs partis pris ou leur superficialité, sont des puissances d'aliénation. Mais au fond de chaque homme aliéné, la liberté est en attente de l'éveil.

En juillet 1929, un petit garçon de sept ans, pendant que ses parents faisaient les foins dans le pré voisin, se tenait au bord de la RN 140, entre Beaulieu et Saint-Céré, et regardait passer les voitures. Or, voyant la route s'allonger jusqu'à un tournant lointain, il se demanda « si *le monde* finissait au tournant ». C'était une question philosophique : le monde est-il fini ou infini ? (cf. Kant, « antinomies »). Or, une telle question est née spontanément dans l'esprit du petit garçon – dans *mon* esprit. Absolument rien n'a pu la déterminer. La philosophie, si elle n'est pas empêchée de naître par les pressions collectives (la religion qui donne les réponses avant que l'on se soit posé les questions), naît dans tout esprit humain de par l'essor naturel de la raison. Le petit garçon que j'étais s'est voué dès l'âge de sept ans à la philosophie, à partir d'une question qui ne lui avait été soufflée par personne, qu'il s'était soufflée à lui-même (il est d'ailleurs parti d'un bon pas pour « vérifier » : son père ne lui en a pas laissé le temps).

CXXXIX

19 janvier

Épicure place « le principe et la racine de tout bien dans le plaisir du ventre (γαστρὸς ἡδονή) » (*Lettres et maximes*, PUF, p. 72). Le plaisir d'avoir « le ventre plein », ayant assez mangé, est la base de tout bonheur. Or, dans la même page où il a cité cette phrase, André Comte-Sponville écrit : « Nous pouvons jouir comme des animaux » (*Du Corps*, p. 189), et plus loin : « Le corps jouit » (p. 262). Le mot « jouissance » fait songer au plaisir sexuel. Ayant faim, l'on mange ; ayant mangé, l'on ne dit pas : « J'ai joui. » Du reste, le plaisir dont il est question est un « plaisir sans joie » (p. 262). Le plaisir sans joie est le plaisir sexuel. Le plaisir d'avoir bien mangé peut très bien s'accompagner de joie. Je ne dis pas que la confusion soit dans l'esprit d'A.C.-S., mais elle est dans la lettre de son écrit. Épicure ne songe absolument pas, lorsqu'il parle de « plaisir du ventre », au plaisir sexuel. Le mot γαστήρ désigne l'estomac. On peut mener le deuil d'un mort « avec son ventre » (γαστέρι, *Iliade*, XIX, 225), c'est-à-dire en s'abstenant de nourriture. Le plaisir sexuel *n'est pas*, selon Épicure, « le principe et la racine de tout bien », car le désir sexuel est certes un désir naturel, mais « non nécessaire » (*op. cit.*, p. 65-66), ce qui signifie que la non-satisfaction sexuelle est compatible avec le bonheur. Le désir de manger s'accompagne d'un manque, qu'il faut combler ; le désir de l'amour s'accompagne d'un excès dont on peut se libérer par une activité quelque peu épuisante.

Lucrèce est considéré comme un disciple d'Épicure entièrement fidèle au maître – pour qui il a une véritable dévotion. Si pourtant il lui eût été aussi fidèle qu'on veut bien le dire, eût-il commencé son poème par une invocation à Vénus ? Non : c'est Cérès (Déméter) qu'il eût chantée, la divinité de la terre cultivée, essentiellement la déesse du blé. Ce n'eût pas été la Donneuse de vie, qui, au printemps, « inspire à tous les êtres le désir de propager leur espèce » (I, 20), mais la Nourricière grâce à qui les humains peuvent avoir « le ventre plein ». Ce n'eût pas été aussi poétique, évidemment : le poète l'a emporté sur le disciple. Or, de ce choix, le philosophe aussi peut se féliciter : dès lors, en effet, que Vénus, sans l'aide d'aucun autre dieu, « suffit *seule* à gouverner la nature » (I, 21), c'est *toute* la nature qui nous est présentée, avec ce qui en est le principe – dont la puissance (*vis*) entraîne tous les êtres vivants à vouloir donner la vie, guidés par l'attrait du plaisir. Que ce plaisir soit le plaisir sexuel, Lucrèce le dit dès la première ligne : c'est le « plaisir des hommes et des dieux» (*hominum divomque voluptas*). Or, les dieux n'ont pas faim, mais ils font l'amour à tout va, selon la mythologie. Ainsi l'unité de la nature est assurée et pensée sous un unique principe, depuis les plus humbles des êtres vivants jusqu'aux dieux – qui font, eux aussi, partie de la nature.

CXL

20 janvier

Étant allé hier soir, avec Émilienne et Chantal, au restaurant « U Caradellu », à Bravone, j'ai tenu à Chantal le discours suivant – Émilienne écoutait – : « Émilienne est pour moi comme le soleil. On aime le soleil, mais il ne se soucie pas de nous, nous ignore, ne saurait nous aimer. On n'attend pas de lui qu'il nous envoie un rayon particulier. Il ne rayonne pas pour les hommes ; il rayonne, tout simplement. Mais je ressens le bienfait de sa lumière, de sa chaleur, et j'aime le regarder lorsqu'il n'est pas trop éclatant. De même, simplement de voir Émilienne, et qu'elle soit là, cela me remplit de joie. Pourtant, elle n'a pas grand souci de moi. Mais qu'importe ! Je ressens les bienfaits du soleil comme s'il m'aimait ; c'est un semblable bienfait que je reçois d'Émilienne.

– La lune aussi nous envoie ses rayons, dit Chantal. Ne peux-tu la comparer à Émilienne ?

– Non, la lune est une tricheuse.

– La mer, alors…

– Marcel n'aime pas la mer, dit Émilienne.

– Il est vrai que différents êtres ou aspects de la nature me fascinent comme me fascine Émilienne. Je songe à une cascade. On garde le regard rivé au flux sans pouvoir l'en détacher. Ce peut-être simplement l'eau courante d'un ruisseau, d'une rivière et ses inlassables variations, qui a cet effet de tenir captif le regard. Émilienne me fait bien le même effet qu'une cascade ou de l'eau courante.

– Et parmi les êtres vivants ?

– Je songe à une libellule volant rapidement au-dessus d'une mare, et aux brusques changements de direction de son vol. Émilienne aussi est capable de tels changements brusques et imprévisibles. Il ne faut pas compter qu'elle s'en tiendra à ce qu'elle a dit.

– Et un arbre ? On peut rester en contemplation devant un cyprès millénaire.

– Oui, mais la vitalité d'un arbre est une vitalité lente. Un arbre a du temps, prend son temps. La vitalité d'Émilienne est rapide et grande consommatrice de temps. De là une intensité de vie que je vois en elle comme dans une source, une cascade, une libellule, non un arbre.

– Même si tu le considères en sa croissance ?

– En ce cas, oui, peut-être. Il m'est arrivé d'être surpris, dans mon verger, à Treffort, par l'ardeur de mes pommiers à croître, s'épanouissant en branches nombreuses dans toutes les directions. Il y a, chez Émilienne, une sorte d'effort, une vigueur, une résolution pour ne pas en rester à ce qu'elle est, pour croître en hauteur, pour s'élever, j'entends en pureté, en noblesse.

– Bien ! tu aimes Émilienne sans demander un retour. Mais ne crois-tu pas qu'elle t'aime à sa façon ?

– Je plaisante un peu. Je parle devant Émilienne – qui écoute, intéressée, je dis qu'elle ne m'aime pas. Or, je ne pourrais pas le dire si c'était vrai. C'est parce que ce n'est pas vrai que je peux jouer avec cette idée qu'elle ne m'aime pas, pas plus que le soleil n'aime ceux qu'il éclaire, etc. »

CXLI

22 janvier

Le 27 décembre 2008, Tsahal lançait des raids aériens sur la bande de Gaza, où les forces terrestres pénétrèrent une semaine après. Le 31 décembre, alors que je dînais avec Émilienne : « Je ne comprends pas le Hamas, lui dis-je : s'il voulait rompre la trêve, pourquoi n'avoir pas attendu le 20 janvier, alors que George W. Bush, qui soutient toujours inconditionnellement Israël, ne serait plus président ? Si je ne savais que c'est impossible, je dirais qu'une taupe israélienne s'est glissée au cœur des instances dirigeantes du Hamas et leur a suggéré cette rupture de la trêve, tellement ce fut pain bénit pour Israël. » Après vingt-deux jours de combat, le cessez-le-feu enfin ! Tsahal s'est acharné sur Gaza avec une sorte d'ivresse : quatre mille habitations détruites et, en nombre, des bâtiments administratifs, des commissariats, des mosquées, des écoles. Il y eut treize cents morts palestiniens, dont plus de quatre cents enfants ; du côté israélien, treize tués.

Ce qui surtout a étonné et scandalisé partout dans le monde a été ce que Reuven Pedatzur, analyste israélien, nomme « l'absence de retenue morale » de l'armée face à la population palestinienne. Le secrétaire général des Nations unies, Ban Ki-moon, a condamné l'« usage excessif de la force », s'est dit « outré » par ce qu'il a vu à Gaza, notamment par la destruction des entrepôts de nourriture du QG de l'Agence de l'ONU pour les réfugiés et d'autres locaux des Nations unies. D'autres dénoncent l'usage de bombes au phosphore, responsables de plaies atroces. Le correspondant d'un journal populaire israélien, Ofer Shelakh, juge que, si l'opération « Plomb durci » était justifiée, la façon dont elle a été conduite, avec l'image qu'elle donne d'Israël aux yeux du monde, ne permet guère de parler de victoire : « Si on appelle ça une victoire, malheur aux vainqueurs. » Quel abîme entre le général thébain Épaminondas, dont nous parlent Plutarque et Montaigne, et les généraux de Tsahal ! Quel recul de l'humanité depuis les Grecs ! Qui est responsable : le Dieu inhumain de la Bible ?

CXLII

23 janvier

Émilienne et Sébastien ont répondu aux questions que Marie Morel, dans *Regard*, a posées à Michel Onfray. Voici leurs réponses :

Questions	*Émilienne*	*Sébastien*
Qui êtes-vous ?	Un enfant de la nature	Un intermittent du spectacle humaniste
Comment aimez-vous vivre ?	Libre	En bonne compagnie
Que préférez-vous dans votre être ?	Mon courage	Mon empathie
Quel est votre lieu de vie idéal ?	Près de Dieu	Une ville à la montagne
Avez-vous assez de temps ?	Jamais	J'en manque

Qu'est-ce qui vous rend heureux ?	La poésie de la vie	Les animaux en liberté
Qu'est-ce qui vous rend triste ?	Les mauvais esprits	L'épuisement des choses
Comment dormez-vous ?	Comme un plomb	Sans rêver la plupart du temps
Aimez-vous boire et manger ?	Surtout en compagnie	Surtout boire
Avez-vous peur de mourir ?	Pas pour l'instant	Oui, de mourir trop tôt
Comment écrivez-vous ?	Avec le cœur	De façon désorganisée
D'où vient votre savoir, votre culture ?	D'un peu partout et de nulle part	De ma famille
Qu'aimez-vous faire ?	Du beau et du bien	Contempler le vide
C'est quoi un être idéal ?	Un fidèle au beau et au bien	Ce serait sûrement une femme
Qu'est-ce qui vous étonne ?	La bêtise	Le vivant
Quels sont vos livres préférés ?	Homère, les *Fragments* d'Héraclite	Le *Tao te king*, *Les Frères Karamazov*

Qu'est-ce qui vous plaît le plus dans ce que vous avez fait dans votre vie ?	D'avoir pris la poésie au pied de la lettre	Mon influence positive sur les autres
Quels sont vos mots favoris ?	Infini, beau, vrai	Vacuité, perception, échange
Quelles sont vos idées favorites ?	L'idée du Jardin	Le vide originel, l'idée d'exemplarité
Comment travaillez-vous ?	Avec tout mon être	Par saccades
Pourquoi aimeriez-vous faire des livres ?	J'aimerais si on me le demandait	Pour enrichir les gens
Que pensez-vous de l'art ?	Je l'aime s'il y a de la poésie	Il offre aux gens distance et réflexion
Pourquoi créer ?	C'est le propre de l'être humain	Pour tirer valeur de son propre fond
Quelle est votre idée de la musique, du cinéma ?	Je les aime s'il y a de la poésie	L'une est aérienne, l'autre terrestre
Que pensez-vous de la vie ?	Elle permet de connaître Dieu	Parfois elle m'étonne, parfois elle me tracasse
Y a-t-il des êtres qui vous fascinent ?	Les Grecs	Les arbres

Que gardez-vous ?	L'amitié pour la vie	Les films de ma vie
Que jetez-vous ?	Presque tout	Ce que l'on m'a fait posséder
Aimez-vous faire l'amour ? Comment ?	Oui, au temps des amours – comme une femme	Oui, souvent
Qu'est-ce qui vous excite ?	Une bataille pour le beau et le bien	Un certain érotisme naturel
Qu'est-ce qui vous fait peur ?	Les mauvais esprits	De passer à côté de moi
Quels sont vos plus beaux souvenirs ?	Les souvenirs d'enfance	Mon premier voyage en solitaire
Que préférez-vous chez les autres ?	La justice	Leur souci d'autrui
Quels sont les cadeaux que vous préférez recevoir ?	La sincérité	Ceux qui ressemblent à celui qui les offre
C'est quoi une belle vie pour un homme ?	Une vie vécue avec noblesse	Celle que l'on voulait avoir
Qu'aimez-vous ?	La nature sous tous ses aspects	Aimer
Êtes-vous heureux ?	Oui, sans l'ombre d'un doute	Plutôt

CXLIII

25 janvier

J'ai toujours vécu la sexualité et l'attrait du plaisir qui en résulte comme un danger pour moi, pour le moi. Mon père, par suite de son très secret ressentiment – du fait que ma vie avait été payée de la mort de la femme qu'il aimait –, haïssait ma sexualité, en laquelle il voyait une promesse de volupté et de bonheur par l'amour, c'est-à-dire une chance d'avoir ce dont il était privé. Il n'eût pas supporté que j'amène une jeune fille à la maison. Or, loin de regimber, je prenais et j'ai pris le parti de sa haine, et j'ai connu cette « haine de soi » dont parle Pascal et que conseille, dit-il, le christianisme. Pourquoi cela ? Parce que j'ai intériorisé la condamnation paternelle ? Ce n'est pas une explication. Si j'ai fait mienne la haine paternelle de ma sexualité, c'est parce que j'ai eu conscience de devoir choisir entre la sexualité et moi. En apparence, j'ai fait mienne la haine de mon père. Mais haine paternelle ou non, j'eusse de toute façon refusé les invites qui naissaient de mon corps. Cela parce que je devais consacrer ma vie à la réalisation des potentialités que je sentais en moi, et non à la satisfaction de mon besoin d'amour. J'ai vu beaucoup d'hommes victimes de leur sexe, se hâter dès leur prime jeunesse vers les baisers, les coïts. Or, plus ils y prenaient du plaisir, plus ils s'intéressaient à ce plaisir qu'ils y prenaient, afin de l'augmenter, de le varier. Ils en venaient rapidement à embarrasser leur vie de liaisons encombrantes, où leur énergie se diluait, tandis que leur moi et sa vocation propre étaient délaissés. La perspective de la jubilation coïtienne (car le plaisir sexuel qui, en soi, n'est pas joyeux, se transforme en joie par l'amour), par l'état d'excitation dans lequel elle les mettait presque en permanence, désorganisait leur vie. Combien de vies incohérentes de ce fait ai-je vues ! Combien, au contraire, la mienne est cohérente, vouée sans errement aucun ou presque, à la philosophie ! Mais le sexe, dira-t-on, votre ennemi, comment l'avez-vous muselé ? Je ne conseille pas une sexualité *a minima*, à la Kant. Ce ne serait pas grec. Mais le mariage permet une attitude responsable de gestionnaire du désir. Réduit à sa simplicité épicurienne, celui-ci peut se faire oublier. La tranquillité d'esprit du philosophe est ainsi assurée, au prix il est vrai du renoncement sinon à l'amour – car le mariage va de pair avec un amour de croisière, amour de tout repos, établi et bourgeois –, du moins à sa fougue, ses ardeurs, son inventivité, sa poésie. Le prix d'une vie vécue dans l'ataraxie de l'esprit est le renoncement à la poésie de la vie. Le résultat : une œuvre, des livres dont certains ont chance de passer à la postérité. Valait-il mieux que Kant vive un grand amour, plutôt que d'écrire la *Critique de la raison pure* ? Pour un philosophe, kantien ou non, la réponse est évidente. Un grand amour n'est rien de bien original. N'importe qui peut vivre un grand amour, alors que l'œuvre de Kant est singulière. D'innombrables individus ont vécu un grand amour. Leurs noms sont oubliés, à moins que leurs noms soient aussi ceux de grands poètes. Ils ont eu leur vie ; après : plus rien. Un philosophe, un poète qui restent dans les mémoires, vivent dans le cœur et l'esprit des humains de nombreuses vies posthumes. J'ai fait le choix de la durée et non du moment. Je ne saurais regretter ce choix, même si avec le grand âge une certaine nostalgie peut s'installer des joies que l'on n'a pas eues. J'ai toujours cru que le grand Bonheur était donné par l'amour. Aussi n'y ai-je jamais prétendu. La philosophie m'a donné ce que j'attendais d'elle ; elle ne pouvait me donner ce qui procède non de la calme réflexion, de la méditation sereine, mais de la fringale du corps qu'un autre corps apaise. Autre le corps, autres l'âme, le cœur et l'esprit, même si l'amour peut transvaluer la fringale du corps, ennoblir le plaisir, le transmuter en joie. Mais l'amour, qui se mêle au corps, ne vient pas du corps. Quel est l'objet de l'amour ? l'être aimé ? Non, mais un être autre que l'on cherche à travers l'être aimé. Tout amour satisfait reste insatisfait : ce n'est pas encore LUI. Réfléchissant à cela, le philosophe qui a vécu en passant à côté de l'amour se dit qu'il n'a peut-être pas perdu grand-chose.

CXLIV

26 janvier

Mon cousin, Firmin, vit à Nantes. Il m'a écrit pour me demander de l'aider à venir à bout d'une maladie insidieuse et torturante contre laquelle sa raison n'en peut mais : la jalousie. Pourquoi moi ? Il sait que j'ai étudié Épicure, pour qui la philosophie est la médecine de l'âme et qui propose, contre les maux dont souffrent les humains, le « quadruple remède » (*tétrapharmakos*). Peu importe qu'Épicure n'ait pas spécialement songé à la jalousie. Or, voici un passage de la lettre de Firmin :

« Tu sais que, depuis ma prime jeunesse, je suis amoureux d'Éliane. Hélas ! par ma faute sans doute – car je suis resté trop longtemps absent de France –, elle a épousé Roger. Mais Roger est mon ami. J'ai donc accepté la situation et ai su me contenter des relations d'amitié que j'ai eues avec le couple. Or, dernièrement, tout a basculé lorsque Éliane m'a dit : "Je quitte Roger, je ne veux plus le voir." Effectivement, elle a pris un appartement dans une modeste villa, à Saint-Sébastien-sur-Loire. Alors, que s'est-il passé ? En moi, l'espoir est né. Roger a eu Éliane. Et si c'était mon tour ? Mais en même temps que l'espoir, la jalousie est venue. Éliane a quitté Roger géographiquement. L'a-t-elle vraiment quitté ? Saint-Sébastien est à cinq minutes de Nantes. D'où vient que, lorsque je la vois, elle évite soigneusement de me parler de Roger ? Ou que, lorsque je lui téléphone le soir, je tombe souvent sur son répondeur ? Et si je les dérangeais au moment où… ? Un dévorant désir de savoir m'a pris, qui m'a conduit à l'idée de les espionner. Je connais le numéro de la Golf Volkswagen noire de Roger, de la Clio d'Éliane. Je vais voir, me disais-je, si la Golf ne se trouverait pas le soir tout près de l'appartement d'Éliane. Je pourrais aussi faire appel à un détective privé. Rassure-toi : je ne suis pas passé de l'idée à la réalisation. Mais aide-moi : je souffre, tu ne peux pas savoir. »

Certes, je ne sais pas, mais j'imagine… Quant au remède que je vais proposer à Firmin, il est simple : à l'ignorance, substituer la connaissance. Je lui écris ceci :

« Tu doutes : Éliane a-t-elle réellement quitté Roger ? Tu soupçonnes qu'il n'en est rien et qu'Éliane te cache quelque chose, et ce "quelque chose", tu te le figures, impuissant et jaloux. La jalousie se nourrit de l'ignorance, transforme l'ignorance en soupçon. Il faut donc supprimer l'ignorance, et que, Firmin, tu te trouves devant le constat du réel. Alors, si Éliane est toujours la femme de Roger, tu devras prendre une décision : ou accepter la situation comme n'étant pas différente, au fond, de celle dont tu t'étais accommodé lorsque Éliane vivait avec Roger, ou quitter le navire, fuir ailleurs. Pour l'heure, tu dois faire part à Éliane de ta jalousie, de ta souffrance et du remède, qui ne peut être que chirurgical. La vérité fera mal au début, car, croyant Éliane libre, tu avais eu l'espoir de l'avoir à toi. En fait, elle est toujours la femme de ton ami : leur séparation était un leurre. Si tu ne veux pas fuir, il te reste, grand seigneur, à te réjouir de leur réconciliation. En attendant qu'Éliane ait effacé ton ignorance, tu as un effort à faire sur toi-même. Contre la jalousie, la raison et la liberté ne sont pas complètement désarmées. Tu es maître de l'orientation de tes pensées. Si tu imagines Éliane et Roger dans leurs transes voluptueuses, toi qui aimes Éliane et qui voudrais jouir avec elle, tu te sens infiniment pauvre, misérable, réduit à rien. Tu ne dois pas te laisser glisser à cela. Dès que tu sens venir ces images, détournes-en ta pensée. Tu le peux. Persuade-toi d'abord que tu le peux. Dès que tu seras convaincu de le pouvoir, tu le pourras. Pour t'aider dans cet effort de ne plus penser à ce qui te mène à la souffrance, trouve-toi une occupation : appelle-moi au téléphone, lis du Pascal… Pour quel résultat ? aléatoire, je l'admets. La vraie médication, je le répète, est dans le constat du réel. »

La jalousie, indissociable de la sexualité, d'essence physique, pulsionnelle, existe dans toute la nature comme la Vénus de Lucrèce, depuis les animaux jusqu'aux dieux. Un chien peut montrer de la jalousie quand il en voit caresser un autre. Héra, femme et sœur de Zeus, poursuit de sa haine les amantes de Zeus et leurs enfants. Elle inflige à Héraclès les fameux « douze travaux » ; dans la guerre de Troie, elle prend position contre les Troyens pour se venger de Pâris. Mais à la différence des animaux et des dieux, l'homme, par la liberté qui est son essence, peut faire face à la jalousie. Le désir sexuel surgit du corps sans qu'on l'ait voulu ; la jalousie est, pareillement, une pulsion qui se présente comme irrépressible. Mais elle ne l'est pas. Il ne dépend que de la liberté de suivre ou non la voie qui mène à la souffrance. Cependant, la liberté même ne peut guère être efficace sans la connaissance de la vérité qui, en dissipant le soupçon, ôte à la jalousie sa nourriture.

CXLV

29 janvier

Alors qu'elle était venue dîner chez moi hier soir avec Noël et Sébastien, voici à peu près ce que j'ai dit à Émilienne : « Dans la lettre que tu m'adressas, en juillet 2001, après que ton père t'eut procuré mon adresse à Treffort, une expression m'avait étonné : "Bien qu'au sexe faible j'appartienne". Il ne m'était pas du tout venu à l'esprit que tu parlais de ta propre faiblesse. Et lorsque tu vins me voir en août, ton comportement à mon égard, plein d'assurance et plutôt autoritaire, ne faisait songer à rien de tel que de la faiblesse. Mais depuis, venu en Corse, j'ai observé ton attitude de dépendance, d'obéissance, même de soumission à l'égard de Noël. C'était là la femme, faible en face de l'Homme. Or, au mois d'avril 2008, tu me dis : "En toi, j'aime le philosophe, je n'aime pas l'homme." Cela me blessa. Mais j'ai compris depuis, et d'ailleurs assez récemment, que je n'avais pas lieu d'être blessé, au contraire. En face de l'Homme, tu as quelque chose de l'ancestrale servilité de la femme. Mais je ne suis pas l'Homme, corrélat de la Femme que tu es. Je ne suis ni homme, ni femme, ou les deux à la fois. Et en face de moi, dès lors que tu ne vois pas en moi l'Homme, tu ne te sens pas inférieure, faible et soumise : tu es et te sens mon égale et nous sommes amis. Tu te conduis parfois, et ce n'est pas en toi quelque chose que je puisse approuver, comme humble devant l'être masculin, comme si la masculinité était une sorte de privilège accordé par la nature. Cette façon d'être est accentuée par la sorte de travail que tu as choisie, qui est plutôt un travail d'homme, tellement qu'il te faudrait, tu le reconnais, l'aide d'un homme pour faire face à toutes les tâches que requiert l'entretien de l'oliveraie. Et comme cet homme, tu ne l'as pas pour le moment, tu prends la mesure de ta faiblesse. Physiquement, cette faiblesse est un fait. Mais moi aussi suis faible, de par mon âge. D'autres le sont parce que malades ou handicapés. Or, une telle faiblesse n'a pas à induire une attitude telle que la tienne. Lorsque je te sens cédant à l'homme parce que c'est l'Homme, je ne dirai pas que quelque chose en toi me déplaît, car rien en toi ne peut me déplaire, mais cela me fait souffrir. Certes, je te perçois comme femme, mais je ne perçois aucune femme comme "faible", toi moins qu'aucune autre. Je vous vois toutes comme différentes, nullement comme inférieures, obligées à une servilité quelconque à mon égard. Lorsque vous vous percevez comme du sexe "faible", c'est que vous prenez le sexe masculin comme mesure. Mais la masculinité n'a pas valeur de norme. Si tel était le cas, pourquoi pas aussi la féminité ? Elle serait le sexe délicat et devant la femme, je devrais me sentir comme du sexe grossier. Qu'il en soit ainsi, tu dois reconnaître que cela n'aurait pas moins de vraisemblance que la faiblesse pour la femme. Mais la femme est faible objectivement, dira-t-on. Non, car il ne faut pas considérer à part les traits physiques. La femme est un tout : corps, intelligence, volonté. Considérée comme un tout, avec son esprit et son cœur, elle n'est pas inégale à l'homme, bien au contraire. Mais si l'on s'en tient à l'essentiel de l'homme, la raison, Descartes en disant qu'elle est “la chose du monde la mieux [la plus équitablement] partagée”, a égalé une fois pour toutes l'homme et la femme, et invité chacun à reconnaître l'autre comme son égal. Je me demande si ta posture à l'égard de l'Homme ne porte pas la trace de certaines cultures machistes que tu as traversées. »

CXLVI

31 janvier

C'est un vrai cas de conscience. Aux élections à l'Assemblée territoriale de 2010 en Corse, il y aura sans nul doute une ou deux listes indépendantistes, selon que les modérés et les radicaux auront ou non fusionné. Français, aimant·mon pays, je ne puis souhaiter que la France soit réduite d'une partie de son territoire, et ne le souhaite pas. Je ne suis donc pas en faveur de la souveraineté et de l'indépendance de la Corse. Mais mon meilleur ami corse est indépendantiste, et de la tendance radicale (il n'est pas opposé, me semble-t-il, aux actions quelque peu vives visant des abus, mais il condamne les attentats contre des personnes, ou qui, même s'ils ne visent pas des personnes, peuvent avoir des conséquences graves pour des humains). J'incline donc, par un effet de sympathie, à voter comme lui. Cette sympathie ne va pas seulement à lui-même, mais à ses amis et à la cause qu'ils défendent : à ses amis, car ils sont mus par un idéal et non par les obscurs calculs de politiciens intéressés, prudents et arrivistes, à leur cause en vertu du droit des peuples à disposer d'eux-mêmes. Certes, le Conseil constitutionnel, dans sa délibération du 9 mai 1991, a refusé la notion de « peuple corse, composante du peuple français », et cela avec raison : l'idée que le peuple français serait composé d'une mosaïque de peuples différents a été rejetée par les Constituants en 1789. Mais si le peuple corse n'a pas de réalité *en droit* dans la République, il n'en existe pas moins *en fait* : qu'il s'unisse au lieu de se diviser, voire de se déchirer, s'il en vient à vouloir d'une seule volonté son indépendance, de quel droit la lui refuserait-on ? Je résous donc mon cas de conscience par la distinction entre présent et avenir. Je ne souhaite pas l'indépendance de la Corse dans l'état actuel des choses, où les volontés corses sont multiples et non une, car cette indépendance, la Corse, actuellement, ne la mérite pas. Mais je souhaite qu'elle la mérite, et je vote avec le parti indépendantiste pour manifester ce souhait. Je ne doute pas que si le peuple corse est unanime à vouloir se gouverner lui-même, l'État français reconnaîtra son droit et le libérera de toute dépendance, sauf à lui proposer un partenariat comme entre États frères (frères de sang). Ce dont je doute, hélas ! c'est que l'unité de volonté du peuple corse soit pour demain. Quelqu'un a dit : la paix en Palestine n'est pas pour demain, mais pour après-demain. La Corse est devenue Région en 1982, collectivité territoriale à statut particulier en 1991. Son accession au statut d'État souverain : une vision pour après-demain.

CXLVII

1er février

J'ai fait un curieux rêve – dont le personnage central est Émilienne (ce n'est pas cela qui est curieux !). À l'occasion d'un nouvel attentat meurtrier en Corse, j'avais dit à Émilienne, devant Chantal, en plaisantant : « Tu peux tuer qui tu veux, je te fournirai un alibi. – Et si l'on te demande de jurer sur l'honneur que tu dis la vérité ? – Je le jurerai sur l'honneur, et même sur la Bible ou ce que l'on voudra (*in petto* : mais non sur la tête de Juliette !). » Or, dans l'un de mes rêves de la nuit dernière, Émilienne a tué. Voici comment je peux résumer ce rêve :

Un agrumiculteur, venu du Continent et séjournant à « L'Atrachjata », entendit Émilienne parler des dégâts que l'excès d'humidité avait causés à ses oliviers. Elle s'interrogeait : que faire ? Le visiteur, qui se nommait Hervé, lui proposa, bien que la culture de l'olivier ne soit pas à proprement parler de sa compétence, d'aller sur son terrain pour examiner la situation avec elle. Elle accepta et ils se retrouvèrent ensemble sur le terrain. Ils constatèrent que certains oliviers devenus secs avaient eu les racines nécrosées. Croyant qu'un olivier était en mauvaise condition, Hervé l'arracha afin d'observer les racines. Mais l'arbre était sain. Émilienne se fâcha. Sur ce, Hervé dit que pour aider les oliviers à résister, il fallait les tailler au plus bas, et il se mit au travail avec son sécateur. Émilienne devint furieuse : « Moi seule ai le droit de toucher à mes oliviers ! » N'écoutant rien, il continuait à tailler. Alors, elle se jeta sur lui, lui donnant un coup de couteau : dans le rêve, elle a en main mon couteau à cran d'arrêt « Le Corrèze », acheté à Brive et en excellent acier, qu'en réalité je ne lui ai pas donné. Atteint à la gorge, Hervé saigne comme un porc le jour où l'on « tue le cochon ». Une nappe sanglante s'étend à ses pieds et il s'écroule. Émilienne, après un moment d'affolement, m'appelle sur son portable. J'accours : « Que se passe-t-il ? » Elle me montre le cadavre. Que faire ? Appeler les gendarmes ? Mais comprendraient-ils qu'en tuant Hervé, Émilienne n'avait aucune mauvaise intention ? Je conclus qu'il faut la laisser absolument en dehors de cette affaire. Après tout, elle n'est pas pour grand-chose dans la mort d'Hervé : les choses se sont faites si rapidement ! Pourquoi d'ailleurs est-il mort si vite ? Je dis à Émilienne : « Aide-moi : nous allons l'enterrer. » Je creuse une fosse, nous y mettons Hervé. Ne serait-il pas mort un jour de toute façon ? La fosse comblée, nous tassons bien la terre, y laissons quelques fleurs dans un vieux pot de grès qui se trouvait là. « Tu peux avoir la conscience tranquille », dis-je à Émilienne. Et en effet, nul ne nous soupçonna d'être pour quelque chose dans la disparition d'Hervé. Bien des personnes disparaissent – plus qu'on ne croit. Nous apprîmes qu'Hervé était président d'une société de chasse dans le Lubéron. On le regrettait là-bas. Nous envoyâmes nos condoléances. Bientôt, le nom d'Hervé s'éteignit dans les mémoires. Émilienne n'était plus très sûre d'avoir jamais rencontré un agrumiculteur. Qu'aurait-elle fait d'un agrumiculteur ? Les olives ne sont pas des agrumes.

CXLVIII

2 février

Il m'est arrivé de comparer Émilienne à Artémis, à Athéna ou à la Sibylle d'Héraclite, oubliant que ces déesses et la prophétesse n'ont pas, restées vierges, une féminité accomplie (Erichthonios, qu'Athéna éleva comme son fils, était l'enfant de la Terre et d'Héphaïstos, lequel, amoureux d'Athéna, ayant voulu se saisir d'elle alors qu'elle fuyait, ne put qu'éjaculer sur sa jambe : souillure que la déesse essuya avec de la laine et jeta à terre). Elles n'ont pas voulu être mères. Émilienne le souhaite. Depuis qu'elle est tombée amoureuse (« tombée » est juste : ce fut un coup de foudre), à l'automne 2001, de son Ami (avec une majuscule), elle a rêvé d'un enfant. Lui-même n'en voulait pas, sa famille, son âge, sa santé étant des facteurs dissuasifs. Maintenant, alors qu'elle va avoir, peut-être dès avril 2009, sa maison à elle, le rêve d'Émilienne n'est plus un rêve, mais un projet. Je l'encourage : il y a bien des mères célibataires, elle pourra élever seule son enfant. « Bien qu'encore jeune, lui dis-je, tu ne dois pas attendre. Fais ce qu'il faut. Ce qui compte n'est pas le nombre des étreintes, mais leur qualité : dans la relation ardente, mets de l'application, voire de l'enthousiasme. » Je lui dis que je sais très bien quelle étreinte de janvier 1947 a eu pour conséquence la conception de mon fils. « Et ne trouble pas ton ami, ajouté-je, en lui parlant de ton désir d'enfant. Qu'il ignore ce que tu as en tête. Tu le mettras devant le fait accompli. » Du reste, que N. reconnaisse l'enfant, c'est ce dont je ne doute pas, ni que, quant à son maternage et son éducation, il ne se plie à la volonté d'Émilienne. Ainsi je ne vois pas ce qui, à l'avenir, pourrait faire obstacle à l'accomplissement, pour Émilienne, de sa vie d'amoureuse et de son désir de procréation. Il y aura une nouvelle Émilienne. Mais l'Émilienne actuelle n'a nul besoin, à mes yeux, que s'y ajoute la qualité de mère. Je ne l'en aimerai pas plus. J'espère que je ne l'en aimerai pas moins. J'ai du reste quelque curiosité de ce que peut être un enfant d'Émilienne. Si c'est une fille, je pourrai peut-être me faire une idée d'Émilienne découvrant le monde. Lorsqu'elle sera au travail, elle pourra me donner l'enfant à garder. Je lui parlerai des Grecs. Je lui apprendrai que, dans la vie, il faut être honnête et juste inflexiblement, qu'ensuite le degré de bonté et de générosité fait la différence entre les humains. Je lui ferai partager, à cet enfant, l'amour infini que j'ai pour sa mère.

CXLIX

4 février

On lit quelquefois que Socrate avoue ne pas comprendre Héraclite : « Déjà Socrate ne comprend plus Héraclite et réclame l'aide d'un bon nageur de Délos », écrit Gilbert Romeyer Dherbey (in *Aristote théologien*, Les Belles Lettres, coll. « Encre marine », 2009, p. 45). Socrate commence toutefois par dire qu'il comprend Héraclite. Voici, dans Diogène Laërce, le texte complet de sa réponse à Euripide, qui, lui ayant apporté l'ouvrage de l'Éphésien, lui avait demandé : « Que t'en semble ? » : « Les parties que *je comprends* me semblent fort belles. Je pense qu'il en va de même de celles que je ne comprends pas, mais il faudrait être au moins un plongeur de Délos »[1] (II, 22, trad. Dumont, in *Les Présocratiques*, Pléiade, p. 135). C'est là la réponse que chacun peut faire concernant la plupart des grands philosophes. Dans

1. Texte cité dans une autre intention au chapitre XCVII.

Spinoza, Leibniz, Kant, Hegel et même Descartes, il y a ce que l'on comprend et ce qui reste obscur pour nous. Je connais plusieurs collègues pour qui, touchant Heidegger, la partie qu'ils comprennent est, à leur dire, fort réduite par rapport à ce qu'ils ne comprennent pas.

Mais lorsque Socrate dit qu'il ne comprend pas, faut-il l'en croire ? N'oublions pas qu'il est un grand maître dans l'art de faire semblant. Il fait semblant de ne pas comprendre. Pourquoi ? Il suffit de se reporter au *Phédon* pour avoir l'explication. Socrate a rompu avec les philosophes de la Nature (*Phusis*), qui l'avaient beaucoup occupé dans sa jeunesse. Maintenant, il ne comprend plus comment ces philosophes peuvent prétendre rendre compte de quoi que ce soit avec des causes qui, n'étant que des conditions nécessaires, ne sont pas les vraies causes, lesquelles ne peuvent être que les Idées. Or, Héraclite est au nombre de ces philosophes, au moins selon Diogène Laërce : « Le livre qui lui est attribué, dit-il, est, en raison de son sujet principal, un traité sur la Nature ; mais il se divise en trois parties (*logoi*) : l'une sur le Tout, l'autre sur la politique, l'autre sur la théologie » (*Vies*, IX, 5). Socrate a dû trouver « fort belles » les parties sur la politique et la théologie, qui sont ses sujets de prédilection. Il a achoppé au *logos* « sur le Tout » (*peri tou pantos*), lequel est forcément si immense qu'il faudrait au moins un pêcheur de perles de Délos pour aller au fond, dit-il ironiquement.

CL

6 février

Dans un livre paru ces jours-ci, un écrivain journaliste montre ce que *Corse-Matin* du 4 février nomme « la face obscure de Kouchner ». Cette « face obscure » du ministre des Affaires étrangères, je l'ai reconnue depuis longtemps, notamment depuis qu'il a donné son approbation à la guerre criminelle d'Irak et fait ami-ami avec George W. Bush. Or, Kouchner est, d'après les sondages, l'homme politique préféré des Français. Je me heurte ici aux nombreux. Mais Nietzsche demande « que l'on contredise constamment le *grand nombre* » (*Œuvres*, Gallimard, XIV, 228). C'est ce que je fais ici, comme la plupart du temps. Mais n'est-ce pas le grand nombre qui verrait juste ? D'abord, il est certain que le nombre des suffrages n'a pas valeur de preuve. Peter Gast, l'ami de Nietzsche, l'observe : « Quant à la valeur d'une chose, l'approbation de millions d'individus ne *prouve* justement rien ; il faudrait d'abord que soit prouvée la valeur de ces mêmes millions. Mais qui saurait l'évaluer ? » (cité *in* Nietzsche, *Œuvres*, VIII, 401). Non seulement cela, mais le grand nombre a beaucoup plus de chances de se tromper qu'un seul « s'il est le meilleur (*aristos*) » (Héraclite, fr. 38 C = 49 DK). Pourquoi cela ? Il est clair qu'il faut se fier aux hommes qui ont le meilleur jugement, chez qui domine le sens du juste et du vrai. Théognis les nomme les « bons » (*agathoi*), par opposition auxquels les « nombreux » sont mauvais (*kakoi*), qui jugent en général sous influence et non par eux-mêmes. Or, « si sagesse (*gnômè*) et délicatesse sont le partage des bons, ces gens sont en nombre infime parmi les nombreux (*en pollois*) » (*Élégies*, 635-636). Ainsi non seulement, quant à la valeur d'un homme – comme d'un livre, d'une œuvre d'art, d'une action, etc. –, le grand nombre n'est pas un argument, mais par lui-même il jette le doute sur cette valeur. Les magazines donnent, sur les livres, le « classement des meilleures ventes », suggérant que ces livres sont les meilleurs, alors qu'ils ont chance au contraire, s'ils ont pour eux l'opinion de la foule, d'être parmi les moins bons. Sans doute peut-on dire que les œuvres de qualité ont pour elles le nombre, mais dans la durée, à travers les siècles, lorsqu'elles deviennent classiques. Alors elles peuvent même se trouver dans une liste des meilleures ventes, si elles entrent dans quelque programme scolaire. Quant au philosophe, il n'a nul souci du nombre. Il souhaite avoir plutôt peu de lecteurs mais qui le comprennent, que beaucoup de lecteurs qui ne le comprennent pas. C'est pourquoi, il ne fait aucun effort pour plaire à l'homme quelconque, ou le ménager (s'il heurte ses croyances), ou vulgariser son propos…

CLI

8 février

Dans un fragment posthume de Nietzsche, on lit ceci : « Les femmes sont beaucoup plus sensuelles que les hommes (bien que la pudeur qui leur est inculquée leur en fasse à elles-mêmes mystère) » (*Œuvres*, X, 216, trad. J. Launay). Si Nietzsche entend que, dans le coït, les femmes jouissent plus que les hommes, comment le sait-il ? Il faudrait avoir été femme si l'on est homme, ou homme si l'on est femme, pour comparer. C'est pourquoi les Grecs ont inventé le personnage de Tirésias, célèbre devin de Thèbes. Jeune alors et se promenant dans la montagne, il vit deux serpents en train de s'accoupler. Peut-être voulut-il les séparer. Quoi qu'il en soit, son comportement leur déplut, puisqu'il leur ôtait leur plaisir, et il fut changé en femme. Mais sept ans après, repassant au même endroit, il vit la même scène, se comporta comme la première fois, ce qui le fit reprendre son sexe masculin. Or Zeus et Héra se querellaient, quant à savoir qui jouissait le plus quand ils faisaient l'amour. Était-ce la personne, homme ou dieu, de sexe masculin, ou celle, femme ou déesse, de sexe féminin ? Ils décidèrent de consulter Tirésias, qui avait fait la double expérience. Tirésias n'eut pas d'hésitation : si la jouissance d'amour se composait de dix parties, la femme (ou la déesse) en avait neuf, l'homme (ou le dieu) une seule. Héra, furieuse de voir ainsi dévoilé l'avantage de son sexe, frappa Tirésias de cécité, tandis que Zeus lui accordait le don de prophétie et le privilège de vivre la durée de sept générations humaines. Dans l'*Odyssée* (chant X), Ulysse, sur le conseil de Circé, va au pays des Morts consulter Tirésias, devin même parmi les ombres, sur la suite de son voyage de retour.

Sur la question que tranche Tirésias, je demande l'avis d'Émilienne. Elle ne sait pas quelle est la bonne réponse, s'il y en a une. Mais sans doute peut-on dire, lui semble-t-il, que pour l'homme, « c'est plus vite fini », que pour la femme, « cela dure plus longtemps » – et cela avec un plaisir moins purement local et corporel, plus cérébral et entier, si du moins elle est amoureuse. À mes yeux, la différence est là : selon que l'on est ou non amoureux, le plaisir ou est une joie immense ou n'est qu'assez peu de chose. Certes, les amants non amoureux auront du plaisir, mais ils auront toujours un doute au sujet de ce plaisir : « Est-ce là la grande volupté ? est-ce là l'orgasme ? » En ne recherchant que le plaisir sans être amoureux, on manque nécessairement sa cible ultime.

CLII

9 février

Émilienne me dit son accord avec cette parole de Nietzsche : « L'individu contient beaucoup *plus* de personnes qu'il ne croit » (*Œuvres*, X, 124). Lorsqu'elle fut en mission au Tadjikistan, elle devint une autre personne que lorsqu'elle était en Angola, et une autre encore avec la rencontre de Socrate, une autre avec la rencontre de Rûmi. Ce que j'écris est le récit de mes personnes successives. Je relis ce que j'ai écrit dans *Noms. Journal étrange III* sous le titre « Marie-Noële ». Après avoir dit que je souhaitais des obsèques selon le rite catholique, en l'église de mon enfance, où Marie-Noële aurait choisi la musique et les chants et dirait une prière, j'ajoute, m'adressant à elle : « Que signifie cela ? Simplement que c'est toi que je choisis pour l'éternité – sans que, pour autant, je croie le moins du monde qu'il y ait une éternité. Ce choix est celui qui fut le mien au temps de la passion extrême que j'eus pour toi, et je le renouvelle alors que ma passion est morte. Je réaffirme ainsi que ce fut, dans ma vie, le moment de ma plus grande sincérité, de ma plus grande douleur aussi, étant sans aucun signe de toi, aucun réconfort, aucune paix. Tu crois, toi, en l'éternité, et donc, dans cette éternité, ce que tu trouveras, c'est ma plainte. » J'écrivais cela en octobre 2006. Marie-Noële l'a lu après la parution du livre, en octobre 2008, deux ans après, sans se rendre compte que ce qu'elle lisait ne correspondait plus à celui que j'étais. Ce que j'écrivais en 2006, dès après le 22 février 2007 je ne pouvais plus l'écrire. Ce jour-là, en effet, Émilienne m'a téléphoné. Dès lors mes propos sur Marie-Noële, dans mon Journal, n'ont plus été que de la littérature. Et je n'aurai plus jamais mon âme du temps où j'écrivais « Si je suis ton prochain » (*Oisivetés*, LXXVII). Dans le texte que je viens de citer, tout n'est pas caduc. Je ne crois toujours pas qu'il y ait une éternité où se retrouveraient les vivants qui se sont rencontrés en ce monde (Émilienne ne le croit pas non plus). En revanche, l'idée de choisir Marie-Noële pour l'éternité n'a plus de sens pour moi. Il y a eu, dans ma jeunesse, le temps où j'ai aimé Marie-Noële sans réciprocité. Ensuite, il y a eu les décennies durant lesquelles j'ai fantasmé sur l'idée qu'à un certain moment de ma vie j'avais été proche du bonheur. Ce que j'ai écrit sur Marie-Noële est né de mes fantasmes. Cela n'avait de sens que dans l'imaginaire et perdait tout sens si on lui accordait une signification réelle. Lorsque je lui réclamais un baiser, je précisais d'ailleurs que ma demande n'avait pas de sens réel.

Or, le 11 décembre 2008, Marie-Noële m'a écrit ceci : « À quoi ressemblerait ce baiser sans élan amoureux de ma part ? Je vous le *dois* dites-vous (et de me "catéchiser" à votre tour avec force citations de l'Évangile, de Saint Paul, sans oublier Bernard de Ventadour !). Et vous ? que me *devez*-vous ? La liberté – celle de vous aimer comme je le sens, avec admiration pour le philosophe et profonde Amitié pour l'homme. » Grand fut mon étonnement. Ainsi Marie-Noële avait vraiment cru que j'avais *cru* qu'elle me devait quelque chose. Je me bornai à lui rappeler deux lignes du chapitre LXXVII de *Oisivetés* : « Tu ne m'aimes pas (d'amour) [...] Ma prière est donc nulle et non avenue : une demande ne peut être satisfaite si elle n'a pas de sens. »

Marie-Noële ne m'a plus écrit depuis le 11 décembre 2008, et ne m'écrira plus.

CLIII

10 février

Ninette Malard souhaitait être ma marraine. Voici ce que, le 28 décembre 1916, d'Aiguillon, Lot-et-Garonne, elle écrivait à ma mère

« [...] Le vœu le plus cher que je fais pour toi, ma chère Marceau : c'est que cette nouvelle année te réunisse à jamais à ton cher Romain ; que vous fassiez tous deux un de ces petits ménages unis, enviés de tous. C'est ton rêve de chaque instant, n'est-ce pas, chère amie ? Eh bien ! c'est celui que tu verras sûrement se réaliser. Allons ! prends patience, ma chère amie, tu vois, un peu de bonheur va t'arriver.

[...] Ah ! encore une chose que je veux te dire. C'est entendu, n'est-ce pas ? sitôt la guerre finie, tu épouseras Romain ? Eh bien ! je te demande alors d'être la marraine de ton premier-né... C'est entendu ? Oh ! tu ris et crois que je badine ?... Mais non, c'est très sérieux et j'y compte. Voyons un peu si tu me feras ce plaisir [...] Ninette. »

René, le frère de Ninette, était amoureux de Marceau. Le 25 août 1915, il lui écrivait ceci :

« Chère mademoiselle Marcelle,

J'ai reçu hier votre charmante lettre et vous ne pouvez pas vous figurer la douceur du baume qu'elle a glissé sur mon cœur. Ma dernière missive m'avait laissé dans une attente angoissée, et je vous assure que c'est avec fièvre que j'ai ouvert votre réponse. Lorsque j'ai vu que votre accueil avait été indulgent, je n'ai plus regretté mon acte et j'en ai même été très heureux.

Je viens vous annoncer une nouvelle qui va peut-être vous faire plaisir : le petit soldat qui vous aime et pour qui vous avez un embryon d'estime, vient d'être récompensé des petits malheurs qu'il a eus jusqu'à présent. Oui, ma chère Marcelle (pardonnez-moi, c'est le contentement), je viens d'être cité à l'ordre du jour, et l'on m'a décerné la Croix de guerre pour le motif suivant : "Le chef de sa section ayant ordonné l'évacuation d'une ferme violemment bombardée, le sergent Malard s'est porté en avant sous le feu croisé des mines aériennes et des mitrailleuses, pour protéger une partie du front qui avait dû être abandonnée."

Dans mon régiment, l'on commence à parler des permissions. Si j'ai la chance d'y aller, peut-être aurons-nous le bonheur de nous voir... Recevez, chère mademoiselle, toute l'amitié ainsi que les meilleurs baisers d'un ami du front. Je suis au désespoir, car le régiment où était mon photographe est parti, mais à la prochaine occasion, je me ferai tirer *pour vous*. René. »

René est tué le 8 octobre 1915. Ninette annonce la triste nouvelle à Marceau dans une lettre du 18 octobre :

« Ma chère Marcelle,

J'ai le cœur brisé et cependant il faut bien que tu apprennes la triste nouvelle. Notre pauvre René vient d'être tué. Son caporal, avec qui il s'était entendu, nous a écrit le 11, et le 15 nous recevions la terrible nouvelle. C'est le 8 que l'accident est arrivé. Il paraît que, depuis quelque temps, étant en premières lignes, les jeunes soldats – ennemis et Français – échangeaient entre eux poignées de main, cigarettes, gourmandises, etc. Cette camaraderie prit tout à coup une autre forme. Un boche tira et fit sans doute des sottises, car notre cher René, vif et la haine au cœur, tira à son tour, tua un Allemand et en blessa un autre. Depuis ce moment, on le guettait dans la tranchée, et le surlendemain, le pauvre chéri, montant sur la tranchée, servit de cible à ces maudits boches et tomba frappé de deux balles au front. Quelle cruelle épreuve, ma chère Marcelle, et comme il est pénible de faire de si grands sacrifices. Notre pauvre René, lui si bon, d'un très bel avenir, et si jeune ! Quel malheur mon Dieu, et quand verrons-nous cesser tous ces affreux carnages !

Mais chère Marceau, ces pensées et les souvenirs remémorés me brisent le cœur, et j'ai peine à croire à tant de malheur. Je t'embrasse avec toute mon affection. Ninette. »

CLIV

12 février

Pierre Borel, professeur de philosophie au lycée d'Alès, me fit part, dans une lettre du 2 février 1971, de l'envoi qu'il venait de faire à Jean Laubier, secrétaire de rédaction de la revue de l'Association des professeurs de philosophie de l'enseignement public, d'un petit texte, « Nous portons-nous si bien ? », dont il craignait qu'il ne soit pas accepté par le comité de rédaction de la revue.

Or, il ajoutait ceci :

« Je dois vous dire – pour vous amuser un peu – que j'ai déjà été échaudé une fois, avec Laubier, et dans des circonstances où, sans le savoir sans doute, vous y fûtes pour quelque chose… Il y a longtemps de cela, plus de dix ans, vous avez publié dans la revue un texte contestant l'existence de Dieu au nom de la souffrance des enfants[1]. Cela avait fait du bruit et des remous[2]. Or, peu après, ayant fait à la Régionale de Montpellier une communication sur l'existentialisme d'orientation nettement athée, j'en fis un texte que j'envoyai à Laubier. Il me répondit que mon texte était trop long (il y en avait pourtant d'aussi longs dans la revue, y compris ceux dont l'importance n'échappe à personne, débattant de la question capitale suivante : Platon a-t-il oui ou non envisagé la rotation de la terre ?) et que la revue était pédagogique (ce qui impliquait que la question susdite concernant Platon était pédagogiquement importante...). J'en parlai dans une réunion à Montpellier. La Régionale décida d'insister ; son président d'alors, M. Forest[3], écrivit à Laubier, et celui-ci lui répondit, devinez quoi ? que la vraie raison pour laquelle on ne publiait pas mon texte,

1. « Sur la souffrance des enfants comme mal absolu », *Revue de l'enseignement philosophique*, août-septembre 1958.

2. Albert Sandoz et François Heidsieck me critiquèrent dans le numéro d'octobre-novembre 1958. A. Sandoz me reprocha la forme de l'argumentation, en particulier le sarcasme, et me rappela au « respect des convictions d'autrui ». F. Heidsieck contesta la différence que je faisais entre l'enfant et l'adulte. Florence Khodoss et Dina Dreyfus, professeurs au lycée Fénelon, prirent ma défense dans le numéro de décembre 1958-janvier 1959. F. Khodoss montra que la *forme* que j'avais adoptée était indispensable pour traiter le problème au *fond*. D. Dreyfus conclut ainsi une longue analyse : « L'homme raisonnable ne sollicite pas le respect pour ses convictions : il les prouve. »

3. Aimé Forest (1898-1983), professeur à l'université de Montpellier, et qui avait perdu deux enfants à Oradour, avait été fortement ému par mon article.

c'était qu'après l'émotion provoquée par le vôtre, il serait inopportun d'en publier un autre allant dans le même sens… La Régionale s'inclina et moi aussi, pauvre petit prof de province même pas agrégé (biadmissible seulement, parce qu'à l'oral je n'ai jamais su suffisamment jouer le jeu). »

Le temps n'est plus où l'on pouvait, comme je l'avais fait, jeter un pavé dans la mare. L'excessive prudence des « comités de rédaction », des « comités de lecture », etc., étouffe les audaces.

CLV

14 février

Après la mort de notre ami commun André Doremus, Anne-Marie Fourcade m'a envoyé un petit poème en prose intitulé « Prière de Charles Péguy ». Je l'ai reçu le jour même, 12 février, où avaient lieu, à Antony, les obsèques de Jean Leyssenne (mes amis Georges et Danielle Mazelié m'y représentaient, me rendant à nouveau le grand service qu'ils m'avaient rendu pour Doremus). Voici cette prière – que Anne-Marie ne m'eût pas envoyée si elle m'eût mieux connu :

> Je ne suis pas loin, je suis seulement passé dans la pièce à côté.
> Je suis moi, vous êtes vous.
> Ce que nous étions les uns pour les autres, nous le sommes toujours.
> Donnez-moi le nom que vous m'avez donné.
> Parlez de moi comme vous l'avez toujours fait.

N'employez pas un ton différent.
Ne prenez pas un air solennel et triste.
Continuez à rire de ce qui nous faisait rire ensemble.
Priez, souriez, pensez à moi, priez pour moi.
Que mon nom soit prononcé comme il l'a toujours été,
Sans emphase d'aucune sorte, sans une trace d'ombre.
La vie signifie tout ce qu'elle a toujours signifié.
Elle est ce qu'elle a toujours été. Le fil n'est pas coupé.
Pourquoi serais-je hors de votre pensée parce que je suis hors de votre vue ?
Je vous attends.
Je ne suis pas loin, juste de l'autre côté du chemin.
Vous voyez, tout est bien.

Cette prière convient pour une église de campagne. Je l'imagine dite par Mireille, et je comprends qu'elle lui plaise autant que je l'abomine. Car je hais la fausseté et la respire dans ces paroles. Les massacres de Gaza, en janvier 2009, sont encore dans toutes les mémoires. Dira-t-on à une mère qui a vu son fils Amir déchiqueté par les bombes israéliennes, qu'il n'a fait que « passer dans la pièce à côté » et qu'en somme « tout est bien » ? Le degré d'inconscience que ce texte suppose me renverse. Je ne m'intéresse qu'à la vérité : peu importe qu'elle me fasse souffrir ! J'ai horreur que l'on veuille, si j'ose dire, me dorer la pilule de la vie en me masquant la mort. Épicure, au contraire, dit : après la mort, plus de sensibilité, regardez la chose en face.

Péguy eût dû se souvenir d'Homère – du passage de

l'*Odyssée* où Ulysse rencontre Achille au pays des Morts, et lui tient des propos de consolation :

> « Achille, a-t-on vu ou verra-t-on jamais bonheur égal au tien ? Nous tous, guerriers d'Argos, quand tu vivais, t'honorions comme un dieu : en ces lieux, aujourd'hui, je te vois sur les morts exercer ton pouvoir ; pour toi, même la mort, Achille, est sans tristesse » (XI, 481-485).

Mais Achille réplique :

> « N'essaie pas, mon noble Ulysse, de m'apporter consolation[1]. J'aimerais mieux, étant sur la terre, être l'esclave d'autrui chez un homme miséreux ayant peu de ressources, que régner sur tous ces morts détruits » (XI, 488-491).

Émilienne et moi n'avons pas le cœur à nous raconter des histoires, à nous dire que si l'un de nous meurt, il ne se sera rien passé. Un abîme, au contraire, se sera ouvert. Je mourrai avant elle. Je ne serai plus et elle n'espérera pas me revoir jamais. Mais au haut de la colline des oliviers, sous « mon » arbre, il y aura un banc de pierre sur lequel elle s'assiéra et me parlera. Alors, par l'effet de son amour, je serai là tout près, dans mon être immatériel, lui faisant les réponses qu'elle sait que je ferais, lui disant mon amour, profond comme l'éternité.

1. Παραυδάω : consoler par des paroles.

CLVI

16 février

Jean Delorme a souhaité que je donne une Préface à son livre sur l'équilibre – auquel ont également contribué Philippe Granarolo, le Dr Patrick Aubé, le Dr J.-F. Borsarello et le Dr. Tung. Voici ce texte, que je reproduis ici avec l'amical accord de Jean Delorme :

L'exemple grec

Le sage est l'homme en équilibre. Nul ne fut jamais plus équilibré que Socrate. La figure du sage s'oppose à celle du saint et à celle du héros. Le saint, qui se propose l'idéal impossible d'aimer son ennemi, se condamne à l'insatisfaction. La figure du saint est absente du monde grec. Mais la figure du héros domine la vie grecque. Certes, Achille est une création d'Homère. Mais les Grecs le voyaient comme un être réel et exemplaire. Alcibiade souffleta un Athénien qui n'avait pas son Homère – comme qui dirait sa Bible. Alexandre disait qu'il s'inspirait d'Homère dans ses campagnes, mais il ajoutait beaucoup de lui-même. Arrien discerne chez le conquérant le *pothos*, le désir passionné du non encore obtenu – ce qui est se vouer à un déséquilibre perpétuel. Parfois, « le désir le prend », dit Arrien, et le force à aller au-delà de l'Istros, à franchir telle montagne, à courir interroger l'oracle d'Ammon, à découvrir le passage maritime de l'Indus vers la Mésopotamie, etc. Or, voilà qu'un jour, alors qu'il préparait l'expédition d'Asie, à Athènes, il rencontre Diogène qui prenait le soleil et qui, devant son tonneau, lui fait pitié : « Demande-moi ce que tu veux », lui dit-il. Mais s'étant arrêté devant lui, il lui faisait de l'ombre. Et Diogène lui dit seulement : « Rends-moi mon soleil. » Le héros rencontre le sage, qui, étant équilibré, n'a besoin de rien, si ce n'est du jour, du soleil, de la vie – du simple fait de vivre.

Mais le soleil décline. Après la clarté, ce sera l'ombre. Diogène n'en sera pas moins en phase avec la nuit et les étoiles qu'avec l'éclat du jour. Être équilibré n'est pas être immobile, puisque tout change. C'est changer en accord avec le changement des choses : dormir la nuit, non le jour, se nourrir et s'habiller selon les saisons, etc. Cela suppose que l'équilibre est déjà dans les choses mêmes. De cela, les Grecs sont persuadés. Le soleil se lèvera demain, car le monde est en équilibre mouvant. Déjà, il n'y a pas lieu de penser que la Terre va basculer dans l'abîme, car, comme l'explique Anaximandre, se trouvant à égale distance de tous les points du Ciel (*ouranos*), il n'y a aucune raison qu'elle se meuve soit vers les côtés, soit vers le haut *ou le bas*, c'est-à-dire qu'elle tombe (cf. mon *Anaximandre*, p. 212). Platon dit la même chose : « Pour une chose qui est placée en équilibre (*isorropon*) au centre d'un contenant homogène, il n'y aura lieu, ni peu ni prou, de tomber d'aucun côté ; or une telle position est celle de la Terre » (*Phédon*, 109 a). Cela suppose, ajoute Platon, que la Terre est ronde, et sans doute est-elle en rotation comme sur un pivot (*Politique*, 270 a). L'immobilité de la Terre est donc toute relative ; elle n'exclut pas le mouvement. Mais la Terre n'est que l'un des éléments du monde. Qu'en est-il du monde dans son ensemble ? Le monde ne s'effondre pas. Il dure longtemps, même s'il doit s'effondrer un jour comme le croient les Épicuriens. Pour Héraclite, il est éternel : « Ce monde, le même pour tous, aucun des dieux ni des hommes ne l'a fait, mais il a toujours été, il est et il sera, feu toujours vivant, s'allumant en mesure, s'éteignant en mesure » (fr. 30 DK). L'équilibre du monde est une conquête réitérée, due au fait que les transformations qui sont la vie du monde respectent la mesure. Le feu se change en mer puis en terre, laquelle se dissout en mer, qui s'allume en feu (fr. 31). Toute transformation est compensée par la transformation inverse, de sorte qu'il n'y a pas de rupture d'équilibre dans la vie du monde (cf. mon *Héraclite*, p. 291). La démesure est chose que la nature ne connaît pas. Le soleil « ne dépassera pas ses mesures », dit Héraclite (fr. 49). C'est l'homme qui, en introduisant la « démesure » (*hubris*), risque de dérégler la machine du monde. Les Grecs se méfiaient des héros excessifs, même s'ils n'allaient pas jusqu'à la folie de

Xerxès, qui fit battre la mer avec des verges parce qu'elle ne lui était pas favorable, et menaça le mont Athos de le briser et de le jeter dans la mer s'il opposait à son armée des rochers trop durs. Sans doute Xerxès était-il fou. Reste que l'idéal cartésien de devenir « maître et possesseur de la nature » est absolument non grec, et aux Grecs eût semblé une sorte de folie. Ils eussent vu dans les grands travaux, comme de creuser des tunnels sous les montagnes, des atteintes à l'ordre naturel.

L'homme, pour réaliser son propre équilibre, doit prendre exemple sur la nature. La nature sait unir les contraires, en tirer l'harmonie. Il faut agir de même. Hippocrate, dans *Du régime*, s'inspire d'Héraclite : « L'homme qui se borne à se nourrir ne peut se bien porter : il y faut aussi des exercices. Aliments et exercices (*sita kai ponoi*) ont en effet des vertus opposées, mais qui collaborent à la santé. Les exercices dépensent l'énergie disponible ; les aliments et boissons compensent les pertes » (II, 2). L'idéal serait que la médecine soit individualisée : « S'il était possible de trouver, dans chaque cas individuel, la proportion exacte des aliments et des exercices, sans excès ni défaut, on aurait trouvé alors très exactement la santé pour tout le monde » (II, 3). Malheureusement, ajoute Hippocrate, cela semble « impossible à découvrir ». Retenons que, pour Hippocrate, la vie sédentaire est le grand ennemi de la santé (et donc tout ce qui favorise la sédentarité : l'automobile, la télévision, internet, etc.).

Le Pythagoricien Alcméon insiste sur la notion d'équilibre : « C'est l'équilibre (*isonomia*) des qualités, dit-il, comme l'humide et le sec, le froid et le chaud, l'amertume et la douceur, etc., qui produit et conserve la bonne santé ; c'est au contraire la prédominance de l'une d'elles qui provoque la maladie et, quand deux de ces qualités prédominent, la mort s'ensuit » (Aétius, V, 30). Ce sont probablement les Pythagoriciens qui ont fondé la diététique : « En ce qui concerne la médecine, dit Jamblique, ils faisaient leur son aspect diététique (*diaitètikon eidos*) : ils étaient très pointilleux sur ce chapitre des régimes. Ils cherchaient d'abord à reconnaître les signes de la proportion (*summetria*) juste entre les efforts, l'alimentation et le repos. Puis ils s'occupaient de la manière même de préparer les aliments, et ils définissaient des régimes (ils furent les premiers, du reste, à se lancer dans cette voie) » (*Vie pythagorique*, 163).

La diététique suppose que l'âme ait soin du corps. Il faut donc, en premier lieu, avoir soin de l'âme. Comment une âme dominée par les passions, et donc déséquilibrée, assurerait-elle l'équilibre dans le corps ? Il faut purger l'âme des passions. Cette purgation se fait, selon les Pythagoriciens, par la musique et la philosophie. Platon retiendra la leçon, et l'idée que l'âme et le corps doivent aller ensemble, chacun jouant son rôle dans une relation équilibrée. Contre les maladies du corps et de l'âme, « il n'y a qu'un remède, dit-il : ne mouvoir jamais l'âme sans le corps, ni le corps sans l'âme, afin que, se défendant l'une contre l'autre, ces deux parties gardent leur équilibre (*isorropia*) et leur santé. Il faut que quiconque exerce énergiquement une activité intellectuelle, donne aussi du mouvement à son corps et qu'il pratique la gymnastique. Inversement, celui qui cultive soigneusement son corps doit aussi donner à l'âme les mouvements compensateurs – s'adonner à la musique et à la philosophie, s'il veut qu'on puisse le dire à juste titre à la fois beau (*kalos*) et bon (*agathos*) » (*Timée*, 88 c) – la gymnastique assurant la beauté du corps, la musique et la philosophie la « bonté » (la sagesse) de l'âme. Plutarque suit Platon : « C'est avec justesse, dit-il, que Platon nous avertit de ne pas exercer le corps sans l'âme ni l'âme sans le corps, mais de les faire aller de pair l'un et l'autre, comme deux coursiers attelés à un même char » (*Moralia*, 137 d). Le résultat de cet accord sera, ajoute Plutarque, « une santé florissante, ce bien si précieux et si désirable ».

Mais l'homme en bonne santé morale et physique, qui a « une âme saine dans un corps sain », n'est pas pour autant un sage. Les maladies, les douleurs physiques, les déconvenues, la mort des proches, l'angoisse de sa propre mort, peuvent le trouver ou le rendre plaintif, triste, gémissant. Rien de tel pour le sage. Il est capable, par sa seule force intérieure, de faire contrepoids à tous les malheurs. Épicure est mort d'une rétention d'urine après quatorze jours de souffrance. Il écrit à Idoménée : « J'achève le dernier jour bienheureux de ma vie. Les douleurs que me donnent la rétention d'urine et la dysenterie n'ont pas diminué d'intensité ; mais je leur oppose la joie qu'éprouve mon âme au souvenir de nos entretiens. » Stilpon, « étant échappé de l'embrasement de sa ville [Mégare], où il avait perdu femme, enfants et chevance [biens], Demetrius Poliorcetes, le voyant sur une si grande ruine le visage non effrayé, lui demanda s'il n'avait pas eu du dommage. Il répondit que non, et qu'il n'y avait, Dieu merci, rien perdu du sien [de sa raison, de sa sérénité, de son "équilibre"] » (Montaigne, *Essais*, « De la solitude », p. 240 PUF ; d'après Sénèque). Le sage est à la hauteur de toutes les situations, fussent-elles extrêmes. Socrate montre un courage toujours égal et un calme parfait, que ce soit à Potidée devant l'ennemi, à Athènes pour ne pas céder aux sollicitations pressantes d'Alcibiade qui s'était arrangé pour coucher avec lui (cf. *Banquet*, 219 c), au tribunal devant ses juges, en prison où il attend la mort. On apporte le poison. « Attends un peu pour en boire, lui dit Criton : le soleil est encore sur les montagnes et il n'a pas fini de se coucher. » Socrate se moque : « Que gagnerai-je à boire un peu plus tard le poison, sinon de devenir pour moi-même un objet de risée, en me collant ainsi à la vie et en l'économisant alors qu'il n'en reste plus ! » (*Phédon*, 117 a, trad. Robin). Mais le parfait équilibre moral du sage, ce n'est pas la médecine qui peut l'apporter, mais la seule philosophie – si du moins elle est, comme le veut Épicure, la « vraie philosophie » (*orthè philosophia*).

CLVII

18 février

Marie-Martine m'a dit hier quelque chose qui m'a ému en me rappelant la quintessence d'amour que ma femme avait pour moi. Alors qu'elle était sa dame de compagnie et en mon absence, elle avait fait sur mon caractère quelque réflexion d'une qualité fort douteuse. Sur quoi Marie-Thérèse avait déclaré : « Les gens qui n'aiment pas mon mari ne peuvent être aimés de moi. » Et pan ! Marie-Martine n'avait pu que battre en retraite et rentrer précipitamment ses flèches dans leur carquois. Car ma femme n'était pas personne à accepter une complicité quelconque avec qui entendait tenir des propos désagréables sur son mari absent. Étant allés, elle et moi, en Italie, nous nous étions trouvés, près de Ravenne, au même hôtel que mon collègue Venturini. « Votre femme a du sang bleu », me dit-il. Oui : elle était toute noblesse. Elle n'aurait pu dire « Je t'aime », comme tout le monde, et du reste ne me l'a jamais dit. Mais elle le laissait entendre de mille façons.

À moi de comprendre ! Quel que soit le sujet, elle n'aimait pas ce qui était répétition, redite ou insistance. Dans ses lettres, les mots ayant leur force par eux-mêmes, elle n'usait jamais du souligné. D'après elle, les classiques ne soulignaient pas, car c'était supposer un brin de lourdeur d'esprit chez le lecteur. Souligner pour attirer l'attention sur un mot lui semblait commun. Lorsqu'elle écrivait une lettre, elle ne mettait pas, même pendant la guerre, son adresse au dos de l'enveloppe. Pourtant n'était-ce pas prudence ? Peut-être, mais il y avait quelque chose d'un peu vulgaire dans cette prudence. Dans toutes ses façons d'être, qu'il s'agisse de choses importantes ou des menus événements de la vie, ma femme avait un je-ne-sais-quoi qui disait la qualité la plus rare.

CLVIII

19 février

Cette nuit, comme chaque nuit, nombreux rêves. L'un de ceux de ce matin, qui a précédé le lever, m'est resté en mémoire. Je devais aller donner mon enseignement, qui était de littérature française, dans un établissement semblable à un grand lycée. Le cours était à quatorze heures. Je n'étais pas prêt : je me demandais s'il était nécessaire que j'ôte mon masque. Car je portais un masque fait d'une mince pellicule de plastique collée au visage, transparente, qui ne modifiait pas les traits et donc ne me masquait en rien. « Que j'aie un masque, cela ne se voit pas », me disais-je. Mais alors deux fossettes se creusèrent dans le masque, aux coins de la bouche. Il fallut l'enlever, puis me laver le visage. Ayant perdu du temps, lorsque j'arrivai au lycée, la cour était déserte. Les élèves étaient entrés dans les classes. Mais où était ma classe ? Les portes n'avaient pas d'indications. J'entrai dans une grande salle pleine d'élèves. J'en reconnus quelques-uns. C'étaient des élèves de seconde année, que j'avais eus l'an passé. Dans la partie droite de la salle (par rapport à moi qui entrais), étaient les élèves de première année. Je m'apprêtais à m'adresser à eux lorsqu'un grand Noir, très fort, qui n'était pas un élève, me retint, me prenant par le bras. Je regimbai et le repoussai. Deux jeunes hommes, surgis je ne sais d'où – « des Marocains », me dis-je –, le prirent à partie, le frappèrent, le jetèrent dans la rue assez mal en point. Pendant ce temps arrivait une jeune femme qui venait donner son cours d'anglais [Émilienne donne une leçon particulière d'anglais]. Elle était très en retard. Tout cela est dénué de sens, si ce n'est que s'y exprime, peut-être, une certaine angoisse.

CLIX

20 février

Montaigne, philosophe d'aujourd'hui

On ne peut se passer de philosophie, c'est-à-dire de réfléchir sur le monde. Mais quelle philosophie choisir ? dira le quidam. Vers qui se tourner ? « Montaigne » est la réponse qui convient aujourd'hui. Les grands systèmes de l'époque classique ne sont plus que de splendides monuments que les historiens visitent (bâtissant, comme Gueroult, leurs propres monuments), mais auxquels personne ne croit plus. Montaigne seul demeure toujours jeune, vivant, actuel. Qui aujourd'hui ferait sienne la méthode cartésienne de mise en doute du monde extérieur ? la preuve ontologique ? la vision en Dieu de Malebranche ? l'harmonie préétablie et les monades de Leibniz, la déduction transcendantale de Kant ? etc. – cela sans nier que l'on trouve chez ces auteurs et leurs interprètes nombre d'analyses qui nous stimulent encore, et en mettant à part Spinoza qui, par son intuition de la nature et en dépit d'un échafaudage scolastique, rejoint Montaigne et les Grecs. Montaigne est un homme de jugement – non de démonstrations. C'est le maître du dire juste. On peut faire quantité d'objections à Descartes et autres. Mais le propos de Montaigne emporte l'adhésion. Si sa philosophie est appelée à ne pas vieillir, c'est simplement qu'il a touché juste.

Mais dira-t-on, Montaigne est-il vraiment philosophe ? Il semble répondre par la négative : « Je ne suis pas philosophe. » Mais lisons toute la phrase : « Je ne suis pas philosophe : les maux me foullent selon qu'ils poisent [me pressent selon leur poids] ; et poisent selon la forme comme selon la matiere, et souvent plus » (*Essais*, III, ix, p. 950 PUF). Le contexte montre que Montaigne songe surtout aux multiples causes d'irritation qui lui viennent de son entourage domestique : femmes de la famille (sa mère Antoinette, son épouse Françoise, sa fille Léonor, ses sœurs Marie et Léonor – jusqu'à leur mariage en 1579 et 1581), valets, servantes, hommes de peine. La « forme » (l'impertinence d'un valet, par exemple) le blesse autant que la « matière » (le fait d'être en retard). Philosophe : « se dit de quelqu'un qui supporte les épreuves avec constance et résignation, qui prend la vie du bon côté » (*Petit Larousse*). Monsieur de Montaigne ne prend pas « du bon côté » un mot impertinent : il appelle son valet « un badin, un veau », lui donne un soufflet. Montaigne n'est pas philosophe si « philosophe » signifie « sage ».

Mais il est philosophe au sens d'Aristote et des philosophes, car il donne une réponse au problème de l'être :

qu'est-ce qui véritablement *est* ? C'est aussi le problème autour duquel tourne toute la pensée de Heidegger. Mais Heidegger l'a posé d'une manière alambiquée et confuse, cela parce qu'il a voulu ignorer Pyrrhon et le moment sceptique. On le voit donner en exemple quelque chose qui « est » : « Ce morceau de craie *est* » (cf. *Noms*, chap. XLIX). Mais que ce morceau de craie *soit*, c'est là ce que dit l'homme ordinaire, qui s'en tient au « réel commun » (comme dit Gueroult) : est réel ce que l'on voit et touche. Le philosophe ne dit pas : « Cette craie est » ; il demande *si* elle est, si elle mérite qu'on la dise « être ». Et la réponse de Montaigne est qu'elle n'est pas vraiment. « Je pense, donc je suis », dit Descartes. Mais Montaigne : « *suis*-je ? » Car « pourquoy prenons nous titre d'estre, de cet instant qui n'est qu'une eloise [un éclair] dans le cours infini d'une nuict eternelle, et une interruption si briefve de nostre perpetuelle et naturelle condition ? » (II, XII, p. 526 PUF). Qu'est-ce, dans le temps infini, que la durée d'une vie humaine ? Ce qui est vraiment est ce qui *dure*, et même ce qui est éternel : les Idées pour Platon, les Atomes pour Démocrite, etc.

Reprenons alors la question d'Aristote, et précisons la réponse de Montaigne. « La vérité, dit le Stagirite, l'objet éternel de toutes les recherches, présentes et passées, le problème toujours en suspens : qu'est-ce qui est l'être (*ti to on*) ? revient à demander : qu'est-ce qui est la substance (*ousia*) ? » (*Méta.*, Z, 1, 1028 b 2-4) – entendant par « substance » ce qui demeure. Qu'est-ce qui demeure toujours ? qu'est-ce qui est éternel ? Telle est la question. Montaigne reprend ici la réponse de Parménide, si ce n'est qu'au mot « être », il substitue le mot « Dieu » : « Ce serait peché de dire de Dieu, qui est le seul qui est, qu'il fut ou il sera. Car ces termes là sont declinaisons [changements], passages ou vicissitudes de ce qui ne peut durer ny demeurer en estre. Parquoy il faut conclure que Dieu seul est, non poinct selon aucune mesure du temps, mais selon une eternité immuable et immobile, non mesurée par temps, ny subjecte à aucune declinaison ; et n'y a rien qui veritablement soit que luy seul, sans qu'on puisse dire : Il a esté, ou : Il sera ; sans commencement et sans fin. » (II, XII, p. 603 PUF). Le mot « Dieu » signifie pour un chrétien beaucoup plus que simplement l'« Être ». Mais Montaigne a expliqué que les prétendus « attributs » de Dieu ne sont que des qualités humaines portées à leur point de perfection. Nous parlons de la toute-puissance de Dieu, de sa souveraine bonté, de sa toute-connaissance, de son absolue justice : « Ce sont paroles qui signifient quelque chose de grand ; mais cette chose là, nous ne la voyons, ny ne la concevons » (II, XII, p. 499). « Dieu seul est » : « Dieu » ? Celui qui est.

Hormis Dieu qui, pour autant que l'on peut le concevoir, se trouve ramené à l'Être de Parménide, « il n'y a rien qui véritablement soit » – cela parce qu'il « n'y a rien qui demeure ne qui soit tousjours un » (p. 602). Montaigne se range ici sous la bannière d'Héraclite : *Panta rhei.* « Il y a au moins une vérité dont Montaigne n'a jamais douté : celle du perpétuel écoulement », observe Michaël Baraz (*L'Être et la connaissance selon Montaigne*, éd. José Corti,

p. 9). Montaigne est, certes, héraclitéen, mais c'est le paradoxe d'un Héraclite parménidien : toute la Nature est soumise à la loi d'Héraclite, mais Dieu – ou l'Être – *est.* Mais alors que la fluence universelle est un thème récurrent dans les *Essais*, le passage parménidien n'est que tiré de Plutarque (*Sur l'E de Delphes*, 19-20). Montaigne le retient, car il se souvient qu'il est catholique et croit que Dieu est. Mais c'est là un ajout extérieur. Foncièrement, Montaigne est héraclitéen, point ! C'est là sa vérité en tant que philosophe.

CLX

22 février

Achille a regretté son choix

« La vie n'a pas d'équivalent (ἀντάξιον) », dit Achille, dans l'*Iliade* (IX, 401). Il songe à un équivalent en richesses : ni celles qui s'entassaient naguère dans la bonne ville d'Ilion avant la venue des Achéens, ni celles que recèle, à Delphes, le temple de Phoebos Apollon, ne peuvent faire contrepoids à la vie : « La vie d'un homme ne revient pas ; c'est sans retour qu'elle s'échappe et s'envole dès qu'elle a quitté l'enclos des dents » (408-409). Mais songe-t-on à un équivalent non matériel mais spirituel, les choses prennent une autre tournure. Achille a eu le choix entre deux destins : rester dans sa patrie et connaître une longue vie heureuse, ou se battre autour de la ville de Troie, ce qui lui vaudra, au prix d'une vie brève, une gloire impérissable (v. 413). Il a choisi la gloire, qui, étant immortelle, compense, lui a-t-il semblé, la perte de la vie, laquelle, même longue, n'a qu'une durée négligeable dans le temps immense.

Mais étant, dans l'*Odyssée*, au pays des Morts, il regrette ce choix : lorsqu'il n'y a plus que la pseudo-vie qui est celle des ombres, le bonheur est absent. Achille règne sur le peuple des Morts : amère consolation ! Il préférerait, dit-il, n'importe quelle condition pourvu qu'il soit sur la terre, au soleil, parmi les vivants (cf. *supra*, CLV). Mieux vaut être un homme de peine, un valet de bœufs chez un pauvre fermier, qu'être le souverain des Morts. C'est le fier, le noble Achille qui dit cela. Impossible d'exprimer plus fortement que la vie, le simple fait de vivre, est sans équivalent aucun, matériel ou spirituel (gloire, honneur, etc.). En somme, rien ne vaut que l'on sacrifie sa vie.

Faut-il retenir cette conclusion ? Oui, s'il s'agit d'échanger sa vie contre des valeurs irréelles comme l'honneur ou la gloire, non si l'on donne sa vie pour que vivent nos enfants, ou que vivent libres ceux que nous aimons.

CLXI

23 février

Paul Rée n'était ni une grande intelligence, ni un grand caractère. C'était un petit moraliste qui se promenait avec un La Rochefoucauld ou un La Bruyère dans sa poche. Il vivait d'une pension que lui versait son frère, lequel administrait le domaine qu'ils possédaient en Prusse-Occidentale. Si l'histoire a retenu le nom d'un être aussi falot, c'est qu'un homme de génie l'honora d'un semblant d'amitié (de la part de Nietzsche, ce ne pouvait être qu'un semblant), et qu'une déesse, non encore femme, abaissa sur lui son regard. Paul Rée ne se pardonnait pas d'être juif ; se méprisant, s'oubliant, il était disponible pour le sacrifice. Lorsqu'il fut devenu médecin, il montra, dans les lieux où il s'installa, une générosité sans frein et une bonté maladive. Il avançait dans la vie en vaincu, comme s'il était de trop en ce monde. Dans sa jeunesse, « il ne s'était pas contenté de jouer avec des idées de suicide », écrit Lou Andreas-Salomé (*Ma vie*, PUF, p. 92).

Il mourut le 28 octobre 1901 d'un accident de montagne, ayant glissé (ou s'étant laissé glisser ?) d'une falaise rocheuse qui s'élevait à pic au-dessus de l'Inn, torrent de la haute Engadine. Du reste, il avait la passion du jeu. C'est probablement le 17 mars 1887 qu'il quitta Lou, lui laissant un simple billet : « Aie pitié, ne cherche pas. » Il l'avait aimée d'un amour infiniment humble, résigné, lui avait demandé de l'épouser sans avoir vraiment espéré qu'elle dirait « oui ». Durant cinq ans, il avait vécu à Berlin à ses côtés, de son ombre. C'était le « mariage fraternel » que Lou avait voulu, où elle apportait l'amitié sincère et profonde, mais lui l'amour disproportionné. Durant ces années, elle avait été le centre d'un cercle d'admirateurs : des écrivains jeunes et pleins de talent qui tous lui faisaient une cour assidue. Mais elle avait opposé un refus aux offres de l'épouser de Rée et de Nietzsche, disant que l'amour, qu'elle avait connu, disait-elle, avec Gillot (de façon très platonique), ne l'intéressait plus. Or, voilà que, le 1er novembre 1886, elle se fiance avec l'orientaliste Friedrich Carl Andreas, qui, très passionné, après avoir essuyé quelques refus, avait su la faire céder en s'enfonçant un couteau dans la poitrine. Bien qu'elle ait posé comme condition que leur mariage serait purement amical, non conjugal, et que Paul Rée l'ait su, le privilège accordé à Andreas était plus qu'il ne pouvait supporter. De là sa fuite, le 17 mars 1887. Pourquoi cette date ? C'est cinq ans plus tôt, le 17 mars 1882, qu'avait eu lieu sa rencontre avec Lou, chez Malvida von Meysenbug, à Rome. Leur amitié s'était forgée lors de longues promenades dans les soirées de printemps jusqu'à des heures très tardives. Elle songea à vivre avec lui, en amis. Bientôt Nietzsche se joignit à eux. Mais, disait-elle, au plan humain, Rée était « le seul » qui comptait. Fascinée par Nietzsche, elle ne l'aimait pas. Retournant de Rome vers la Suisse et l'Allemagne, et ayant fait halte, eux trois, au bord des lacs de l'Italie du Nord, Lou fit, avec Nietzsche, une excursion au Monte Sacro. L'excursion dura longtemps, ce que Rée prit très mal (il était resté tenir compagnie à la mère de Lou : Paul Rée, le dévoué !). La déesse fit-elle à l'homme de génie la faveur d'un baiser ? Bien plus tard, on lui posa la question. Elle répondit : « Ai-je embrassé Nietzsche sur le Monte Sacro – je n'en sais plus rien » (*op. cit.*, p. 238). Menteuse ! Je crois qu'il ne s'est rien passé. D'une part, Nietzsche amoureux était effroyablement timide ; d'autre part, il portait d'énormes moustaches à la gauloise complètement dissuasives. Quoi qu'il en soit, l'harmonie dans la « trinité » ne régnait pas. Il suffit, pour s'en convaincre, de considérer la fameuse photographie où l'on voit Lou dans une petite charrette, tenir de la main gauche les rênes fixées aux bras des deux hommes et de la droite un fouet dont elle va frapper les coursiers. Les personnages ne sont pas gais. Nietzsche regarde les étoiles, Rée se résigne à ce qui a été une fantaisie de Nietzsche (il n'aimait pas être photographié), Lou s'applique mais ne s'amuse pas. Aucun des trois personnages n'était destiné à s'accomplir avec l'un des deux autres. Certes, Lou et Paul Rée eurent, à Berlin, une vie commune relativement heureuse, quoique marquée par la disproportion. La meilleure année fut 1885, et l'été qu'ils passèrent à Celerina, en haute Engadine. Après 1900 et la vente de leur domaine par son frère, c'est là que Rée s'installa, et dans l'auberge même où il avait séjourné avec Lou. C'est tout près aussi qu'il fit une chute mortelle. Il avait quitté Lou. Lou ne l'aurait pas quitté. Elle ne l'aimait pas d'amour, mais elle avait pour lui une de ces amitiés qui n'ont pas de fin. Lorsqu'elle songeait à lui, elle pensait qu'elle aurait pu éviter sa fuite, et elle souffrait.

CLXII

25 février

J'approuve la détermination, mais j'ai horreur de l'entêtement. Frédéric Staps, jeune homme de dix-huit ans, apprenti, près de Naumburg (où son père était pasteur), dans une fabrique de toiles, du reste fiancé à une jeune fille qu'il aimait, décida de tuer Napoléon. L'Empereur, après la victoire de Wagram sur les Autrichiens, le 6 juillet 1809, s'était installé au château de Schönbrunn, près de Vienne, résidence d'été des Habsbourg. Au moment d'une parade militaire, Staps, armé d'un grand couteau de cuisine, veut s'approcher de l'Empereur. On l'arrête. On le fouille. On trouve le couteau. Pourquoi ce couteau ? Pour tuer Napoléon. Mais encore ? « Je ne parlerai qu'à lui seul. » On fait venir Napoléon, qui voit « un jeune homme d'une jolie figure, qui portait un caractère remarquable de douceur, de candeur et d'innocence », dit un témoin. L'Empereur le questionne : « On me dit que vous vouliez me tuer. Pourquoi ? – Parce qu'ainsi je rendrai le plus grand service à mon pays, l'Allemagne, et à l'Europe. – Je vous accorderai la vie si vous demandez pardon du crime que vous vouliez commettre. – Je ne veux pas de pardon. Je regrette seulement de n'avoir pas réussi. – Diable ! Un crime n'est donc rien pour vous ? – Vous tuer n'est pas un crime, c'est un devoir. – Mais enfin, si je vous fais grâce, m'en saurez-vous gré ? – Je ne vous en tuerai pas moins. » Dans ces conditions, Staps est jugé par une commission militaire et fusillé le 16 octobre 1809 (cf. Jean Tulard, *Napoléon*, 2006, chap. 36).

Bonaparte, après Thermidor, avait dit qu'il eût lui-même poignardé Robespierre, s'il eût cru qu'il aspirait à la tyrannie. Tyrannicide ? régicide ? Ce n'est pas de cela qu'il s'agit dans le cas de Staps. En effet, après la rencontre d'Erfurt entre Napoléon et le tsar (27 septembre 1808), le jeune homme avait cru voir s'ouvrir une ère de paix et il avait été, de son propre aveu, « l'un des plus grands admirateurs de Napoléon » – qui pourtant n'était pas moins tyran qu'un an plus tard. Staps vise non le tyran comme tel, mais l'ennemi de la paix.

Si l'on eût tué Hitler, qui ne s'en fût réjoui ? Bien que Napoléon ne soit pas Hitler, la détermination du jeune homme se comprend. La morale admet le crime dans certains cas, comme un moindre mal.

Mais Staps eût dû, dans la logique de son projet, faire semblant de demander pardon. Il eût ainsi préservé ses chances de réussite – lors d'une nouvelle tentative –, et surtout il eût préservé sa vie. Mais ce qui était détermination raisonnable est devenu entêtement absurde.

CLXIII

27 février

À qui pardonne-t-on le plus difficilement ?

Après que les Spartiates eurent été vaincus aux îles Arginuses, Lysandre prit une éclatante revanche, grâce à l'appui des Perses, en détruisant la flotte athénienne à Aigos-Potamos (405), après quoi il s'empara d'Athènes (404). Or, Athènes « pardonnait aux Barbares de lui rendre le mal qu'elle leur avait fait », mais s'indignait contre les Grecs pour leur manque de reconnaissance après les services qu'elle avait rendus à la Grèce, et de plus s'alliant aux Barbares. Pourquoi cette différence ? On pardonne plus facilement aux ennemis qu'aux amis. « Nous sommes purement Grecs, sans mélange de sang barbare », et nous avons avec les autres Grecs une parenté réelle (*xuggéneia*) fondée sur une communauté de race, disent les Athéniens (*Ménéxène*, 245 d). Ils pardonnaient aux Barbares plus facilement qu'à ceux qui leur étaient proches, tout comme on pardonne plus facilement aux animaux qu'aux humains.

Jankélévitch jugeait l'Allemagne impardonnable, en tant que responsable de l'Holocauste. Philosophe, Kant et Hegel n'existaient plus pour lui ; musicien, il s'était amputé de Bach et de Mozart. Or, un jeune Allemand lui ayant écrit, étant venu le voir, il se lia d'amitié avec lui, pardonnant à l'Allemagne dans cet Allemand. Au contraire, il garda jusqu'à la fin de sa vie une dent contre ses collègues philosophes, les accusant de ne l'avoir guère aidé alors qu'il était persécuté pendant la guerre (mais s'il avait perdu son poste de professeur en 1940, cela ne tenait qu'aux lois antisémites du gouvernement de l'époque).

Enfant élevé dans le catholicisme, j'avouais en confession quelques peccadilles. Le prêtre m'infligeait une légère pénitence et me donnait l'absolution au nom du Seigneur. Je n'avais aucune peine à me pardonner ces fautes, étant si légères que je ne les ressentais pas comme des fautes. Mais à l'âge de vingt-deux ans, je commis une faute réelle. Ma grand-mère Marie, que j'aimais d'un amour que je ne puis comparer à aucun autre sinon à celui qu'elle avait pour moi, souffrit en conséquence de cette faute, conséquence que j'étais seul à voir. Je n'ai jamais confessé ma faute, ni à Marie, ni à personne d'autre. J'admets qu'elle n'est pas impardonnable, que Marie en tout cas, ou le prêtre au nom de Dieu, me la pardonnerait. Certains de mes amis, comme André Comte-Sponville, la jugeraient bien bénigne. Ils auraient peine à comprendre que je lui donne une telle gravité. Mais c'était une faute contre l'amour. J'ai tant de remords de cette faute ! Je sais que dans l'éternité, elle m'est pardonnée. Mais je ne puis me la pardonner. Il est difficile, voire impossible, de pardonner à celui qui vous est très proche. Et nul n'est plus proche de soi que soi-même.

Nietzsche avait fait, par jalousie, courir de vilains bruits sur Paul Rée, Lou Salomé et leur relation. S'en était suivie la rupture avec Lou. Heinrich von Stein, étant allé voir Nietzsche à Sils-Maria, chercha à le convaincre qu'une réconciliation était possible. Mais Nietzsche, secouant la tête, répondit : « Ce que j'ai fait, on ne peut le pardonner » (d'après Lou Andreas-Salomé, *Ma vie*, p. 86). Ce n'est pas que Rée et Salomé ne lui eussent pas pardonné ; c'est qu'il ne pouvait s'accorder le pardon à lui-même.

CLXIV

28 février

À la question de *Philosophie Magazine* de mars 2009, « Est-il absurde d'enfanter ? », Roland Jaccard, exprimant un sentiment personnel, répond par l'affirmative. Mais il mêle deux questions : « Vaut-il mieux que l'humanité se perpétue ? » et « Est-ce un malheur d'être né ? », qui me semblent sans lien nécessaire et devoir être dissociées.

En 1974, j'écrivais dans une note de l'*Orientation philosophique* : « Il est clair que l'humanité devrait préférer à la vie le suicide collectif si un Malin Génie avait mis comme condition à sa survie que quelque part un enfant souffrît le martyre jusqu'à la fin du monde » (p. 36, n. 6 ; 2e éd. PUF, 1990, p. 53, n. 40). Or, il y a toujours quelque part sur notre planète un enfant souffrant le martyre : que l'on songe aux atrocités dans la guerre de janvier 2009 à Gaza, aux enfants affamés ou rongés de maladies du Darfour ou d'autres lieux d'Afrique, etc. Bien qu'ayant été surtout frappé par le martyre des enfants, je puis prendre à mon compte ce que dit Roland J. : « J'ai pris très tôt conscience des atrocités auxquelles l'homme soumet l'homme, de cette suite ininterrompue de mauvais traitements, de tortures et d'exterminations qu'on appelle l'Histoire » (*op. cit.*, p. 58). Dès lors, je dois, semble-t-il, suivre R.J. lorsqu'il ajoute : « Le cycle des naissances et des renaissances doit s'arrêter. La seule véritable réussite dont on puisse rêver est une sorte de suicide général, d'euthanasie planétaire. Face à l'étendue des dégâts, on a simplement envie de fermer la porte » (*ibid.*). C'est là la façon de voir à laquelle je dois, moi aussi, pareillement m'arrêter. Du moins, c'est ce que me conseille la froide raison morale, bien plutôt que, comme pour Roland J., le sentiment intérieur.

Supposons maintenant que l'on vive au temps des Mérovingiens, dans un village perdu de la haute Corrèze, où l'on ne sait rien de ce qui se passe ailleurs et où nul ne croit au paradis d'après la mort. Pourquoi un habitant de ce village dirait-il, comme Roland J. : « Je ne vois aucune consolation au malheur d'être né » ? Il vit, et la vie s'approuve elle-même : il est bon de vivre. Chacun le pense et le ressent. Le pessimisme n'est pas naturel. Mais il y a les misères de la vie. Alors le pessimisme s'exprime, comme dans la poésie gnomique grecque, avec Simonide, Mimnerme, Théognis :

Le plus enviable de tous les biens sur terre est de n'être point né,
de n'avoir jamais vu les rayons ardents du soleil ;

si l'on naît, de franchir au plus tôt les portes de l'Hadès,
et de reposer sous un épais manteau de terre.
(Théognis, *Élégies*, v. 425-428, trad. Carrière)

Mais Épicure réplique : « Si [le pessimiste] est convaincu de ce qu'il dit, comment se fait-il qu'il ne quitte pas la vie ? Cela est tout à fait en son pouvoir, s'il y est fermement décidé. Mais s'il raille, il montre de la légèreté en des choses qui n'en comportent pas » (*Lettre à Ménécée*, 127).

Pourquoi nier la valeur de la vie ? Les poètes énumèrent tout ce qui rend difficile le « bonheur sans mélange » (Théognis, 383) : l'impuissance du juste, l'arrogance des puissants, les humiliations subies, l'indigence qui entraîne à la faute, les mauvaises querelles, la trahison des amis, le silence forcé (les pauvres n'élèvent pas la voix). Mimnerme regrette la jeunesse :

Elle passe en un moment, comme un songe, cette jeunesse si fêtée, et la maudite, la hideuse vieillesse plane aussitôt sur notre tête.

La vie comporte le bon et le mauvais côté. Les pessimistes considèrent que les mauvais côtés de la vie jettent un doute sur la valeur de la vie. Mais la sagesse permet de prendre du bon côté même les mauvais côtés. Et la sagesse est possible, comme l'ont montré Socrate et Épicure. Pour le sage, la vie est bonne. Il dit, comme Montaigne : « Pour moy donc, j'ayme la vie. » Car ce qu'il y a de négatif dans la vie ne touche jamais que le comment de la vie, non la vie elle-même.

Reste le malheur du monde, qui s'étale à la télévision. À la différence des habitants du village mérovingien, les gens le connaissent ; mais ils ne le *réalisent* pas. Ils s'en protègent en pensant à autre chose et par l'oubli. Ils n'ont pas la pensée globale qui conduit à l'idée du « suicide général ».

CLXV

2 mars

Marie Morel, dont j'ai déjà parlé, est une artiste de grand talent, de même que sa mère Odette Ducarre. Elles sont venues me voir il y a quelques jours, et nous avons déjeuné avec Émilienne. J'ai senti que la vue d'Émilienne les ravissait, et, en effet, elles n'ont pu se retenir de dire leur joie devant sa beauté, ajoutant que j'avais de la chance de la voir presque chaque jour. Je fis le dédaigneux : le philosophe, dis-je, est assez indifférent à la beauté sensible ; ce qui l'émeut est la beauté du dedans. Il voit la beauté d'une âme, des nobles maximes qui inspirent une conduite, et la beauté des élans spirituels. Soit ! mais que la beauté de la personne susdite me laisse froid, sur ce point mes invitées ne me crurent pas.

Or, voici ce qui est arrivé. Hier dimanche, Émilienne était allée de bonne heure sur son terrain pour tailler ses oliviers. À midi, je lui apportai à manger : deux quiches (l'une à la courgette, l'autre au thon), deux pains au chocolat, une brioche, un croissant aux amandes, un chausson aux pommes, deux poires. Elle me permit de la photographier lorsqu'elle dégustait. Elle me dit qu'elle quitterait son terrain vers les cinq heures, pour avoir le temps de nourrir et de soigner ses chevaux avant la nuit, et qu'alors elle m'appellerait. Or, le soir, vers les vingt heures, elle ne m'avait pas appelé. Moi-même n'obtenais que son répondeur. Je dînais d'un avocat et d'une pomme de terre lorsque, soudain, je n'eus plus d'appétit. Et s'il était arrivé malheur à Émilienne ? En quittant le terrain par un chemin de terre, j'avais croisé une voiture qui s'était arrêtée. L'un des occupants m'avait demandé comment, en continuant, rejoindre la grand'route. Or, dînant le soir, soudain je me souvins d'eux et de leur mine patibulaire. Je songeai qu'Émilienne était seule dans la clairière des oliviers, au milieu du maquis, qu'ils n'avaient pu manquer de la voir. Qui sait s'ils n'étaient pas capables de tout ? Alors, de quel côté espérer du secours ? Le centre équestre de Noël n'est qu'à 4 kilomètres du terrain, mais Noël était à Ajaccio pour un concours d'équitation. J'essayais de me rassurer : en quittant le terrain et étant sur la grand'route, de ma Clio, j'avais aperçu au loin Émilienne qui travaillait, alors sans doute que les indésirables n'étaient plus dans le voisinage depuis longtemps. Oui, j'essayais de me rassurer, mais en vain. Une inquiétude terrible, comme je n'en avais jamais connu, me bouleversait. Mon cœur battait fort. Bien que ne devant pas conduire la nuit, je décidai d'aller au fort d'Aleria, où je verrais si la 4 × 4 d'Émilienne était devant chez elle, puis, si elle n'y était pas, d'aller sur le terrain des oliviers – que d'ailleurs je vais suggérer à Émilienne d'appeler *temenos*, « lieu sacré ». Mais à peine avais-je pris ma décision, qu'Émilienne m'appela. Quel soulagement ! Quelle joie !

Or, j'ai compris hier soir que j'avais dépassé le point d'inflexion de l'amour. On entend par point d'inflexion, en géométrie, le point où une courbe traversant sa tangente lui est tangente d'abord d'un côté puis de l'autre. Avant le point d'inflexion de l'amour, la beauté corporelle joue un rôle décisif ; après le point d'inflexion, elle n'a plus un rôle décisif. J'ai su que si Émilienne perdait sa beauté sensible, ayant, par exemple, le visage meurtri et le corps mutilé à la suite d'un accident de la route, pour moi elle serait toujours la même Émilienne aimée d'un amour absolu. Si j'ai affecté, devant mes invitées, une indifférence à sa beauté corporelle, cela manquait de sincérité, et cependant – je m'en rends compte maintenant –, cela traduisait le fait que mon amour était au-delà du point d'inflexion. La beauté corporelle avait joué son rôle, mais elle n'avait désormais pas plus d'utilité que la marche sur laquelle on a posé le pied.

CLXVI

4 mars

Je suis allé sur le terrain – le *temenos*. Noël et Émilienne disposaient au cordeau des alignements sur chacun desquels ils mettaient, de 6 mètres en 6 mètres, des jalons faits de tiges de bambou, pour marquer l'emplacement des futurs oliviers. Après les avoir, un bon moment, vus travailler – échangeant avec eux quelques mots –, me sentant inutile, je les quittai et allai vers la 4 × 4 d'Émilienne pour reprendre ma gabardine que j'avais laissée sur le capot. Mais Émilienne me devança, prit mon manteau, me le tendit.

Or, le soir, l'ayant eue au téléphone, voici ce que je lui dis et la conversation qui en résulta :

« Sais-tu, Émilienne, ce que Freud, s'il avait été sur le terrain cet après-midi, aurait dit ?

– Non, pas du tout.

– Il aurait interprété ton geste de m'apporter la gabardine comme signifiant que tu avais hâte de me voir partir.

– Pourquoi aurais-je eu cette hâte ?

– Tu le sais très bien : pour rester seule avec l'homme que tu aimes.

– Tu crois cela ?

– Non ! les interprétations à la Freud ne sont, pour moi, que les suppositions vraisemblables mais fausses qui viennent naturellement à l'esprit d'un obsédé sexuel. Mais toi, le crois-tu ?

– Je n'ai pas à "croire" : je *sais*...

– Tu voulais sans doute m'éviter quelques pas sur un terrain montant ?

– Ce n'est pas cela : tu es fort, et d'ailleurs je ne fais pas attention aux déclivités du terrain. Mais j'avais l'impression que tu te sentais à l'écart de nous deux qui travaillions, et un peu triste. Je te donnai ta gabardine en un geste d'affection.

– Oui, et d'ailleurs tu avais tenté de me faire participer au travail en me demandant de compter les jalons, alors que vous-mêmes saviez très bien leur nombre.

– Tu l'as remarqué. Tu comprends donc que mon intention, en te donnant ta gabardine, n'avait rien à voir avec celle que Freud aurait supposée.

– À nos yeux, la psychanalyse est donc réfutée. Mais avec Freud, on n'a jamais le dernier mot. Il dirait que si nous rejetons son interprétation, c'est, moi, parce qu'il m'est pénible de penser que tu aurais voulu hâter mon départ, toi, parce que tu ne veux pas avouer ton souhait d'être seule auprès de Noël.

– Mais c'est faux, cela !

– Certes ! Je sais que j'occupe une place qui n'est pas petite dans ton noble cœur. Tu es heureuse, lorsque tu es à travailler sur ton terrain, que je vienne te voir, que Noël soit là ou non. L'interprétation de Freud suppose que nous serions, toi et moi, des êtres communs. Or, ce n'est pas le cas : tu es une déesse, et j'ai pour toi un amour mystique. »

CLXVII

6 mars

On peut lire un philosophe soit en historien, soit en philosophe. Dans le premier cas, on s'intéresse à ce qu'il dit, afin de le penser et de l'exprimer fidèlement, quoique en d'autres termes peut-être que les siens et selon la méthode d'analyse et d'exposition que l'on choisit. Dans le second cas, on juge le philosophe du point de vue de la vérité, on se demande si ce qu'il dit est vrai ou faux.

Par exemple, exposant, dans mon *Lucrèce*, la pensée de Lucrèce et expliquant le monde et les phénomènes selon le système des atomes, je me suis gardé de tout jugement portant approbation ou critique. Mais dans *Philosopher à l'infini*, je m'interroge sur la *valeur* de la notion épicurienne de l'atome et la rejette.

Je lis Descartes et Kant en historien, tant je suis convaincu, pour le premier, de la fausseté générale du système (en dépit de belles analyses), pour le second sinon de l'arbitraire, du moins du caractère artificiel de la construction. En revanche, je lis Nietzsche tantôt en historien et alors je me borne à restituer sa pensée, tantôt en philosophe, et, en ce cas, je déclare que ce qu'il avance est vrai si je le juge vrai, faux si je le juge faux.

Nietzsche vrai ou faux : voici quelques exemples.

Pour le positivisme, rappelle Nietzsche, « il n'y a que des faits ». À quoi il objecte : « Non, justement, il n'y a pas de faits, rien que des *interprétations* » (*Volonté de puissance*, trad. G. Bianquis, I, 239). Lisant cela, mon esprit regimbe : « Faux ! » Napoléon est mort le 5 mai 1821 : c'est un fait. Certes, il faut le langage et le sens que les mots apportent pour qu'il y ait des faits pour nous, mais une chose est de constater, autre chose d'interpréter.

Un peu plus loin, dans le même ouvrage, je lis : « Tout est déjà revenu : Sirius et cette araignée et tes pensées à cette heure, et cette pensée qui est la tienne, celle que toute chose revient » (I, 298). Aussitôt, mon esprit regimbe : « Faux ! » Et je me dis, avec Nietzsche lui-même : « Au fond, tout homme sait très bien qu'il n'est au monde qu'une fois, à titre d'*unicum*, et que nul hasard, même le plus étrange, ne combinera une seconde fois une multiplicité aussi bizarrement bariolée dans ce tout unique qu'il est » (« Schopenhauer éducateur », § 1).

J'ouvre maintenant le *Livre du philosophe* et je lis :

« Grand embarras de savoir si la philosophie est un art ou une science. C'est un art dans ses fins et dans sa production. Mais le moyen, la représentation en concepts, elle l'a en commun avec la science. C'est une forme de poésie. Il ne faut pas la classer. » Oui, et plus précisément :

« C'est la poésie hors des limites de l'expérience » (trad. A.K. Marietti, p. 69). Et jouissance de mon esprit devant des propos avec lesquels il se sent en affinité. La métaphysique n'a pas le caractère d'une science : hors des limites de l'expérience, elle est spéculation, création libre (*poièsis*). La métaphysique se pluralise ; il y a diverses possibilités : ou Héraclite, ou Platon, ou Épicure, ou Spinoza, ou Bergson, etc. « Héraclite ne vieillira jamais » (p. 69). À la différence des métaphysiques théologisées (de Descartes, Malebranche, Kant, etc.), les vraies métaphysiques, qui sont de libres créations de la raison, ne vieillissent pas. Mais elles restent à l'état de possibilités : telle est ma métaphysique de la Nature – même si j'y crois. Si l'on veut la seule vérité, il faut s'en tenir à Montaigne.

CLXVIII

8 mars

On accordera à Nietzsche que les grandes philosophies ont une valeur esthétique : « Le fait qu'une philosophie *indémontrable* ait encore une valeur et cela plus, la plupart du temps, qu'une proposition scientifique, provient de la *valeur* esthétique d'un tel philosopher, c'est-à-dire de sa beauté et de sa sublimité. Même s'il ne peut se démontrer comme construction philosophique, le philosopher est encore présent comme *œuvre d'art* » (*Livre du philosophe*, p. 78). Ce qui anime et guide le philosophe, « ce n'est pas le pur instinct de la connaissance, mais l'instinct *esthétique* » (p. 79). Nietzsche souligne la « valeur d'art » de la philosophie d'Héraclite (*ibid.*) ; j'ai indiqué la présence déterminante du souci esthétique chez Leibniz (cf. *Noms*, LXVII). Les grandes philosophies tendent à montrer la beauté du monde, soit éternel, soit créé, ou la sublimité de la nature créatrice.

Mais une chose est contempler et admirer, autre chose vivre. Les grandes philosophies nous offrent des possibilités de vie. Je songe aux vraies philosophies, produits de la raison libre, non aux philosophies théologisées, lesquelles étant l'œuvre, en Occident, d'auteurs chrétiens, ne peuvent aboutir qu'à conseiller une manière de vivre en accord avec la morale et les vertus chrétiennes. Malebranche ne vit pas autrement que Descartes ou Kant, si ce n'est qu'il s'adonne davantage à la prière.

Les vraies philosophies sont avant tout les philosophies grecques. La vraie philosophie a été possible en Grèce, car l'éducation grecque était libre de toute croyance imposée : « Les Grecs anciens sans théologie normative : chacun a le droit d'y ajouter et il peut croire ce qu'il veut » (Nietzsche, *op. cit.*, p. 91). La pensée n'est pas assujettie à se maintenir dans le cercle tracé par la religion. Au contraire, toutes les possibilités philosophiques sont envisagées par les Grecs, et les manières de vivre qui leur correspondent sont extraordinairement différentes. Selon que l'on est disciple de Pythagore, ou d'Héraclite, ou de Platon, ou de Diogène, ou d'Aristippe, ou de Zénon, ou d'Épicure, ou de Pyrrhon, etc., on vit autrement. C'est pourquoi est si important le récit des vies philosophiques que nous donné Diogène Laërce. Chez les philosophes chrétiens : des vies semblables ; chez les Grecs : des vies différentes. « Je préfère lire Diogène Laërce que Zeller, dit Nietzsche, parce que chez celui-là du moins vit l'esprit des anciens philosophes » (« Schopenhauer éducateur », § 8).

CLXIX

10 mars

La lettre que voici, de Jean Trémouille, en me replongeant dans le monde rural qui fut celui de mon enfance, et en évoquant les précieuses années passées au lycée Edmond Perrier, à Tulle, m'a ému et enchanté.

Valenciennes, le 5 mars 2009

Mon cher Marcel,

Quelle joie ce matin en regardant un ancien numéro du *Nouvel Obs.* (nov. 2008), d'y découvrir l'article de Jérôme Garcin sur ton « Journal d'un philosophe » : « L'Art de vieillir »… Il aurait dû l'intituler « L'art de *bien* vieillir », car la photo attenante te montre en pleine forme : tu es toujours le même et les ans n'ont pas de prise sur toi. Et l'article de parler de notre terre natale, cette si belle Corrèze « truffière » (chez toi, pas chez nous : il n'y avait pas de truffes à Albussac), en évoquant notre vie simple et rude à cette époque, avec les travaux des champs qu'il fallait reprendre chaque jour ! C'était quand même le bon temps et j'en ai les yeux qui se mouillent rien que d'y penser : garder les vaches et les ramener du pré, faire téter les veaux, faire les foins et râteler avec les bons râteaux en bois..., et les moissons, les battages dans la poussière et l'hiver le bois à couper ! De durs, mais de bons souvenirs qu'on ne retrouvera plus. Et puis, bien sûr, Tulle et notre bahut, où nous avons passé deux années ensemble avec tous les « normalos », dont tu étais le chef de file et que tu connaissais tous mieux que moi. Il n'y a qu'Yvon Chalard que j'ai pu revoir plusieurs fois... et aussi Toto Jourde, que j'ai revu à Ussel : il habite une maison rue du Champ des Oiseaux, en face de celle d'un ami décédé. Mais combien de disparus de ces 48 élèves de la classe de philo d'Alain Postel ! Et comment ne pas évoquer TA chère Marie-Thérèse : Mlle Tronchon était notre prof. le plus estimé, et nous étions tous, disons sous le charme. Elle a choisi le meilleur, et vous avez été très heureux : tous tes écrits le prouvent. Vous le méritiez bien. J'avais eu l'occasion d'aller au cimetière d'Altillac, sur cette belle colline dominant Beaulieu, et je me suis recueilli, au pied de la belle église, devant la tombe où ELLE repose, et où, d'après l'inscription sur la stèle, tu prévois d'aller (tu as le temps !). J'y ai fait une prière (courte mais fervente) pour la remercier de sa patience et de sa gentille attention envers ses élèves (je n'en étais pas des plus doués... !).

Voilà, mon cher Marcel, ces quelques mots spontanés, venus du cœur au vu de ton adresse lue dans l'article de J.G. Peut-être me reconnaîtras-tu sur le timbre de cette lettre, mais il date de deux ans !

Bravo pour tes écrits... et continue.

Ton « vieux » (86 ans) copain de lycée, Jean T.

CLXX

11 mars

« La philosophie peu démontrée d'Héraclite a une valeur d'art supérieure à toutes les propositions d'Aristote », déclare Nietzsche (*Livre du philosophe*, éd. cit., p. 79). Voilà qui est injuste envers Aristote. Nietzsche oublie qu'à part quelques fragments nous n'avons pas d'Aristote l'œuvre qu'il a lui-même publiée, mais seulement les notes dont il se servait pour ses cours, parfois chargées de retouches, rarement écrites de façon continue. Or, les Latins, qui disposaient de l'œuvre publiée, en louaient la « suavitas eloquendi », le « flumen orationis aureum », lui attribuant ainsi une « valeur d'art ».

Mais que l'œuvre d'Aristote soit guidée non seulement par un immense appétit pour le savoir, mais par un instinct esthétique, on le voit au résultat. Car le monde et la nature que nous présente Aristote ne sont pas vrais (le monde n'est pas éternel, les espèces ne sont pas fixes et ne sont pas éternelles, etc.), mais ils sont beaux. Ce sont le monde et la nature *d'Aristote* – d'Aristote créateur de beauté. « Il y a beaucoup plus de finalité et de beauté dans les œuvres de la nature que dans celles de l'art », dit le Stagirite (*Les Parties des animaux*, 639 b 20). Mais cette beauté qu'il y trouve, c'est lui qui l'y voit, c'est lui qui l'y met. Toutefois, c'est la nature, nous dit-il, qui crée cette beauté. Car elle est artiste, supérieure du reste aux artistes et artisans humains, dès lors qu'elle « ne délibère pas » – la délibération étant signe d'imperfection. Aristote la compare à un peintre[1], à un sculpteur[2], mais qui ne feraient « rien d'inutile », ni « rien en vain ». Or, une Nature présentée comme ayant une intention, comme, ainsi que l'artisan, regardant vers le but à atteindre[3], ce n'est pas à elle que

1. À propos du développement de l'embryon chez les animaux sanguins, Aristote écrit : « Toutes les parties ont d'abord leurs contours esquissés. Puis elles reçoivent leurs couleurs, leurs qualités de mollesse ou de dureté, absolument comme si elles étaient l'œuvre d'un peintre qui serait la nature. En effet, les peintres tracent une esquisse avec des lignes avant d'appliquer les couleurs sur leur tableau » (*Génération des animaux*, 743 b 20-25).

2. « Autour des os se sont développées les chairs, fixées par des liens légers et fibreux : c'est pour elles que les os existent. De même, en effet, que les artistes qui façonnent une statue avec de la glaise ou quelque autre matière humide, dressent d'abord une carcasse solide autour de laquelle, ensuite, ils modèlent, c'est de la même façon que la nature a ouvré l'animal avec des chairs » (*Les Parties des animaux*, 654 b 27-32, trad. P. Louis).

3. « Les loups et les lions ont le cou formé d'un os unique : car la nature a visé à leur donner un cou propre à augmenter leur force plutôt qu'à leur rendre d'autres services » (*ibid.*, 686 a 21-24, trad. cit.).

nous pouvons croire aujourd'hui. Certes, on admettra que la nature est belle et créatrice de beauté, mais non qu'il y ait dans les œuvres de la nature encore plus de finalité que dans l'art. Que signifie cette finalité ? Il y aurait, des plantes aux animaux, et dans les diverses formes de la vie animale, une continuité, et une ascension (*metabasis*) vers l'homme. Par rapport à l'homme, qui seul réaliserait les intentions de la Nature, les autres animaux ne seraient que des ébauches plus ou moins inachevées. Cette conception, quoique non vraie, est belle, a même quelque chose de sublime.

Les œuvres publiées d'Aristote avaient une valeur d'art. Une telle « valeur d'art » (*Kunstwert*) ne peut être non plus refusée à la conception aristotélicienne de la nature. Platon compare le dieu (non créateur) à un peintre qui aurait tracé le portrait de l'univers (*Timée*, 55 c). Telle est aussi la nature selon Aristote.

CLXXI

14 mars

J'ai reçu hier, envoyée par ses soins avec une affectueuse dédicace, la nouvelle édition de l'ouvrage d'André Comte-Sponville, *Le capitalisme est-il moral ?* (Albin Michel, 2009). Elle comporte une postface où l'auteur répond aux objections qui lui ont été adressées par Lucien Sève, Yvon Quiniou et par moi-même.

Parlant du capitalisme, j'ai écrit : « Régime injuste : comment ce qui est injuste pourrait-il n'être pas immoral ? » André C.-S. réplique : « La laideur est injuste. La beauté, par conséquent, aussi » (p. 237). « Des singes, le plus beau est laid », dit Héraclite (fr. 82 DK = fr. 20 dans mon édition). Platon ajoute : « en comparaison de l'espèce humaine » (*Hippias majeur*, 289 a). Addition justifiée : le singe fait songer à l'homme – auquel il ressemble –, non au cheval, au paon, etc. La nature a fait le singe laid. Elle est « injuste, sans être pour autant immorale », observe A.C.-S. (p. 238). Oui, mais pourquoi ? Elle a produit un être laid, mais sans avoir voulu cela. Or, « pour être immoral, il faut être doué de volonté et de discernement » (*ibid.*). C'est exactement ce que je pense aussi. Replaçons maintenant la phrase incriminée dans son contexte : « Le régime capitaliste est fondé – on l'a assez dit – sur "l'exploitation de l'homme par l'homme" : ceux qui possèdent les moyens de production et d'échange exploitent ceux qui n'ont que leur force de travail. Régime injuste : comment ce qui est injuste ne serait-il pas immoral ? » Il est clair que j'entendais : « ce qui est injuste » *du fait de l'homme* – lequel a volonté et discernement. Mais qui a volonté et discernement ? André C.-S. précise : « un esprit ou un sujet ». Oui. Aussi est-ce à mon tour de préciser que, par « le capitalisme », j'entends « les capitalistes ». « Un capitaliste peut être immoral », reconnaît A.C.-S. (p. 239). La seule chose qui me sépare de lui est qu'à mes yeux, *tout* capitaliste est immoral.

« Soit ! dira-t-on, mais pourquoi ? expliquez-vous. Un capitaliste sait ce qu'il fait, il a volonté et discernement, mais il ne veut ni ne souhaite faire le mal. » J'admets cela. Le but du capitaliste est le profit. C'est là un choix éthique (comme de vivre pour la gloire – Achille –, ou les honneurs, ou le pouvoir, etc.). Il n'a rien de noble, mais ce n'est pas un choix moral. Du reste, le capitalisme crée de la richesse. Fort bien. Mais il crée aussi de la misère. Là est le hic. « La misère » : sept cents millions d'humains qui ne mangent pas à leur faim. A.C.-S. répond : « La misère existait *avant* le capitalisme, et elle était bien plus extrême et bien plus généralisée qu'elle ne l'est aujourd'hui, en tout cas dans les pays développés» (p. 265). J'accorde à André que les sept cents millions d'affamés ne se trouvent pas dans les pays dits «développés». Ils sont ailleurs – en Afrique surtout. Je maintiens donc ce que j'ai écrit : «Il faut penser le capitalisme planétairement, où la misère du Tiers et du Quart Monde est le corrélat *fatal* de la richesse des grands actionnaires et des patrons» (cité par A.C.-S., p. 236). Dans nos pays démocratiques, un capitaliste n'a pas de mauvaises intentions (j'exclus ceux qui ont soutenu Hitler et ses volontés perverses) : il souhaite seulement que son argent «fasse des petits» même lorsqu'il dort. Mais il se trouve que son action, jointe à de nombreuses actions semblables, a pour résultat un désastre moral. Car à mes yeux, s'il y a – c'est vrai – création de richesse, cela *pèse* beaucoup moins lourd que la création de misère (je suis convaincu qu'il y avait en Afrique moins de misère et plus de bonheur il y a cent cinquante ans qu'aujourd'hui). Et, plus précisément, quand je dis «misère» et «sept cents millions d'affamés», je songe avant tout aux enfants. Le capitalisme est un système qui produit d'un côté la satiété, de l'autre la faim, les deux indissociablement (comme le voulait Héraclite !). Le capitaliste fait un choix éthique dont le corrélat est la participation à une grande action collective d'éreintement d'une partie de l'humanité. Il y a des assemblées d'actionnaires et des décisions collectives. La responsabilité de chaque actionnaire est peut-être atténuée du fait de l'effet de groupe, mais elle demeure. Je ne fais pas de lui un criminel : il ne veut pas affamer les enfants ; sa faute morale est d'une nature très particulière. Les grands actionnaires en ressentent quelque effet. Leur richesse leur laisse un malaise : ils créent des « fondations »...

Un ami m'objecte que j'ai des actions des PUF. Oui, mais elles ne me rapportent aucun dividende. Elles sont donc innocentes.

*

* *

J'ai fait part de la réponse que l'on vient de lire à André Comte-Sponville, qui m'a adressé la lettre suivante :

Paris, ce 25 mars 2009

Cher Marcel,

Merci pour votre lettre et pour votre réponse. Au fond, nous sommes d'accord, philosophiquement, sur l'essentiel : la morale ne vaut que pour des sujets « doués de volonté et de discernement », non pour un système ou un processus « sans sujet ni fin ». Ce qui nous oppose, dès lors, porte moins sur la philosophie, me semble-t-il, que sur l'économie. C'est vrai essentiellement sur deux points, qui sont au fond des questions de fait :

1 – Le capitalisme crée-t-il, à l'échelle de la planète, davantage de richesse ou davantage de pauvreté ? À la limite, c'est aux économistes de mesurer l'une et l'autre (car il est clair que le capitalisme produit et de la richesse et de la pauvreté), et de répondre.

2 – Posséder des actions, est ce contribuer positivement à la création de richesse, ou au contraire être complice d'un

processus de paupérisation ? Là encore, c'est une question de fait : les économistes sont mieux placés, pour y répondre, que les philosophes.

Il faudrait bien sûr entrer davantage dans les détails. Par exemple, s'agissant de l'Afrique. Sont-ce les pays capitalistes occidentaux qui sont principalement responsables de la misère de l'Afrique (qui souffrirait de trop de capitalisme dans le monde), ou bien l'économie africaine elle-même (qui souffrirait d'un manque de capitaux, donc aussi de capitalisme) ? Mon ami Daniel Cohen, qui est l'un de nos meilleurs économistes (il enseigne l'économie à Normale Sup), a écrit que l'Occident exploite moins l'Afrique, aujourd'hui, qu'il ne l'abandonne à son sort. Cela n'est pas moralement satisfaisant, c'est clair, mais pas non plus identique à une politique d'exploitation qui serait la cause principale de la misère africaine. Vous dites qu'il y avait en Afrique « moins de misère et plus de bonheur il y a cent cinquante ans qu'aujourd'hui ». Je ne sais. Là encore, c'est une question de fait. Mais quand bien même cela serait, il faudrait se demander si c'est surtout à cause du capitalisme ou surtout à cause de la surpopulation, de la corruption, de la violence, des pesanteurs idéologiques ou culturelles. J'avoue être hors d'état de trancher la question. Mais s'agissant de notre action, à nous Occidentaux, on pourrait se demander si nous ne combattrions pas plus efficacement la misère en Afrique en achetant des actions d'entreprises africaines (pour aider à l'accumulation du capital, nécessaire à son développement) ou d'entreprises occidentales investissant en Afrique (pour y créer des emplois, donc de la richesse et de la formation) qu'en mettant notre argent à la Caisse d'épargne ou en le donnant à nos enfants… Encore une fois, c'est un problème économique plutôt que philosophique, sur lequel ni vous ni moi n'avons de compétence particulière. Mais quand je lis les économistes, et je les lis beaucoup depuis plusieurs années, je n'ai pas le sentiment que refuser le capitalisme et l'actionnariat en bloc soit une bonne façon d'aider les pays du tiers-monde ! D'ailleurs, ceux de ces pays qui sont sortis du sous-développement, ou qui sont en train de le faire (la Chine, l'Inde, le Brésil, les pays du Sud-Est asiatique, peut-être bientôt l'Afrique du Sud...), le font grâce au capitalisme, me semble-t-il, bien plus que contre lui. Parce qu'ils sont moins exploités par l'Occident que l'Afrique ? Je ne vois pas comment ni pourquoi. Ce pourrait être aussi bien parce qu'ils ont mieux su jouer le jeu de l'économie de marché et de la mondialisation. Là-dessus, je compte moins sur la morale que sur la lucidité. L'Afrique a besoin de notre générosité ; c'est pourquoi elle va mal. La Chine n'a besoin que de notre égoïsme (c'est par intérêt, non par générosité, que nous achetons des produits « Made in China » : parce qu'ils ont un meilleur rapport qualité-prix) : c'est pourquoi elle va mieux. La générosité, à l'échelle de la planète, fait toujours défaut ; l'égoïsme, jamais. Si bien que c'est justement parce qu'il est moralement insatisfaisant (puisqu'il fonctionne à l'égoïsme) que le capitalisme me paraît économiquement efficace. Mais bon, je ne suis pas économiste. J'admets bien volontiers que, sur ce point, mes opinions sont surtout de seconde main, et moins philosophiques, j'y insiste, qu'économiques. Le propos de mon livre était surtout de rappeler que ni la morale ni l'économie ne pouvaient suffire à la justice : que nous avions besoin, pour échapper au pire, d'imposer au marché des limites externes, non marchandes, qui ne peuvent venir (puisque l'économie est amorale, puisque la morale est économiquement impuissante) que du droit et de la politique.

Voilà, cher Marcel, pardon d'aller si vite ; c'était juste pour ne pas laisser votre réponse sans réponse…

Très affectueusement à vous, André

CLXXII

16 mars

τὸ τί ἦν εἶναι

Ma domesticité (qui se réduit, du reste, à une seule personne itinérante) m'ayant quelque peu irrité, j'ai recours à Montaigne : « À mesure que ces espines domestiques sont drues et desliées [fines], elles nous mordent plus aigu et sans menace [sans avertissement], nous surprenant facilement à l'impourveu » (*Essais* III, IX, p. 950 PUF). Car « c'est chose tendre que nostre vie, et aisée à blesser ». Pour retrouver son calme, le sage Montaigne se plonge dans l'un de ses auteurs favoris. Ce sera sans doute Plutarque.

Je vais faire de même. Il me vient à l'esprit de traduire quelque passage d'Aristote, ce qui requerra toute mon attention. Je choisis les trois lieux du *De anima* où l'on trouve l'expression τὸ τί ἦν εἶναι, 412 b 11, 429 b 19, 430 b 28. Cette expression étonne moins par sa redondance – deux fois le verbe être – que par la présence de l'imparfait ἦν. Pierre Thillet (*De l'Âme*, Gallimard, 2005, p. 63), reprenant la suggestion de Jacques Brunschwig, traduit « l'essentiel de l'essence », ce qui rend la redondance de l'expression, mais au détriment de l'imparfait. Émile Bréhier (*Histoire de la philosophie*, PUF, « Quadrige », p. 180) explique plus qu'il ne traduit. C'est, dit-il, « le fait, pour un être, de continuer à être ce qu'il était ». Oui : l'essence ou forme (εἶδος) n'a pas de devenir ; elle est invariable à travers le temps. Socrate, du côté de la matière (ὕλη), grandit, vieillit, décline, mais par sa forme, qui subsiste de sa naissance à sa disparition, il est toujours le même Socrate. Je traduis τὸ τί ἦν εἶναι par « l'essence permanente », où l'on a à la fois le passé (l'imparfait de durée) et la redondance. Reste à mettre cette traduction à l'épreuve du contexte dans les trois passages indiqués.

I

412 b 9-17. « Parlant en général, on a dit ce qu'est l'âme : une substance (οὐσία) au sens de forme (λόγος, raison d'être), entendons : l'essence permanente (τὸ τί ἦν εἶναι) de tel corps déterminé. Supposons qu'un outil, une hache par exemple, soit un corps naturel : l'essence de la hache [sa hachéité, son tranchant] serait sa substance [au sens de forme] et serait son âme, car, séparée, il n'y aurait plus de hache, sinon par homonymie [de même que κλείς désigne une clef ou la clavicule]. Mais ce n'est qu'une hache. Et ce n'est pas d'un corps de cette sorte que l'essence permanente (τὸ τί ἦν εἶναι) et la forme, est l'âme, mais d'un corps naturel [organique],

c'est-à-dire ayant *en soi* un principe de mouvement et de repos. »

Parmi les êtres en devenir, les uns sont par nature, les autres par d'autres causes (art, hasard), dit Aristote. Les êtres naturels, tels les animaux et les plantes, ont en eux-mêmes un principe de mouvement et d'arrêt. Car la nature (φύσις) est cela même : « un principe et une cause (ἀρχὴ καὶ αἰτία) de mouvement et de repos pour la chose dans laquelle elle réside » (*Physique*, II, 192 b 21-22). L'âme est principe et cause de vie pour les corps vivants : « Vivre est pour les vivants leur être même, et la cause et le principe de ceux-ci, c'est l'âme » (*De anima*, II, 415 b 13-14). Principe de vie, l'âme est principe de mouvement et d'arrêt. Elle est donc nature. Mais « toute âme n'est pas nature » (*Parties des animaux*, I, 641 b 9). L'âme noétique (intellective) n'est pas nature, car elle n'est pas principe de mouvement.

II

429 b 18-22. « Dans le cas des êtres abstraits [tels les μαθηματικά], il en est de la ligne droite comme du camus, puisqu'elle est liée au continu [l'extension spatiale]. Mais l'essence permanente (τὸ τί ἦν εἶναι) de la droite [le rectiligne] est autre chose [que la droite liée au continu], si du moins l'essentiel de la droite est autre que la droite elle-même. Mettons que ce soit la dyade. »

« Il y a de la matière en tout ce qui n'est pas essence permanente et forme pure, mais est une chose déterminée (τόδε τι) [telle chose que voici] » (*Métaphysique*, Z, 11, 1037 a 1-2). Les *mathèmatika* ont une matière intelligible (ὕλη νοητή). Dans la ligne droite, le rectiligne est lié au continu comme matière, de même que le camus a pour matière le nez – la forme étant, pour le camus, la concavité, pour le rectiligne la dyade, du moins si l'on suit les Pythagoriciens (pour lesquels 1 est le point, 2 la ligne, 3 la surface, 4 le volume). Supposons qu'un enseignant expose les propriétés de la ligne droite. Il trace une ligne droite au tableau noir ; chaque élève trace sur son cahier ou son ardoise sa ligne droite. Ainsi il y a, d'un côté, le rectiligne comme tel, de l'autre d'innombrables lignes droites individuelles (de même qu'Aristote parle de « cercles individuels », καθ' ἕκασια, *Meta.*, Z, 10, 1036 a 2). L'essence permanente du rectiligne est toujours la même au regard de toutes les lignes dont, en s'unissant à l'extension, elle fait des lignes « droites ». Car on ne peut faire de la géométrie avec des formes pures. On a besoin de figures.

« Mettons que ce soit la dyade. » J'ai suivi la lecture traditionnelle. Mais pour Pierre Thillet, le mot δυάς ne renvoie pas à la dyade des Platoniciens et de Platon : ce n'est que la « dualité » dont on vient de parler. ἔστω γὰρ δυάς, « Qu'il y ait là dualité, c'est un fait », traduit-il. Mais si c'est tout ce qu'Aristote veut dire, l'impératif ἔστω ne paraît pas bien nécessaire, et parler de « dualité » semble un peu forcé (il y a plutôt « dualité » entre des réalités comparables). D'autre part, l'essence de la droite est le rectiligne, et cela suffit à Aristote. Alors pourquoi introduire la « dyade » ? Il n'en a pas besoin, mais il donne un coup de chapeau aux Pythagoriciens (et à Platon).

III

430 b 26-31. « L'énonciation (φάσις) dit quelque chose d'un sujet, comme l'affirmation (κατάφασις), et elle est toujours vraie ou fausse. Tel n'est pas le cas de tout acte d'intellection (νοῦς) : lorsqu'il saisit l'essence (τί ἐστι) au sens de l'essence permanente (τὸ τί ἦν εἶναι), il est toujours dans le vrai, mais non s'il affirme un attribut d'un sujet. De même que la vue du sensible propre est toujours vraie, ainsi en est-il de la saisie intellectuelle de tout ce qui est sans matière. »

La perception du bleu est toujours vraie. Mais lorsque je porte un jugement : « Le ciel est bleu », cela est vrai ou faux. La saisie par l'intellect du rectiligne, qui est chose parfaitement simple, est vraie. Mais si je dis : « Voici une ligne droite », cela est vrai ou faux. L'on voit qu'avant la vérité du jugement, où il y a composition et risque d'erreur, existe une vérité antéprédicative, de pur dévoilement. Lorsque j'ouvre mes sens aux choses, par exemple à et devant la nature, avec la perception muette encore, je suis dans le vrai. De même avec les natures simples qui s'offrent à l'intelligence, par exemple « être », « néant », « devenir », etc.

CLXXIII

18 mars

Les choses prennent une autre tournure. Le bonheur est en vue – et pour Émilienne et pour moi. Hector, parmi tous les héros de l'*Iliade*, avait toujours été le héros préféré d'Émilienne. Son rêve était, disait-elle, de rencontrer « son » Hector. Or, hier, étant venue déjeuner chez moi, entre deux bouchées d'un avocat généreusement arrosées d'huile d'olive, elle me dit : « Marcel, j'ai rencontré mon Hector. » « C'est magnifique ! », me suis-je exclamé. Mon cœur bondit de joie, et j'embrassai mon amie sur le front. J'avais déjà vu Ivo lorsqu'il avait apporté des oliviers. C'est un spécialiste reconnu des moulins à huile d'olive. Dès que la maison de bois sera achevée, Ivo quittera l'Italie, épousera Émilienne. Ils vivront dans la maison sur la colline, entourés par les oliviers. Aujourd'hui, Émilienne sulfate les arbustes à la bouillie bordelaise. Grand travail, grande fatigue : pour elle encore, pour lui bientôt. J'ai eu la primeur de la nouvelle, avant même les parents d'Émilienne, qui ne la savent pas encore. Je ne la confie qu'à mon Journal : lorsque cette page verra le jour de la publication, des mois auront passé ; « ... à mon Journal » et à ma sœur : j'ai voulu que Michèle sache ma joie. Elle a vite compris combien j'étais heureux en et par Émilienne, et cette joie, elle l'a aussitôt partagée. Qui sait si je n'aurai pas plus de bonheur profond au mariage d'Émilienne que j'en ai eu au mien ! Et qu'est-ce que ce sera lorsqu'elle aura un enfant ! Un avenir de femme comblée est pour elle enfin possible. Quelle chance aura cet enfant d'avoir Émilienne pour maman ! Il grandira sur la colline, avec les oliviers, les chevaux, le chien. J'imagine Émilienne pleinement épanouie et le rayonnement de son bonheur. Et si alors je puis encore la voir, quelle belle fin pour ma propre vie ! Certes, les époux auront les soucis des heureux – tout ce que l'on peut imaginer en fait de culture des oliviers, de production et fabrication de l'huile, etc. Mais cela, ce sera leur vie, et quand je serai mort, Émilienne aura pour moi une pensée extrêmement douce. Lorsque Ivo sera en voyage, auprès de quelque client possesseur d'un moulin, assise à la tombée du soir sur le banc de pierre, devant sa maison, elle me parlera. Elle se souviendra des mots de Khalil Gibran qu'elle me lisait, à Treffort, sur le chemin du lavoir.

CLXXIV

23 mars

Ce qui reste des systèmes

La conférence sur le temps que je dois donner à Bastia ayant été, ces jours-ci, préparée, je reviens à mon Journal. Je me demande ce qui reste des systèmes auxquels on ne croit plus. Qui, aujourd'hui, pourrait croire aux systèmes de Descartes, de Malebranche, de Kant, par exemple ? Qu'en reste-t-il, j'entends hors certaines considérations, analyses, observations ou idées que l'on n'aurait garde de mépriser ? Autrement dit : que reste-t-il d'un système obsolète pris comme un tout ?

La *Monadologie* de Leibniz, vue d'ensemble de son système, est le livre de philosophie que j'ai le plus admiré, bien que ne croyant à rien des thèses qui le composent, qu'il s'agisse des monades : de leur nature et de leurs degrés de perfection ; de Dieu : de son existence et de sa nature ; du monde : de l'harmonie universelle et de la hiérarchie des êtres créés. L'ouvrage fut écrit par Leibniz en 1714, à la demande du prince Eugène de Savoie. Leibniz l'écrivit en français, qui était la langue du prince (fils du comte de Soissons et d'Olympe Mancini, nièce de Mazarin, le prince voulut servir Louis XIV, lequel lui refusa un régiment, car Eugène, qui s'était d'abord destiné à l'état ecclésiastique, était abbé, et le roi ne put voir un militaire en cet abbé qui allait devenir, hélas ! un grand homme de guerre au service de l'Autriche, vainqueur de Villars à Malplaquet, 1709, vaincu par Villars à Denain, 1712). Le prince, qui enferma l'ouvrage dans une cassette comme un trésor sans prix, permettait seulement qu'on le vît et, au plus, qu'on le baisât : « Il garde votre ouvrage, écrivait à Leibniz le comte de Bonneval, comme les prêtres de Naples gardent le sang de saint Janvier. Il me le fait baiser, puis il le referme dans sa cassette. » La *Monadologie* : livre admirable, selon moi non vrai, mais tellement beau ! Ce qui reste des systèmes auxquels on ne croit plus, ou auxquels on n'a jamais cru, est leur beauté.

Quand on emploie ici ce mot, à quoi faut-il songer ? Aristote nous le dit : « L'ordre (τάξις), la symétrie, le défini (ὡρισμένον) sont les formes les plus hautes du beau » (*Métaphysique*, M, 3, 1078 b 1), ce qui fait dire au Stagirite que « le Beau est l'objet principal du raisonnement dans les sciences mathématiques et de leurs démonstrations » (1078 a 33). Descartes et Spinoza qui suivent, comme dit Descartes, « la façon d'écrire des géomètres » (« Réponses aux secondes objections », in *Œuvres*, éd. Alquié, II, 581), réalisent, par là même, la forme la plus haute du Beau. Que faut-il entendre par cette « façon d'écrire » ?

« L'ordre consiste en cela seulement, que les choses qui sont proposées les premières doivent être connues sans l'aide des suivantes, et que les suivantes doivent après être disposées de telle façon, qu'elles soient démontrées par les seules choses qui les précèdent » (*ibid.*). Et, ajoute Descartes, « certainement j'ai tâché, autant que j'ai pu, de suivre cet ordre dans mes Méditations ». De là la beauté des *Méditations métaphysiques*, où, bien entendu, le sens des mots est aussi parfaitement « défini » (ὡρισμένον). On trouverait l'ordre pareillement respecté dans le *Discours de métaphysique* et la *Monadologie* de Leibniz, les œuvres de Malebranche, de Berkeley, de Hume, la *Critique de la raison pure* de Kant, etc. Toutefois, dans ce dernier ouvrage, la symétrie prend une importance particulière, au point d'avoir parfois quelque chose d'artificiel et de forcé. C'est ainsi que Kant distingue le jugement « l'âme n'est pas mortelle » du jugement « l'âme est non mortelle », afin d'avoir trois moments sous le titre de la qualité des jugements : affirmatif, négatif, indéfini, de même qu'il en a eu trois sous le titre de la quantité des jugements (universel, particulier, singulier). On peut penser que le goût kantien de la symétrie relève d'un instinct esthétique, comme chez Hercule Poirot, le héros d'Agatha Christie.

Ainsi, les grands systèmes classiques ont quelque chose de satisfaisant pour l'esprit, comme les belles constructions architecturales, certains étant plus achevés que d'autres, selon que les échafaudages ressortent ou non. La vérité qu'ils ont paru avoir s'est évanouie. Reste leur beauté.

CLXXV

30 mars

Ce matin, de bonne heure, Ivo a frappé à ma porte, demandant la clef du jardin pour accéder à ma terrasse où Émilienne a laissé sous ma sauvegarde une bonne centaine d'oliviers. Journée de plantation. Or, devant Ivo, j'ai songé à la réponse que j'ai faite hier à mes amis Danielle et Georges Mazelié, qui voulaient savoir ce que je pensais d'Ivo. « Je vois Ivo avec les yeux d'Émilienne », ai-je dit. C'est exactement cela : réponse que mes amis ont louée, comprenant qu'à mes yeux tout jugement que je porterais impliquerait une appréciation personnelle, qui risquait d'être, à quelque égard, divergente de celle d'Émilienne. Mais qu'il puisse en être ainsi, c'est ce que j'exclus. – Après son travail du matin à « L'Atrachjata », Émilienne ira rejoindre Ivo au *temenos* (« lieu sacré »). Ils planteront ensemble des oliviers. Image, pour moi, infiniment bienfaisante. Je vois leur avenir qui se dessine, la maison construite, eux y vivant, et la joie que ce sera. Autour d'eux, des oliviers, des oliviers-cyprès, des cyprès, des figuiers, des saules pleureurs, et l'oranger que j'offrirai à Émilienne à la fin avril – moment de la plantation (fin mars, la terre est trop froide).

Table des matières

Cet ouvrage a été composé
par IGS-CP à L'Isle-d'Espagnac (16)

Imprimé en France
par JOUVE
1, rue du Docteur Sauvé, 53100 Mayenne
Avril 2010 - N° 508809L

JOUVE est titulaire du label imprim'vert®